Führen mit Herz

Joan Marques

Führen mit Herz

Mit dem edlen achtfachen Pfad achtsamer
und nachhaltiger werden

 Springer Gabler

Joan Marques
School of Business, Woodbury University
Burbank, CA, USA

ISBN 978-3-031-30135-3   ISBN 978-3-031-30136-0   (eBook)
https://doi.org/10.1007/978-3-031-30136-0

Die Deutsche Nationalbibliothek verzeichnet diese Publikation in der Deutschen Nationalbibliografie; detaillierte bibliografische Daten sind im Internet über http://dnb.d-nb.de abrufbar.

Planung/Lektorat: Ann-Kristin Wiegmann
Springer Gabler ist ein Imprint der eingetragenen Gesellschaft Springer Nature Switzerland AG und ist ein Teil von Springer Nature.
Die Anschrift der Gesellschaft ist: Gewerbestrasse 11, 6330 Cham, Switzerland

Die Majestät

Unergründlich und trügerisch friedlich
Liegt die Majestät von Gaia, unserem Planeten
Quelle des Lebens, Auslöser des Todes
Fahrzeug, Freund, Feind, Chance und Bedrohung
Quelle des Geheimnisses, Hafen der Unklarheit
Träger der Geschichte, Dämpfer der angeblichen Unzerstörbarkeit
Inspirator der Kunst, Anstifter der Angst
Die unbestreitbare Grenze der Menschheit
Bittender Respekt
Befehlshaber der Existenz
Oase der Zeit, des Raumes, der Träume und der Bewegung
Unzerstörbares, unbesiegbares Meer ...
                                        ~ Joan Marques

Wir leben in außergewöhnlichen Zeiten auf einem außergewöhnlichen Planeten. Wir begegnen Veränderungen mit einer solchen Geschwindigkeit, dass wir kaum noch Zeit haben, uns anzupassen und uns an die neuen Umstände zu gewöhnen, bevor sie schon wieder zu „alten Nachrichten" werden. Und weil wir von Natur aus Gewohnheitstiere sind, fordert dieser schnelle Trend der Arbeitswelt und anderer Leistungsbereiche einen großen Tribut in Bezug auf unseren Sinn für das Wesentliche, unseren Zufriedenheitsgrad und unser allgemeines Wohlbefinden.

Die Probleme des Tages sind nicht mehr weit von unserem Bett entfernt: Von zunehmender Polizeigewalt über wachsende Unsicherheit von Minderheiten und steigenden Zahlen von illegalen Einwanderern und Asylbewerbern bis hin zu zunehmenden terroristischen Ausbrüchen an unerwarteten Orten der Welt – wir sind von diesen und vielen anderen Turbulenzen unterschiedlich stark betroffen. Die kühnen Aussagen der gegeneinander angetretenen Kandidaten bei den jüngsten US-Präsidentschaftswahlen rückten eine Reihe dieser Faktoren in den Vordergrund und eröffneten uns verschiedene Perspektiven auf diese Themen, manche sogar zu unserem völligen Entsetzen.

Mit der wachsenden Zahl sozialer Netzwerke um uns herum werden unsere Besorgnisse ständig größer. Wir gewinnen Freunde in vielen Teilen der Welt, und wenn wir erfahren, welche Herausforderungen sie bewältigen müssen, sind wir genauso besorgt um sie wie sie um uns. Wir erhalten auch Einblick in Kulturen, Religionen und Philosophien außerhalb unseres historischen Lebensraums und lernen Verhaltensweisen kennen, die wir nie in Betracht gezogen hatten.

Mit all dem und mehr, was gleichzeitig geschieht, sind wir allmählich zu der Erkenntnis gelangt, dass ein übermäßig individualistischer Ansatz gegenüber dem Leben nicht mehr angemessen ist. Mit anderen Worten, wir können uns nicht mehr nur auf unser eigenes Fortkommen konzentrieren und ignorieren, was andere tun. Wir können unser persönliches Resultat nicht mehr favorisieren, wenn es um das Wohlergehen anderer geht. Also können wir nicht mehr wegschauen und uns nicht um unsere Mitbewohner, Freunde, Kollegen, Mitbürger oder sogar Erdlinge kümmern. Die Verantwortung für das Richtige hat sich von einer Pflicht unserer CEOs und der Regierung zu einer Aufgabe entwickelt, die wir alle ernst nehmen müssen. Das Richtige zu tun, ist zu unserem gemeinsamen Band geworden, und die Zeit, in der einer von uns abwinken und wegschauen konnte, ist vorbei, definitiv vorbei.

Dieses Buch wird die Vorstellung einer kollektivistischeren Denkweise auf ein Niveau bringen, das bisher in unserer stark individualistischen Gesellschaft noch nicht weit verbreitet war. Wir werden auf den Buddhismus zurückgreifen, nicht als Religion, sondern mehr als psychologische Grundlage, und acht Verhaltensweisen durchgehen, die bei unseren Entscheidungsprozessen unerlässlich sind, insbesondere wenn wir bewusstere und verantwortungsvollere Führungskräfte für uns selbst und andere werden wollen.

Führung: einige Gedanken

Der Optimist und der Pessimist

Während ein Teil von mir nahe zukünftige globale Verflechtungen voraussieht
Fürchtet ein anderer Teil unendliche Kriege und Hass zwischen den Nationen
Und während ich auf der einen Seite die wechselnden Jahreszeiten wirklich genieße
Jammere und wimmere ich über sie aus Millionen von Gründen

Manche Menschen beherrschen die Kunst, im Leben Optimisten zu sein:
Während andere das Talent haben, jede Tat in einen Kampf zu verwandeln
Die Begeisterten schätzen die angenehmen Seiten dessen, was sie sehen
Die Pessimisten stellen sicher, dass sie nie ihren Geist befreien

Meistens ist ein Teil von beidem in jedem von uns
Je nach unserer Einstellung akzeptieren wir das oder machen Trara
An glücklichen Tagen ist unser Glas halb voll und wir feiern
In düsteren Zeiten halb leer und wir weinen über unser Schicksal

Es erinnert mich an zwei kleine Jungen mit klaren, entgegengesetzten Ansichten
Einer singt das Loblied des Morgens, während der Andere den Blues weinte
Der Optimist tanzte im düngenden Regen
Der Pessimist knurrte nur, dass der Tänzer verrückt war

Ich wette, Sie erkennen sich in jedem dieser beiden Jungs
Den fröhlichen an sonnigen Tagen; den armen Tropf an Tagen mit Schrecken
Der weiseste Rat ist dann, das Leben zu tanzen
Mit offenem Herzen und Geist zu unserem inneren Optimisten

~Joan Marques

Wenn wir die Eigenschaften vergleichen, die im 20. Jahrhundert für Führungskräfte wichtig waren, mit denen, die heute wichtig sind, stellen wir schnell einen himmelweiten Unterschied fest. Auf der Grundlage einer weiten Palette an (manchmal sehr unangenehmen und schädlichen) Erfahrungen haben die heutigen Arbeitnehmer einige wichtige Erkenntnisse gewonnen. Eine der wichtigsten ist, dass Personen mit reinem

Gewinnstreben und mit einer egoistischen Agenda, die sich nicht um das Wohlergehen jener kümmern, mit denen sie zu tun haben, nicht mehr als geeignete Führungskräfte betrachtet werden können. Wir haben zahlreiche Unternehmen gesehen, die wir einmal als unzerstörbar betrachtet haben, genauso wie einst die Titanic in Nichts versank. Dieser Trend wurde zu einer Offenbarung in den Köpfen vieler von uns.

Ein interessanter, aber oft übersehener Beitrag zu unseren veränderten Bedürfnissen und Perspektiven auf Führung ist die Tatsache, dass wir in den vergangenen Jahrzehnten von einer industriellen Wirtschaft zu einer Informationsgesellschaft geworden sind. Während die wirtschaftliche Geisteshaltung des 20. Jahrhunderts den schnellen finanziellen Gewinn, Charisma und Durchsetzungsfähigkeit feierte, liegt der heutige Schwerpunkt zunehmend auf Integrität, Kommunikation und Flexibilität.[1] Unsere gesamte Vorstellung von Reichtum ändert sich ebenfalls: vom alten Fokus auf die Ansammlung von materiellen oder monetären Vermögenswerten hin zu einer zunehmenden Wertschätzung von Wissen und Einsicht – Geist über Materie.[2]

Als Praktiker und Trendforscher begannen, tiefer in die heutigen Präferenzen für Führung einzutauchen, entwickelte sich eine Diskussion über die sogenannten „weichen" und „harten" Fähigkeiten. Zu den „Soft Skills" gehören Verhaltensweisen wie Motivation, Empathie, Selbstregulation und soziale Fähigkeiten[3], und sie konzentrieren sich mehr auf die zwischenmenschlichen Beziehungen.[4] „Hard Skills" beziehen sich auf Intelligenz, analytische/technische Fähigkeiten, Entschlossenheit, Präzision und Visionen und könnten am besten als technische oder administrative Eigenschaften eingestuft werden, die quantifiziert und gemessen werden können. Die Führungskräfte von heute sollten beides, Soft Skills und Hard Skills, in einem ausgewogenen Verhältnis einsetzen, um ihr kluges Geschäftsverhalten mit einem angemessenen zwischenmenschlichen Feingefühl zu verbinden. In dem Maße, wie sich Führungskräfte der Notwendigkeit bewusst werden, harte und weiche Fähigkeiten in ihrem Vorgehen zu kombinieren, treten wir allmählich in eine Phase ein, in der einige grundlegende buddhistische psychologische Konzepte in der heutigen Arbeitswelt breite Zustimmung finden könnten.

---

[1] Robles, M. M. (2012). Executive Perceptions of the Top 10 Soft Skills Needed in Today's Workplace. *Business Communication Quarterly, 75*(4), S. 453.

[2] Gilder, G. (1990). Microcosm: The Quantum Revolution in Economics and Technology. Simon and Schuster, NY.

[3] Goleman, D. (2000). Leadership that gets results. *Harvard Business Review*, March-April.

[4] Dixon, J., Belnap, C., Albrecht, C., & Lee, K. (2010). The importance of soft skills. *Corporate Finance Review, 14*(6), 35–38.

Der Buddhismus: eine Momentaufnahme

Hinter uns

liegen Millionen von Leben –
in Geschichte umgewandelt
in verblassenden Grautönen.
Groß oder sperrig –
was keine Rolle mehr spielt.
Sie führten zu diesem Moment
der jetzt entschwindet.

~Joan Marques

Den Buddhismus gibt es seit mehr als 2500 Jahren. Der Mann, den wir als „den Buddha" kennen, hieß Siddhartha Gautama und war der Sohn eines Stammeskönigs. Siddhartha verließ mit Ende 20 sein wohlhabendes Leben im Palast und gewann im Laufe seines Lebens wertvolle Einsichten. Diese Einsichten verliehen ihm den Namen „Buddha" oder „der Erleuchtete".

Die Einsichten des Buddha wurden im Laufe der Jahrhunderte weitergegeben und weltweit verbreitet. Obwohl sie in verschiedene Schulen oder Fahrzeuge geteilt sind, teilen Buddhisten häufig eine Reihe von kritischen grundlegenden Einsichten und Lehren wie Leiden, Vergänglichkeit, Nicht-Selbst, Karma, Nirvana, bedingtes Entstehen, Achtsamkeit, die vier edlen Wahrheiten und den edlen achtfachen Pfad.[5]

Buddhismus zielt darauf ab, eine Weltanschauung und eine Lebensweise zu vermitteln, die zu persönlichem Verständnis, Glück und ganzheitlicher Entwicklung führen.[6] Es wird manchmal als ein moralisches, ethisches, wertbasiertes, wissenschaftliches und bildendes System beschrieben, weil es seinen Anhängern hilft, die Dinge in ihrer wahren Natur zu sehen, was wiederum dazu beiträgt, dass sie Leiden loswerden und Glück für sich selbst und andere erreichen.

Die grundlegende buddhistische Lehre, die wir in diesem Buch verwenden werden, ist das Konzept der „vier edlen Wahrheiten", die eigentlich eine Reihe von Einsichten sind:

1. Leiden existiert
2. Leiden hat eine Ursache
3. Leiden kann beendet werden
4. Leiden kann durch Befolgen des edlen achtfachen Pfades beendet werden
   Der edle achtfache Pfad besteht aus den folgenden Erkenntnissen: 1. rechte Einsicht, 2. rechte Absicht, 3. rechte Rede, 4. rechtes Handeln, 5. rechter Lebenswandel,

---

[5] Marques, J. (2015). *Business and Buddhism*. Routledge. New York, NY.

[6] Johansen, B. C., & Gopalakrishna, D. (2006). A Buddhist View of Adult Learning in the Workplace. *Advances in Developing Human Resources, 8*(3), 337–345.

6. rechtes Streben, 7. rechte Achtsamkeit und 8. rechte Konzentration. Es gibt keine bestimmte Reihenfolge in diesen Erkenntnissen, da sie miteinander verbunden sind.

In diesem Buch werden wir jedem Element des achtfachen Pfades ein Kapitel widmen und damit das jeweilige Element im Lichte von Führungsqualitäten betrachten. Um einen Bezug zu den heutigen Führungskräften herzustellen und das Verständnis der Leser zu verbessern, werden Beispiele von heutigen Führungskräften untersucht. Bitte sehen Sie sich das folgende kurze Inhaltsverzeichnis an, um einen klareren Überblick zu erhalten.

Beiträge dieses Buches zum Führungsbereich

Obwohl der Buddhismus bereits im Rahmen von Führungsqualitäten behandelt wurde, gab es bisher kein Buch, in dem der achtfache Pfad explizit als Instrument für eine verantwortungsvollere, zukunftsorientierte Führung vorgestellt wurde. Dieses Buch soll die Funktionsweise des achtfachen Pfades erläutern, indem die Wechselbeziehung aller seiner Elemente gezeigt wird: Es gibt keine rechte Absicht ohne rechte Einsicht, es gibt keine rechte Rede ohne rechte Absicht, es gibt kein rechtes Handeln ohne rechte Rede usw. Dies bedeutet auch, dass die in dieser Arbeit vorgestellten Führungskräfte an jedem Element des Pfades platziert werden können und dennoch sinnvoll überprüft werden können.

Indem die Elemente des achtfachen Pfades als persönliche und/oder berufliche Führungspraxis vorgestellt werden, stellt das Buch die übermäßige Bottom-Line-Ausrichtung und den harten Ansatz in Frage, die Teil der sogenannten Führungspraxis in den letzten Jahrzehnten waren. Während die Idee, den achtfachen Pfad als Führungsinstrument für heute und morgen anzuwenden, idealistisch erscheinen mag, werden die Leser feststellen, dass alle von uns als Praktiker des achtfachen Pfades vorgestellten Führungskräfte in ihrem Ansatz sehr realistisch sind und bisher durch Praktiken, die einmal als zu idealistisch angesehen wurden, viel Ehre, Aufmerksamkeit und Anerkennung erlangt haben.

Inhaltsverzeichnis

Was ist in der Führungspraxis los?

Ein Moment

In diesem einen Moment atme ich
Ich teile ein einziges Moment-Gedicht
Mit einigen einzelnen Moment-Zeilen
Für dich

Über dieses einzelne Moment-Leben, das
Nach einigen einzelnen Moment-Kämpfen
Und einem einzelnen Moment-Glück
Durch ist

Wir machen ein einziges Moment-Geschrei
Über einen einzelnen Moment-Verlust
Und fühlen einen einzelnen Moment-Stolz
Für einen einzelnen Moment-Schritt

Aber dieser einzelne Moment kam
Und der Moment wird gehen
Und morgen sind wir alle ...
Nun, du weißt schon ...
                    ~Joan Marques

Ein paar Tage, bevor ich mit dem Schreiben dieses Kapitels angefangen habe, sah ich eine Notiz von Nina auf meiner Facebook-Pinnwand. Nina war eine meiner MBA-Studentinnen vor einigen Jahren und startete als lebhafte und unternehmungslustige Teilnehmerin. Nina wollte die Welt erobern! Sie war witzig, klug und lustig. Dann änderte sich etwas. Sie beteiligte sich weniger, die Qualität ihrer Arbeit nahm ab und die meiste Zeit starrte sie mit einem entrückten Blick in den Raum. Ich war mir nicht sicher, ob ich mich ihr nähern sollte, da sie nach allgemeinen Maßstäben immer noch recht gut

© Der/die Autor(en), exklusiv lizenziert an Springer Nature Switzerland AG 2023
J. Marques, *Führen mit Herz,* https://doi.org/10.1007/978-3-031-30136-0_1

abschnitt. Ich wusste jedoch instinktiv, dass das nicht alles sein konnte, was Nina sein konnte.

Zum Glück musste ich nicht fragen. Eines Abends bat Nina mich, mit ihr nach draußen zu gehen, und sie brach zusammen. Es war wie unter den Niagarafällen! Sie ließ alles heraus: Sie war schon seit geraumer Zeit in einer schlechten Beziehung und fand keinen Weg, sie richtig zu beenden. Ihr Partner nahm Drogen und war psychisch instabil, und sie wollte weitermachen: etwas aus ihrem Leben machen. Sie hatte angefangen, sich darüber klar zu werden, dass das nicht der Weg war, auf dem sie es schaffen würde. Doch während sie selbst entscheiden wollte, war sie auch entsetzt, dass sie sich lediglich von ihrem schwachen Partner abwenden könnte, den sie schon seit vielen Jahren kannte, was dazu führen könnte, dass er etwas tat, was sie sich nicht verzeihen könnte, wie zum Beispiel noch weiter in seine Drogenabhängigkeit zu verfallen oder einfach Selbstmord zu begehen.

Es war ein langes Gespräch, und ich musste mich außerhalb meiner eigenen mentalen und emotionalen Grenzen bewegen, um mich an diese verzweifelte Seele zu wenden, die so viel Potential hatte. Irgendwie muss ich es geschafft haben, denn Nina kam nach diesem Gespräch zurück, entdeckte ihr verspieltes Selbst wieder, übernahm die Führung in ihrem Leben und schloss an der Spitze ihrer Klasse ab. Heute ist sie eine vielversprechende Musikproduzentin, und ihre Facebook-Notiz enthüllte, dass sie unsere kritische Unterhaltung nicht vergessen hat. Was ich am besten von diesem Gespräch in Erinnerung behalten habe, ist, dass ich in mich selbst hineinsehen musste, um die Worte zu finden, die Nina die Unterstützung und das Selbstvertrauen geben würden, um sie zu überwinden und ihr dabei zu helfen, das Gefühl der Schuld zu überwinden, das sie in einer solch hoffnungslosen Situation gefangen hielt.

Meiner Meinung nach geht es heute genau darum in der Führung: darum, unsere eigenen Grenzen zu durchbrechen, um die Qualitäten zu finden, die wir in anderen wissen, damit sie das Beste aus sich herausholen können. Es gibt keine Richtlinien für die Führung anderer, und tatsächlich gibt es auch keine festen Theorien. Heute wird nichts weniger als eine vielfältige Kombination aus mehreren Führungstaktiken funktionieren. Die Menschen sind im Durchschnitt in vielen Teilen der Welt besser ausgebildet als früher. Sie sind auch besser vernetzt und informiert. Viele von uns nutzen jeden Tag das Internet und eine Reihe von sozialen Medien, sodass wir über andere Praktiken lernen und unsere eigenen Umstände mit denen vergleichen können.

Die Führung von Menschen wurde jedoch nicht immer so praktiziert, und sie wird nicht überall so praktiziert. Vor etwas mehr als einem Jahrhundert war Führung oft eine Frage des Erteilens von Befehlen und des Überwachens, ob sie gut befolgt wurden. Viele Unternehmen waren familiengeführt, sodass die Qualität der Führungskraft, die Sie an solchen Arbeitsplätzen hatten, davon abhing, wie viel Glück Sie hatten. Es konnte ein mitfühlender Gründer-Chef sein, wie Sam Walton, der sein Bestes tat, um seinen Mitarbeitern eine familiäre Atmosphäre zu bieten und dass sie sich an ihrem Arbeitsplatz wohlfühlen, aber dann konnte es eine nächste Generation von Führungskräften geben, genau wie die Nachfolger von Sam Walton, die völlig abgekoppelt und gleichgültig gegenüber dem Wohlergehen jeglicher Art von Beteiligten sind – weder ihre Hersteller noch ihr Verkaufspersonal–, weil sie sich nur um die Vergrößerung ihrer Bankkonten kümmern.

Es gibt jedoch einen vielversprechenden Trend: Die Führungskräfte, die wir in den kommenden Jahren sehen werden, werden von den Wünschen derer geformt, die geführt werden *wollen*. Die Dynamik wird sich ändern, und die Mitarbeiter werden zunehmend die Qualitäten und das Verhalten vorgeben, das sie von ihren Führungskräften wünschen.

Die Rolle der Wirtschaft

Innerer Dialog

Hallo, meine friedliche rechte Gehirnhälfte,
Ich besuch dich mal wieder, meine Liebe
Nach einem Tag des Messens in endloser Trance
Mit andauernden Verbesserungen und Exzellenz
Fortschritt, Wettbewerb, und der Reingewinn
Ich kann den Stress meinen Rücken runterlaufen spüren

Hier ist eine Welt, wo all das, was zählt,
Ist ob unsere Jahresberichte tragfähig sind
Wo, trotz all der Medien, niemand
Das Leiden von Menschen, Tieren und Bäumen sieht
Anstatt uns um solche Probleme zu kümmern
Messen wir lieber den ganzen Tag lang immerzu

Wir haben das Belanglose zu einem ernsthaften Trend erhoben
Und das Ernsthafte fast auf null reduziert
Wir ändern viele Dinge – von Jahr zu Jahr
Aber nicht alles für das Wohlergehen der Lebenden, fürchte ich
Wir konzentrieren uns eher auf eine Hochleistungsfahrt
Während die innere Ruhe den Bach runtergeht
								~ Joan Marques

Die Geschäftswelt wird oft mit Veränderung, Wachstum und Entwicklung in Verbindung gebracht, aber wir sollten bedenken, dass diese Trends positive oder negative Auswirkungen auf eine Gesellschaft haben können. Tatsächlich kann das Geschäft Dinge tun, die andere nicht können. Obwohl sich die Menschen bewusst sind, dass Geschäftskonzerne die Umwelt positiv wie auch negativ beeinflussen können, begrüßen sie diese Konzerne in der Regel einfach, weil Konzerne Arbeitsplätze und andere Möglichkeiten schaffen. Tatsächlich sind die Absichten eines Unternehmens egal, denn die Tatsache, dass es in Ihrer Stadt, Ihrem Bundesland oder Ihrem Land tätig ist, führt zu Aktivität und oft zu einem Schneeballeffekt, der andere Unternehmen dazu ermutigt, ihm zu folgen. So ist Entwicklung eine fast logische Folge der Unternehmensgründung, selbst wenn dies nicht das primäre Ziel der Firma sein sollte.

Die gute Seite

Wie oben angegeben, bringen Geschäftskonzerne oft Fortschritt in Gemeinden, ob das ihre Absicht ist oder nicht. Sie bauen Fabriken und Büros und bringen durch die Einstellung lokaler Arbeiter und oft auch durch die Nutzung lokaler Distributionsnetze Beschäftigungsmöglichkeiten mit sich; und sie kaufen wahrscheinlich so viele lokale Ressourcen wie möglich, und sei es nur, um Kosten zu sparen. Dann gibt es die Steuern, die solche Konzerne an die lokale Verwaltung zahlen müssen, und die Infrastruktur, die sie entwickeln oder verbessern müssen, wenn sie ihre Betriebe gründen oder erweitern. Und nicht zu vergessen, es gibt die anderen Organisationen, Lieferanten, Wettbewerber oder Hersteller komplementärer Produkte, die normalerweise den Pionieren folgen.

All diese Faktoren bringen Entwicklung an einen Ort, kurzfristig und oft sogar langfristig. Mit der Zeit können die Lebensstandards steigen, und die Einheimischen können dazu ermutigt werden, ihre eigenen unternehmerischen Betriebe zu gründen, in denen sie Ausgründungen entwickeln oder revolutionäre Alternativen schaffen können. Je nach Standort kann ein Konzern auch für die Gemeinschaft als Ganzes Entwicklung bringen, zum Beispiel durch erhöhte Lebensstandards, durch die erhöhten Möglichkeiten, die er bietet, durch seinen Einfluss auf das lokale Bildungssystem und durch die Ermutigung der Menschen, veraltete und manchmal nutzlose Gewohnheiten durch kulturelle Einflüsse neu zu überdenken. Allmählich kann sich eine ganze Gesellschaft durch die Gründung eines Unternehmens verändern, das einen Schneeballeffekt im positiven Sinne verursacht hat.

Die schlechte Seite

Es gibt kein Gutes ohne Schlechtes. Manche Menschen sagen sogar, wir bräuchten das Schlechte, um das Gute weiter zu schätzen. Doch einige negative Entwicklungen sind so enorm, dass eine Erholung von ihnen fast unmöglich oder extrem langsam ist. Die erste negative Auswirkung von Unternehmenseinheiten an jedem Ort ist der Müll, insbesondere der industrielle Müll. Umweltverschmutzung, Ausbeutung von natürlichen Ressourcen, Missbrauch lokaler Arbeiter und die Nutzung lokaler Flächen als große Mülldeponien sind nur einige der verheerenden Auswirkungen, die Geschäftskonzerne mit sich bringen können.

Viele dieser Verhaltensweisen gibt es auch heute noch, von Unternehmen, die es besser wissen sollten, aber zweierlei Maßstäbe in ihren Betrieben verwenden. Deshalb sehen wir manchmal dasselbe Unternehmen, das in den USA oder in Westeuropa wie ein Vorbild wirkt, hingegen in einigen südamerikanischen, afrikanischen oder asiatischen Ländern die Menschen hochgradig ausbeutet. Dies illustriert dann, dass Veränderung, Wachstum und Entwicklung nicht immer förderlich für die lokale Gemeinschaft sind.

Manche Arten von Veränderungen können mehr Rückschläge als Fortschritte bringen, zum Beispiel, wenn Menschen, die früher friedlich in einem Dorf zusammengelebt haben, jetzt aufgrund der Gründung einer Firma zu Erzfeinden werden, was dazu führen kann, dass einige mehr profitieren als andere. Ein Beispiel ist der ethnische Konflikt im Nigerdelta,[1] der in den frühen 1990er-Jahren aufgrund von Spannungen zwischen ausländischen Ölkonzernen (Shell und Chevron) und einigen ethnischen Minderheiten im Nigerdelta entstand. Die Tatsache, dass diese lokalen Gruppen, insbesondere die Ogoni und die Ijaw, sich ausgebeutet fühlten, schuf ein ungesundes Klima mit ethnischen und politischen Unruhen, das zum Zeitpunkt der Abfassung dieses Buches noch andauerte. Der erbitterte Wettbewerb um die Ölreichtümer, der die Grundlage dieser Reibungen bildete, führte zu solch einer Gewalt zwischen ethnischen Gruppen, dass die gesamte Region militarisiert werden musste. Die zuvor erwähnten Unruhen im Nigerdelta dienen als gutes Beispiel dafür, dass einige Arten des Wachstums eingeschränkt werden sollten. Die mächtigen multinationalen Konzerne sind eng in die militärischen Aktionen verwickelt, um die lokale Bevölkerung zu misshandeln und sogar zu töten, die den Mut haben, gegen die Gefahren zu protestieren, die durch die Ölgesellschaften verursacht werden.[2]

Es gibt andere Möglichkeiten, mit denen das industrielle Wachstum beschränkt werden sollte. Zum Beispiel, wenn es um sich ausbreitende Krankheiten wie Asthma oder Krebs geht, aufgrund von industriellen Dämpfen, oder wenn gentechnisch veränderte Pflanzen in Gebiete gebracht werden, in denen gesundheitsbewusste, natürliche Trends für die längste Zeit aufrechterhalten wurden. Einige ältere Leser erinnern sich vielleicht an den Fall von Asbest, der zu zahlreichen Rechtsstreitigkeiten im 20. Jahrhundert geführt hat. Asbest ist ein Mineralstoff, der für verschiedene Zwecke verwendet wurde, aber vor allem als elektrische Isolierung für Heizdraht und für Gebäudeisolierung. Der bekannteste asbestproduzierende Konzern in den USA war die Johns Manville Corporation. Obwohl Beweise über die Gesundheitsprobleme, die mit Asbest in Verbindung standen, bereits 1918 auftauchten,[3] dauerte es Jahrzehnte, bis die Behörden offen zugaben, dass Asbest ein Gesundheitsrisiko darstellt und dass es zu Asbestose, Lungenkrebs und bösartigem Mesotheliom führen kann. Mit den zerstörerischen Auswirkungen, die schließlich offen zutage traten, stand die Johns Manville Corporation zwischen 1960 und 1990 Tausenden von Klagen gegenüber, und dieser riesige Konzern beantragte 1982 den Schutz nach Kapitel 11 des US-Insolvenzrechts. 1988 verließ der Konzern den Schutz und ist heute noch florierend.

Manche Entwicklungen können mehr Zerstörung als Fortschritt bringen, wie zum Beispiel Fabriken, die solch toxischen Abfall produzieren, dass ganze Gemeinden unter

---

[1] Hook, J. & Ganguly, R. (2000). Multinational Corporations and Ethnic Conflict: Theory and Experience, *Nationalism and Ethnic Politics 6*(1), 48–71.

[2] Shah, A. (2002). Corporate interests and actions can harm the environment. *Global Issues: Social, Political, Economic and Environmental Issues That Affect Us All.* Abgerufen von 11. October 2013 from http://www.globalissues.org/article/55/corporations-and-the-environment#Corporateinterestsandactionscanharmtheenvironment

[3] A History of the Deadly Dust. (2000). *Multinational Monitor, 21*(9), 20.

den Folgen ihrer Leistungen leiden. Ein klassisches Beispiel ist das jahrzehntelange Verklappen von hochtoxischen PCBs durch den Konzernriesen Monsanto in Anniston, Alabama.[4] Monsanto entsorgte seinen giftigen Abfall fast 40 Jahre lang in einen Bach in Anniston. Wie sich herausstellte, wussten die Monsanto-Manager seit Mitte der 1960er-Jahre, dass Fische in diesem Bach innerhalb von 10 Sekunden starben, aufgrund der extremen Toxizität ihrer Abfallablagerungen, entschieden sich aber, diese Information zu verbergen. Die lokale Bevölkerung war buchstäblich bitterarm, also kümmerte sich niemand zu sehr. Als die unethischen, widerwärtigen Handlungen von Monsanto aufgedeckt wurden, investierte der Konzern nur 40 Mio. US-Dollar in Reinigungsmaßnahmen und zahlte ca. 80 Mio. US-Dollar an Abfindungen.[5]

Der Ruf der Wirtschaft

Die oben genannten Faktoren erklären, warum die Wirtschaft als Ganzes oft beschuldigt wird, lokale Trends zu ersticken, lokales Wirtschaften zu stören, Ressourcen auszubeuten und kulturelle Werte zu beschädigen. Zugegeben, einige Wirtschaftsführer versuchen, die sozial verantwortungsvolle Leistung innerhalb ihrer Unternehmen zu erhöhen, aber leider entscheiden sich viele andere noch offen für zerstörerische Prozesse. In vielen Ländern und Staaten ist es immer noch billiger, auf Umweltpolitik zu reagieren, als proaktiv das Richtige zu tun. Mit anderen Worten, die Unternehmen wissen, dass eine Strafe für toxisches Abwasser sie nur einen Bruchteil dessen kosten wird, was sie aufwenden müssten, um ihr toxisches Abwasser insgesamt zu reduzieren. Als Ergebnis entscheiden sich die Führungskräfte des Unternehmens, weiterhin unverantwortlich zu handeln, bis das Unternehmen bestraft wird. Die Geschichte hat uns viele dieser Fälle präsentiert, insbesondere in der Ölindustrie, wo die Strafe für eine Ölverschmutzung oder Explosion aufgrund unzureichender Sicherheitsmaßnahmen nicht einmal einen Monatsumsatz für dieses Unternehmen ausmacht. Darüber hinaus wissen viele dieser Unternehmen, dass sie ihre Strafen anfechten und am Ende sogar weniger zahlen müssen als die ursprüngliche Strafe. Am Ende strecken sie die Zahlung ihrer Strafe über einen langen Zeitraum, sodass sie kaum eine Härte spüren.

---

[4]Grunwald, M. (Jan. 1, 2002). Monsanto Hid Decades Of Pollution PCBs Drenched Ala. Town, But No One Was Ever Told. *The Washington Post*. Abgerufen von 11. October 2013 from http://www.commondreams.org/headlines02/0101-02.htm

[5]Ibid.

Was die Menschen heute von ihren Führungskräften erwarten

Als ich beim Mittagessen mit Juillet, einer meiner ehemaligen MBA-Studentinnen, im gut besuchten und ziemlich großen Restaurant auf dem Campus saß, wurden unsere Bestellungen von einem freundlichen Herrn namens Charbel serviert. Als Charbel mich sah, brach ein breites Lächeln auf seinem Gesicht aus, und er begrüßte mich enthusiastisch. Als er ging, sagte ich zu Juillet, dass Charbel auch ein Absolvent des Programms sei. Sie sah verwirrt aus und sagte: „Was macht er dann hier, Kunden zu bedienen?" Ich lächelte stolz und sagte: „Er besitzt den Laden."

Ich war besonders stolz darauf, Charbels Servieren der Mahlzeiten hervorzuheben, da es mir verdeutlichte, wie engagiert sein Führungsstil wirklich war: Er nahm an jedem Teil des Alltags des Restaurants teil, von der Verhandlung mit Lieferanten und dem Einstellen von Mitarbeitern bis hin zur Unterstützung in der Küche und dem Servieren des Essens. Charbel liebte die Kontakte, die er mit den Kunden knüpfte, und spürte, dass er mehr von ihnen lernte, als irgendjemand ihm sagen konnte, aus seinen persönlichen Interaktionen mit den Kunden. Im Laufe der Jahre, seit Charbel sein Studium abgeschlossen hatte, war er regelmäßiger Gastredner zum Thema Unternehmertum und engagiertes Führungsverhalten in meinen Kursen, weil er diese Praktiken im wahrsten Sinne des Wortes täglich lebte und verstand, dass es einen großen Unterschied ausmachte.

Mitarbeiter an den Arbeitsplätzen von heute sind sehr klar und offen in ihren Ideen über Führung. Wenn wir die Eigenschaften vergleichen, die im 20. Jahrhundert für Führungskräfte wichtig waren, mit denen, die heute am wichtigsten sind, entdecken wir eine Fülle an Unterschieden. Es gibt viele Gründe, die zu diesem Wandel geführt haben, aber einer der wichtigsten ist die Erfahrung. Insbesondere in den ersten Jahren des 21. Jahrhunderts wurde deutlich, dass die alten Ideen darüber, wie Führungskräfte sein sollten, zu verheerenden Ergebnissen führten. Die alten, aber immer noch berüchtigten Fälle von Enron, Tyco, WorldCom und Arthur Andersen sprechen Bände: Alle diese Unternehmen wurden von Menschen geführt, die intelligent, selbstbewusst, extrovertiert und charismatisch waren, sich aber nicht sehr um das Wohlergehen ihrer Mitarbeiter und der Gemeinden kümmerten, in denen sie tätig waren. In der Tat waren diese Führungskräfte so sehr auf die Gewinn- und Verlustrechnung fokussiert, dass sie die schlimmsten Auswirkungen auf die Gesellschaft hinnahmen und viele Beteiligte in wirtschaftliche Notlagen brachten, als sie aufflogen und ihre Positionen verloren.

Glücklicherweise gibt es selten eine schlechte Erfahrung, die am Ende nicht zu etwas Gutem führt. Aus den Trümmern dieser verheerenden Unternehmenszusammenbrüche ist eine Stärkung des Bewusstseins der Arbeitnehmer hervorgegangen. Immer mehr Arbeitnehmer haben sich gefragt, warum einige Fähigkeiten an den Arbeitsplätzen gemieden wurden, und ob es nicht an der Zeit sei, die Verhaltensmerkmale neu zu bewerten, die Führungskräfte pflegen sollten, um ihre Arbeitsplätze am Laufen zu halten, während sie gleichzeitig die Zufriedenheit der Mitarbeiter sicherstellen.

Es wurde immer deutlicher, dass die Industrielle Revolution ihren Lauf genommen hatte und wir uns gemeinsam in eine Wissensrevolution bewegt haben, die eine völlig andere Konstruktion in den Arbeitsbeziehungen erfordert. Werte wie Integrität, Kommunikation und Flexibilität[6] haben unter den Arbeitnehmern immense Popularität erlangt. Das gesamte Konzept des „Reichtums" hat sich geändert: Er wird nicht mehr als Ansammlung von materiellen oder monetären Vermögenswerten gesehen. Stattdessen ist der Reichtum an Wissen und Verständnis in den Vordergrund getreten.[7] Selbst wenn wir diesen Trend nicht in allen Arbeitsumgebungen so deutlich sehen können, wie wir es uns wünschen, so bleibt es doch eine Tatsache, dass der Austausch von geistigem Output die Bedeutung des Austauschs von Gütern und Dienstleistungen zunehmend übertrifft.[8] Je mehr dieser Trend wächst, desto mehr rufen die Arbeitnehmer nach einem ausgewogeneren Instrumentenkasten an Fähigkeiten bei ihren Führungskräften.

Führung und Wachsamkeit

Wachsamkeit ist noch nicht weit verbreitet als Führungsstil, aber sobald sie vollständig verstanden und auf seine vielen Vorteile für Führungskräfte, ihre Anhänger und ihre Organisationen hin bewertet wird, wird es dort ankommen. Betrachten wir das Konzept der Wachsamkeit als Führungsqualität; untersuchen wir einige der Belohnungen für Führungskräfte und ihre Organisationen bei der Anwendung von erwachtem Führungsverhalten; und betrachten wir einige der Nachteile, wenn nicht erwachtes Führungsverhalten angewendet wird.

Wachsamkeit, obwohl von verschiedenen Führungskräften praktiziert, wurde bisher nicht offiziell als spezifisches Führungsmerkmal identifiziert. Doch wenn Sie genauer hinsehen, können Sie feststellen, dass einige Führungskräfte Wachheit teilweise oder vollständig anwenden. Erwachte Führer halten in jeder Hinsicht ein hohes Maß an Wachsamkeit aufrecht: gegenüber sich selbst und ihren treibenden Motiven in verschiedenen Angelegenheiten, gegenüber den Menschen und Organisationen, die sie führen, gegenüber der Umgebung, in der sich ihre Organisationen bewegen, und gegenüber dem gesamten Universum. In allgemeineren Begriffen könnte eine erwachte Führungskraft als „situative Plus-Führungskraft" beschrieben werden. Eine situative Führungskraft ist jemand, der oder die seinen oder ihren Führungsstil auf der Grundlage von Situation und den Menschen, mit denen er oder sie arbeitet, modifiziert. Solche Führungskräfte bewerten diese beiden Faktoren und bestimmen dann den Führungsstil, der unter

---

[6] Robles, M. M. (2012). Executive Perceptions of the Top 10 Soft Skills Needed in Today's Workplace. *Business Communication Quarterly, 75*(4), S. 453.

[7] Gilder, G. (1990). Microcosm: The Quantum Revolution in Economics and Technology. Simon and Schuster, NY.

[8] Rifkin, J. (2000). *The Age of Access.* Penguin Putnam, New York.

den gegebenen Umständen am besten funktioniert. Die erwachte Führung geht jedoch weit über die situative Führung hinaus. Die wachsame Führungskraft achtet auch genau auf die Mission der Organisation und das Wohlergehen aller Beteiligten. Dies bedeutet, dass eine erwachte Führungskraft die Elemente des edlen achtfachen Pfades (in diesem Buch besprochen) praktiziert und sich daher der Umweltprobleme, der gesellschaftlichen Probleme und der Interessen von Kunden, Lieferanten und anderen Beteiligten bewusst ist, bevor er seinen Führungsstil bestimmt.

Vier Ansätze

Der wachsame Aspekt der Führung ist zunächst schwer zu verstehen, aber einfach anzuwenden, sobald er beherrscht ist. Die erwachte Führungskraft entscheidet sich zunächst, ob er oder sie eine Aufgaben- oder Beziehungsorientierung zur anstehenden Angelegenheit wählt (d. h. er wählt zwischen den beiden Hauptbereichen der Führung) und bestimmt dann, welcher der vier Führungsansätze – Laissez-faire, empathisch, autokratisch oder demokratisch (die zusammen das Akronym LEAD bilden) – am besten funktioniert.

- Der Laissez-faire-Ansatz funktioniert am besten in Organisationen, die ein starkes Gefühl der Selbststeuerung haben – wie Anwaltskanzleien, Beratungsunternehmen und High-Tech-Unternehmen – und in denen jeder Mitarbeiter hochqualifiziert ist und seinen eigenen Kreis von Kunden verwaltet.
- Der empathische Ansatz funktioniert am besten in Organisationen, die eher klein sind und hauptsächlich auf Menschen ausgerichtet sind. Viele Non-Profit-Organisationen passen in diese Kategorie.
- Der autokratische Ansatz ist zwar nicht der beliebteste Stil, aber es gibt Organisationen, in denen er funktioniert. Zum Beispiel ist er nützlich, wenn eine Krise eintritt und von der Führungskraft erwartet wird, Anweisungen zu geben, anstatt ein Meeting abzuhalten und herauszufinden, was jeder vorschlägt. Die Streitkräfte, weil sie oft aus dem Moment heraus und in Krisensituationen handeln müssen, sind auf diesen Führungsstil ansprechbar.
- Der demokratische Ansatz, bei dem Meetings in der Regel abgehalten werden, um Informationen über sich entwickelnde Fragen zu teilen und mögliche Lösungen zu erwägen, eignet sich besonders gut für die akademische Umgebung. Aber die Entscheidung, ob man einen Menschen- oder Prozessansatz wählt und anschließend die Wahl durch Überprüfung der vier Stile vertieft, ist nur die Hälfte der Arbeit, um die erwachte Führung umzusetzen.

Der nächste Schritt für die Führungskraft ist es, eine Reihe von Merkmalen zu bewerten und, falls möglich, zu entwickeln, die einen wachen Ansatz unterstützt. Emotionale Intelligenz und Authentizität sind hier die wichtigsten Anforderungen. Die emotionale

Intelligenz ist wichtig, weil die erwachte Führungskraft wissen muss, woher er kommt, mit seinen Werten und Moralvorstellungen in Berührung bleiben und auf die Werte und Moralvorstellungen seiner Mitarbeiter eingestimmt sein muss. Authentizität ist wichtig, weil die Menschen am Ende anfangen, zu realisieren, dass es unnatürlich ist, seine Seele an der Tür zu parken, wenn man den Arbeitsplatz betritt. Dein ganzes Selbst in den Arbeitsplatz einzubringen, ohne Angst davor zu haben, ausgelacht oder hintergangen zu werden, und dein ganzes Selbst für das Wohlergehen von dir und deiner Organisation zu verwenden, sind der Schlüssel zur Authentizität.

Stellen Sie sich der Stimmung

Es gibt zahlreiche Konsequenzen, wenn man nicht wach ist. Führer, die sich einer wachen Herangehensweise in der heutigen immer interdependenteren Geschäftswelt verweigern, werden sich selbst zu Außenseitern im globalen Dorf machen. Die kontinuierliche Vermischung von Kulturen lässt keinen Raum für die Beibehaltung eines einzelnen Führungsstils. Selbst wenn eine Führungskraft in nur einer Stadt, einem Landkreis oder einem Bundesland operiert, wird er oder sie feststellen, dass die Notwendigkeit besteht, eine erwachte Herangehensweise anzuwenden, da die Arbeitskräfte multiethnischer und multikultureller werden und eine zunehmende Vielfalt an Alter und Fähigkeiten aufweisen.

Organisationen, in denen Führungskräfte einen einzelnen Stil anwenden – selbst wenn dieser Stil in der Vergangenheit gut funktioniert hat – werden im Vergleich zu Wettbewerbern, die schneller vorankommen, weil sie die multidimensionale Herangehensweise der Wachheit beherrschen, benachteiligt sein. Organisationen mit wachen Führern sind offener für Veränderungen und fördern daher das organisatorische Lernen, sowohl innerhalb als auch außerhalb der Arbeitsumgebungen. Diese Organisationen ermutigen die Mitarbeiter dazu, die aktuellen Prozesse am Arbeitsplatz kontinuierlich infrage zu stellen und verbesserte Methoden vorzuschlagen. Sie konzentrieren sich darauf, die kontinuierliche Bildung unter ihren Mitarbeitern zu fördern, da sie erkennen, dass selbst, wenn einige Mitarbeiter einmal ein höheres Maß an Fähigkeiten und Wissen erlangt haben, Mitarbeiter, die sich geschätzt und ermutigt fühlen, einer sie pfleglich behandelnden Umgebung weniger wahrscheinlich den Rücken kehren. Dies reduziert die Fluktuation und verbessert die Qualität der Ergebnisse der Organisation, was wiederum die Ertragslage positiv beeinflusst.

Worte der Weisheit

Ich habe eine Reihe von Führungskräften, die ich für wach in ihren Ansätzen halte, gefragt, welche Ratschläge sie für Führungskräfte haben, die wacher werden wollen, und sie haben Folgendes vorgeschlagen:

- Sehen Sie Ihre Verantwortung in einem viel breiteren Rahmen. Zu viele Führungs-kräfte sind zu sehr mit einer engen Sichtweise beschäftigt und berücksichtigen nicht die volle Verantwortung, die ihre Unternehmen für die Gesellschaft, in der sie tätig sind, tragen. Es ist wichtig, dass die Führungskräfte von heute ihre Verantwortung nicht nur unter dem Strich sehen.
- Lassen Sie Ihren Worten Taten folgen. Legen Sie mehr als nur ein Lippenbekenntnis zu Ihren Beziehungen zu Ihren Mitarbeitern ab. Leitbilder sollten mehr sein als nur hehre Worte an Wänden oder Schreibtischen. Eine Führungskraft sagte: „Wenn Sie sich gut um Ihre Mitarbeiter kümmern, werden sie sich auch gut um Sie und Ihren Auftrag kümmern."
- Stehen Sie mit allen Ebenen Ihres Unternehmens besser in Kontakt. Fördern Sie den Teamgeist und einen erhöhten Sinngehalt. Dies wird zu größerer Mitarbeiter-zufriedenheit und letztlich zu höherer Produktivität führen.
- Förderung einer Unternehmenskultur, die die Menschheit als Ganzes anspricht. Konzentration auf alle Beteiligten (Arbeitnehmer, Aktionäre, Kunden, Lieferanten und die Gesellschaft) und nicht nur auf die Anteilseigner.
- Entwickeln Sie weiterhin die Qualitäten einer erwachten Führung. Auf diese Weise werden Sie Führung von einer Pflicht zu einer höchst erfreulichen Erfahrung machen.

Erwachte Führung: Ein verhaltensorientierter Fahrplan

Wie Sie bisher vielleicht festgestellt haben, könnte man erwachte Führung als einen der mehreren „neuen" Führungsstile bezeichnen, die aus der Frustration mit den selbst-bezogenen, gierbasierten, sinnlosen Führungshandlungen der vergangenen Jahrzehnte entstanden sind, oder man kann es als eine ganzheitliche Art und Weise betrachten.

Unabhängig davon, wie Sie sich entscheiden, es anzusehen, bleibt es eine sehr nütz-liche Art und Weise, mit der Verantwortung der Führung in jedem Setting umzugehen, ob privat oder beruflich; klein, mittelgroß oder groß; oder bezogen auf sich selbst oder andere.

Was ist also so nützlich daran? Der Hauptgrund dafür ist dies: Erwachte Führung ist reflektierend. Wenn Sie über Dinge nachdenken, betrachten Sie sie aus mehreren Blick-winkeln und denken tiefgründiger darüber nach als nur mit ein, zwei oberflächlichen Gedanken. Ihre Arbeit, Ihre Position und Ihre Arbeitsbeziehungen, die Branche, in der Sie tätig sind, der Zweck Ihrer Leistung, Ihre privaten oder sozialen Verbindungen, die Dinge, die Sie sagen, die Dinge, die Sie tun, und die Dinge, die Sie unterlassen, zu sagen und zu tun: Das Nachdenken über all dies kann Ihnen helfen, sich selbst besser zu ver-stehen und ab hier bewusster zu sein.

Einer der größten Gefallen, die Sie sich selbst erweisen können, besteht darin, zu verstehen, warum Sie das tun, was Sie tun, und wer von Ihren Handlungen betroffen ist. Insbesondere dann, wenn Sie wichtige Entscheidungen treffen möchten, wie z. B. eine Reihe von Mitarbeitern entlassen, eine Produktion oder eine Dienstleistungslinie einstellen oder neu starten, eine neue Beziehung eingehen oder eine alte beenden, kann es hilfreich sein, wenn Sie die erwarteten Auswirkungen aufschreiben. Beim Überlegen wichtiger Schritte unterschätzen wir oft die Anzahl der Betroffenen, deren Leben durch diese Schritte beeinflusst wird. Nehmen Sie sich ein paar Minuten Zeit und fangen Sie an, zu schreiben. Die Gruppe der betroffenen Parteien ist in der Regel fünfmal größer als das, was Ihre ersten Gedanken Ihnen glauben machen wollten.

Erwachtes Führungsverhalten ist das Gegenteil von schlafwandelnder Führung. Zunächst: Was ist schlafwandelnde Führung? Es ist die Tendenz, Entscheidungen zu treffen, ohne das Folgende zu bedenken:

1. Alles ändert sich, und nichts ist heute so wie gestern, sodass Sie nicht weiterhin die gleichen Entscheidungen treffen können, die Sie gestern getroffen haben, in der Hoffnung, dass sie die gleichen Ergebnisse haben werden.
2. „Realität", wie Sie sie sehen, ist nicht die gleiche wie die, wie andere sie sehen. Ihre Realität wird durch eine Reihe von beeinflussenden Faktoren geprägt, wie Ihre Erziehung, Kultur, Charakter, Generation, Bildung, Werte und mehr. Sie können also nicht davon ausgehen, dass andere Ihre Perspektiven immer verstehen und schätzen werden.
3. Traditionelle Muster oder Gewohnheiten sind die häufigsten Wege, um Sie in den Autopilotmodus, also den Schlafwandelmodus, zu versetzen: Sie folgen diesen Mustern oder Gewohnheiten, ohne nachzudenken und definitiv, ohne zu reflektieren, ob sie in Ihrem heutigen Leben noch Sinn ergeben. Das unbedingte Unterwerfen unter wiederkehrende Muster oder Gewohnheiten macht uns zu Anhängern, nicht zu Führern.
4. Wenn Sie sich zu sehr auf die Details konzentrieren, können Sie den größeren Zweck einer Sache aus den Augen verlieren. Manche Menschen können sich in den Details so verlieren, dass diese zum Hauptziel ihrer Leistung werden und sie den Überblick über das Gesamtbild völlig verlieren.
5. Das schlafwandelnde Führungsverhalten hat uns in eine globale ökologische Krise gesteuert, und jeder Plan, jeder Schritt, jede Entscheidung oder jede Handlung, die Sie jetzt einzeln oder gemeinsam unternehmen, wird entweder ein Instrument für eine positive Wende sein oder die Probleme, die wir, die menschliche Spezies, im vergangenen Jahrhundert geschaffen haben, weiter verstärken.

Mit den oben genannten Punkten kann leicht verstanden werden, was erwachte Führung ist, durch folgende Verhaltens-Roadmap. Bewusste Führung ist die kontinuierliche Aufmerksamkeit in deinen Gedanken, Handlungen und Kommunikationen:

1. Triff deine Entscheidungen nicht nur aufgrund deiner bisherigen Erfahrungen, sondern noch mehr in Bezug auf deine Wünsche für die Zukunft und die möglichen Auswirkungen, die diese Entscheidungen auf die Zukunft haben werden.

2. Du solltest die Perspektiven anderer berücksichtigen und einen offenen Geist für möglicherweise unterschiedliche Ideen haben, da sie dein Verständnis, deine Einsicht und damit auch die Richtung, die du einschlagen wirst, bereichern können.
3. Du solltest etablierte Muster und Prozeduren infrage stellen, oder sogar anzweifeln, da viele von ihnen zu einer Zeit erschaffen wurden, als die Zeiten, Erwartungen, Umstände, Ziele und Mentalitäten ganz anders waren. Wenn du feststellst, dass die alten Muster und Prozeduren noch ausreichen, kannst du mit ihnen weitermachen, aber wenn du feststellst, dass es Verbesserungspotential oder drastische Änderungen gibt, solltest du sie umsetzen.
4. Du solltest dir immer bewusst sein, dass Details wichtig sind, um die Qualität in allem zu sichern, aber du solltest auch immer das große Ganze im Auge behalten, damit du dich auf das konzentrieren kannst, was wirklich wichtig ist.
5. Du solltest dir angewöhnen, bewusst zu führen. Dein Geist ist ein wundervolles Instrument, aber er hat die Tendenz, dich bei jeder Gelegenheit in die Irre zu führen. Jetzt ist es an der Zeit, in der Aufmerksamkeit zuzulegen und die Kontrolle über die Richtungen, in die sich dein Geist bewegt, wieder zu erlangen.

Stell deine Prioritäten in der richtigen Reihenfolge wieder her und erkenne die Vergänglichkeit von allem, auch von dir selbst. Wenn du dir bewusst machen kannst, dass du diese Welt besser verlassen willst, als du sie angetroffen hast, hast du einen wichtigen Schritt auf dem Weg zur bewussten Führung getan.

Marc Benioff und Salesforce

Ein gutes Beispiel für die Art von Führungsperson, die die Arbeitnehmer dieser Generation zu sehen scheinen, ist Marc Benioff, Gründer und CEO von Salesforce, einem Internetunternehmen mit etwa 28.000 Mitarbeitern, das in Fortunes 2017 in der Future 50 Leaders List of Companies auf Platz 1 stand, mit einem Marktwert von über 20 Mrd. US-Dollar, die außergewöhnlich sind und denen man nacheifern sollte. Innovation und Kreativität scheinen das Wichtigste zu sein, das durch Benioffs Adern fließt. Die Produktlinie von Salesforce ist nicht so revolutionär in unserer Zeit, sondern vielmehr die gesamte Herangehensweise an das Geschäft. Benioffs Unternehmen ist für drei Geschäftstrends bekannt, die sich in der täglichen Leistung etabliert haben oder von vielen Geschäftsleuten übernommen wurden: 1. ein Technologiemodell, das jetzt als Cloud bekannt ist, 2. das Abonnement-Geschäftsmodell und 3. das 1-1-1-Modell, letzteres ist Salesforces philanthropisches Engagement, 1 % jedes Unternehmensanteils, der Produkte und der Arbeitsstunden zu spenden.

Einer der Hauptgründe, um zu dem Schluss zu kommen, dass Benioff etwas Gutes tun muss, ist die Tatsache, dass seine Strategien von mehr als 3000 aktuellen Geschäftsführern kopiert wurden. Es scheint, dass führende Unternehmensbewerter wie die Wall Street Salesforce als vielversprechenden Trendsetter im Auge haben, nicht nur durch sein eigenes Wachstum, sondern auch durch gut überlegte Übernahmen. Allein in der vergangenen Dekade hat Salesforce 55 Unternehmen erworben, die Innovationen oder Pionierarbeit am Markt manifestierten. Doch was Salesforce – und Benioff – so besonders macht, ist ihr Ansatz, Gutes zu tun: Soziale Projekte wie die Finanzierung von Schulen, Krankenhäusern und anderen Einrichtungen, die sich auf das Wohlergehen konzentrieren, erhalten Millionen von Dollar an Unterstützung von Salesforce.

Im Jahr 2018 war Benioff der einzige Milliardär, der ein San-Francisco-Abstimmungsvorhaben zur Bekämpfung der Obdachlosigkeit („Prop C") unterstützte, das zu einem nationalen „Kampf der Big-Tech-Titanen" wurde. Prop C, die sich letztendlich mit 60 % der Stimmen durchsetzte, soll jährlich zusätzliche 250–300 Mio. US-Dollar an Unternehmenssteuern einbringen – was die größte Steuererhöhung in der Stadtgeschichte darstellt – für einen Fonds, der der Lösung des Obdachlosigkeitsproblems in San Francisco gewidmet ist. Die Unternehmen mit den höchsten Umsätzen werden am meisten zahlen müssen, um diese Bemühungen zu unterstützen. Was Prop C zu einem so heißen Thema machte, war die Tatsache, dass es als eine Bürgerinitiative begann, aber Kampffeld politischer Eliten wurde, sobald es in eine Twitter-Debatte zwischen Milliardären aufgewertet wurde.

Einige Milliardäre äußerten sich gegen Prop C und behaupteten, sie hätten es nicht für den richtigen Weg gehalten, um der Obdachlosen-Community zu helfen. Selbst der damalige Bürgermeister von San Francisco, London Breed, war gegen das Vorhaben und nannte eine Reihe von Gründen, warum er der Meinung war, dass Prop C nicht unterstützt werden sollte. Einer dieser Gründe war, dass bereits 300 Mio. US-Dollar für Obdachlosenprogramme ausgegeben worden waren und dass Unternehmen bei einer solchen hohen Steuer, die für die Unterstützung von Obdachlosen zu zahlen ist, möglicherweise San Francisco verlassen würden.[9]

Im Rückblick auf die Prop-C-Steuer für Obdachlose erklärte Benioff, dass er Priester, Rabbiner und Imame hatte, die ihm halfen, aber keine anderen CEOs. Erst nachdem Prop C die Volksabstimmung gewonnen hatte, begannen andere Geschäftsführer, endlich mit ihren Unterstützungszusagen einzutrudeln. Benioff ist der Ansicht, dass viele dieser späten CEO-Unterstützer beschlossen haben, einen Unterstützungszuschuss zu leisten, nachdem ihre Mitarbeiter enttäuscht waren, dass diese Wirtschaftsführer die Obdachlosigkeitsprobleme so gleichgültig behandelten.[10]

Was die Geschäftspraxis von Salesforce betrifft, so ist das gesamte Produkt- und Dienstleistungspaket, das das Unternehmen anbietet, auf Benutzerfreundlichkeit, Kosteneffizienz und Aktualität ausgerichtet. Durch die Bereitstellung seiner Produkte

---

[9] Au-Yeung, A. (2018). San Francisco Voters Approve Tax Ballot Measure To Help Homeless, Tech Billionaire Marc Benioff Wins Big. *Forbes.Com*, 4.

[10] Ghaffary, S. (14 Nov, 2018). Marc Benioff says he had rabbis and imams supporting the Prop C homelessness tax — but not tech CEOs. *Recode*. Retrieved from https://www.recode.net/2018/11/14/18093170/marc-benioff-homeless-tax-prop-c-tech-ceos

online stellt das Unternehmen sicher, dass Kunden jederzeit auf die neueste Version der Software zugreifen können, die sie verwenden, ohne Frustration, Verzögerung oder zusätzliche Kosten. Benioff hat verstanden und führt mit dem Verständnis, dass der Geschäftserfolg nicht nur auf die Aktionäre, sondern auf alle Beteiligten ausgerichtet sein sollte. Mitarbeiter werden ermutigt, die „Ohana"-Etage (Familie) zu nutzen, die in jedem Salesforce-Gebäude vorhanden ist. Die Ohana-Etage ist ein Gemeinschaftsraum, in dem alle Mitarbeiter willkommen sind, um an der familiären Atmosphäre teilzunehmen.[11]

Benioff ist stark in Salesforce investiert, plant aber nicht, das Unternehmen um jeden Preis zu erhalten. Er räumt ein, dass eine gute Arbeit als Führungskraft etwa 95 % der Zeit in Anspruch nimmt und dass es mehr im Leben gibt, als nur die ganze Zeit zu arbeiten. Bisher bleibt er jedoch an der Spitze und setzt weiterhin revolutionäre, aber humane Trends in seiner Führung und seiner Unternehmensleistung fort.

Segnungen zählen

Ich war dabei, meine Segnungen zu zählen
Ich dachte, so meine Zeit nützlich zu verbringen
Aber bald stellte ich fest, dass ich nicht wusste
Wo ich anfangen oder wo ich aufhören sollte

Jeder Tag bringt mir so viele
Angefangen damit, aufstehen zu können
Endet mit einem Bett, in dem ich schlafen kann
Und dazwischen einfach unendlich viele Vorräte …

Meine Arbeit, meine Familie und meine Kinder
Meine Enkelkinder und mein Wohnraum
Meine süßen Haustiere, die mich Freundlichkeit lehren
Meine Gesundheit, die ich so sehr umarmen möchte

Erlebnisse, die ich manchmal gefürchtet habe
Aber die mir jetzt helfen, die Dinge klar zu sehen
Bewusstsein, das sich immer weiter ausbreitet
Akzeptiert alles, was lebt, als teuer

Ich habe meine Zählversuche endlich aufgegeben
So viele Segnungen, nur für mich
Aber es war gut, mir die Zeit zu nehmen
Um darüber nachzudenken und es deutlich zu sehen

Dass das Zählen von Segnungen
Einfach eine undankbare Art ist
Einen unendlichen Vorrat zu schätzen
Den ich jeden Tag als selbstverständlich betrachte

---

[11] Lashinsky, A. (2017). Benioff in Bloom. (cover story). *Fortune, 176*(6), 64–72.

Wie passt buddhistisches Denken in die Führung?

Nicht sicher ...

Es scheint, dass die meisten Menschen
Irgendwelche Geräusche hören müssen
Was bedeutet, dass an den meisten Orten,
Keine Stille zu finden ist

In Abwesenheit von Medien, Telefon oder Freund
Mögen viele ihre eigene Stimme hören
Verzehrt von diesem unaufhörlichen Verlangen
Nach irgendeiner Art von denkbarem Krach

Vielleicht ist Stille jetzt tabu
Dieses Juwel einer so feinen Substanz
Diese beruhigende geistige Decke
Zerbrechliches Heiligtum – heiliger Schrein

Oase des Zuhörens von Gedanken
Den Atem ehrend, der bei der Geburt gegeben wird
Wiederbegegnung mit vergessenen Sinnen
Und die Stille der Erde genießend

Warum ist Stille so schwer zu finden?
Sind die meisten Gedanken zu hart, um sie zu ertragen?
Warum ignorieren die Menschen ihren Verstand?
Ich weiß hier nicht mehr weiter ... Ich bin mir nicht sicher.
                                                        ~ Joan Marques

J. Marques, *Führen mit Herz*, https://doi.org/10.1007/978-3-031-30136-0_2

Buddhismus wird manchmal als Religion betrachtet, aber immer mehr Menschen erkennen, dass buddhistische Praktiken nicht unbedingt mit ihren religiösen Ansichten und Werten in Konflikt stehen müssen. Der Buddhismus kann sehr gut als Lebensweise betrachtet werden. Er ist eine Zusammenfassung der Lehren des Buddhas. Ein Buddha ist eine Person, die Bodhi erreicht hat, was Weisheit in sinnvoller, moralisch verantwortungsvoller Denk- und Verhaltensweise bedeutet. „Buddha" bedeutet daher „Erleuchteter". Die erste Person, die allgemein als „Buddha" bekannt ist und auch als Gründer des Buddhismus gilt, war Siddhartha Gautama, der Sohn eines indischen Stammesführers. Während Siddhartha in seiner Jugend die Privilegien seines Lebens genoss, machten ihm seine Begegnungen mit Krankheit, Alter und Tod als junger Erwachsener klar, dass das Leben nicht immer ein Zuckerschlecken ist. Er verließ augenblicklich sein privilegiertes Leben und machte sich auf die Suche nach Weisheit, die er mit Mitte 30 nach vielen Wanderungen und vielen Kämpfen erlangte.

Siddhartha übte Einsichtsmeditation, auch bekannt als „Vipassana", und gewann so die Einsicht, dass alles voneinander abhängig ist und alles vergänglich ist: Nichts hält ewig. Die Tatsache, dass er sich selbst als „erwacht" bezeichnete, nachdem er den Namen „Buddha" erhalten hatte. In den nächsten 45 Jahren hörte der Buddha vielen Menschen zu und teilte viele Erkenntnisse, darunter die vier edlen Wahrheiten und der edle achtfache Pfad, mit denen er einige der wichtigsten Konzepte vermittelte.

Die vier edlen Wahrheiten

Die vier edlen Wahrheiten spiegeln das Leben in seiner Essenz wider. In den einfachsten Begriffen sind sie wie folgt:

1. Leiden existiert.
2. Leiden hat eine Ursache.
3. Leiden kann beendet werden.
4. Es gibt einen Weg, um das Leiden zu beenden, nämlich den edlen achtfachen Pfad.

Die ersten drei edlen Wahrheiten sollen unsere Einsicht in die Notwendigkeit und den Zweck des edlen achtfachen Pfades vertiefen.

Der edle achtfache Pfad umfasst acht miteinander verbundene Praktiken: rechte Ansicht, rechte Absicht, rechte Rede, rechtes Handeln, rechter Lebenswandel, rechtes Streben, rechte Achtsamkeit und rechte Konzentration. Die Praktiken sind nicht durchnummeriert, weil sie nicht als Sequenz mit einer bestimmten Reihenfolge gesehen werden sollten, sondern als Satz von Praktiken, die ohne einander unvollständig sind.

Es kann nützlich sein, die obigen Konzepte etwas auszuführen, um ein besseres Verständnis dafür zu erhalten.

Die erste edle Wahrheit sagt uns, dass Leid existiert. Leid sollte hier in einem viel breiteren Kontext gesehen werden als ein bestimmter Schmerz oder eine Krankheit.

Der Kontext, den der Buddha hier verwendet hat, war, dass das Leben im Allgemeinen viele Formen von Leid mit sich bringt: Geburt, Alterung, Krankheit, Tod, traurige und enttäuschende Erlebnisse, der Verlust von etwas oder jemandem, der uns kostbar ist, die Unfähigkeit, etwas oder jemanden zu bekommen, das oder den wir wollen, und mehr. Selbst wenn wir sagen würden, dass viele dieser Momente als Höhepunkte gesehen werden können, ist immer noch stets ein Element von Leid dabei.

Betrachten wir einige Beispiele: Die Geburt gilt als ein schöner Prozess, aber es ist auch eine Tatsache, dass die meisten Frauen unerträgliche Wehen durchmachen und die meisten Babys bei der Geburt weinen, wenn sie aus der warmen, angenehmen Umgebung, die die Gebärmutter ihrer Mutter ist, entbunden werden. Daher brauchen Babys Wärme und liebevolle Pflege, um den unbekannten, lauten Welten, in die sie gelangen, zu vertrauen. Leider erleben viele Kinder diese Wärme nicht, da einige unerwünscht sind, andere zu früh geboren werden oder eine medizinische Notwendigkeit aufweisen, die es ihnen auferlegt, sich für eine gewisse Zeit von der Wärme ihrer Eltern fernzuhalten. Die Geburt kann in der heutigen Gesellschaft auf viele andere Weise Leid bringen: Zunächst einmal haben wir es mit der globalen Überbevölkerung zu tun, bei der es weltweit immer noch mehr Geburten als Todesfälle gibt. Tatsächlich gab es 2017 weltweit etwa 2,5 Mal mehr Geburten als Todesfälle, was die Weltbevölkerung auf fast 7,6 Mrd. ansteigen ließ. Wenn die Weltbevölkerung weiter wächst, steigt der Bedarf an Nahrung, und Ressourcen werden knapper. Ungefähr alle 10 Sekunden stirbt ein Mensch auf der Welt vor Hunger. Die meisten dieser Hungertoten sind unter Kindern. Wie Sie sehen können, gibt es bei der Geburt viel zu bedenken, weil die Welt ein sehr vernetzter Ort ist und jede Handlung eine andere auf Arten und Weisen beeinflusst, die wir uns nicht einmal vorstellen können.

Das Altern wird oft als Segen betrachtet, aber viele ältere Menschen werden Ihnen von den Problemen erzählen, die sie mit dem Verlust der Mobilität, abgestumpften Sinnen (Verlust des Hörens, Riechens oder Schmeckens) und dem Verlust des Interesses an neuen Erfahrungen haben. Die Mehrheit der älteren Menschen entwickelt eine größere Vorliebe für ihre häusliche Umgebung und findet es schwer, den Ort zu wechseln, selbst wenn es nur für eine berufliche oder Urlaubsreise ist. Viele von ihnen betrachten eine lange Fahrt, einen geschäftigen Flughafen, einen Flug, ein Hotel und die Zeit unter unbekannten Menschen an unbekannten Orten eher als stressig. Die Teilnahme an den Anforderungen des Lebens kann daher bei denjenigen älteren Menschen, die es vorziehen würden, in ihren Komfortzonen zu bleiben, sowohl mentales als auch körperliches Leid verursachen.

Krankheiten implizieren immer Leid, aber in diesem Leid können wir verschiedene Grade erkennen, je nachdem, welche Art von Krankheit es ist und wie eine kranke Person sich dabei fühlt. Manche Menschen haben eine außergewöhnliche Fähigkeit, ihre Krankheit zu einem bereichernden Erlebnis für andere zu machen. Randy Pausch zum Beispiel war ein brillanter Forscher und wegweisender Bildungsexperte, der an Pankreaskrebs erkrankte und wusste, dass er sterben würde. Kurz nachdem er von seinem unausweichlichen Schicksal erfahren hatte, organisierte er eine inspirierende

„letzte Vorlesung" an der Carnegie Mellon, in der er über die Erfüllung seiner Kindheitsträume nachdachte. Diese Vorlesung wird heute von Millionen angesehen. Trotz der edlen und mutigen, einsichtreichen Beiträge litt Pausch darunter, dass er nicht sehen würde, wie seine drei wunderbaren Kinder erwachsen werden. Seine Kinder litten auch, weil sie ohne diese inspirierende Kraft in ihrem Leben aufwachsen mussten.

Was den Tod betrifft, so ist die erste Form von Leid, die uns in den Sinn kommt, das Bewusstsein, dass wir alle irgendwann sterben werden und keine Ahnung haben, wann dieser Tag sein wird und wie der Tod auf uns zukommt. Während sich einige Menschen spirituell auf ihren Übergang von dieser Stufe zur nächsten vorbereiten, beinhaltet der Tod eine Mystik, die wir auf verschiedene Weise zu verschiedenen Zeiten erleben. Der Tod kann auch Leid bringen, wenn er sich auf eine geliebte Person oder ein geliebtes Tier bezieht, die vor uns sterben. Auch wenn diese Person oder dieses Tier durch den Tod von Schmerzen und Leid befreit werden kann, leiden wir, die wir zurückbleiben, daran, diese geliebte Person oder dieses geliebte Tier zu vermissen, und das kann lange Zeit andauern.

Auch traurige und enttäuschende Situationen bringen Leid. Tod und Krankheit sind nur einige dieser Erfahrungen, aber das Leben stellt uns so viel mehr vor: den Job verlieren; ein Zuhause verlieren; umziehen und einen vertrauten Ort hinter sich lassen müssen; das Ableben geliebter Familienmitglieder, Freunde oder Kollegen erleben; eine Trennung oder eine Scheidung durchmachen; oder jemanden begehren, der nicht an uns interessiert ist oder sich einer anderen widmet – es gibt zahlreiche kleine, mittlere und große Erfahrungen, die eine Art von Leid verursachen. In Kalifornien, wo ich lebe, gibt es jedes Jahr mehrere große Brände. Als ich dieses Kapitel schrieb, brannten in Südkalifornien vier große Feuer gleichzeitig, wobei einer, der Thomas-Brand, mehr als einen Monat lang brannte und mehr als 1000 Gebäude zerstörte. Dazu gehörten Häuser von Menschen, die sich vorgenommen hatten, in ihren Wohnungen lange und glücklich zu leben, aber von einem Tag auf den anderen obdachlos wurden. Manche Menschen haben ihre Haustiere bei einer überstürzten Evakuierung verloren. Diese Überraschungen im Leben können sehr deprimierend sein und den Betroffenen viel emotionales, körperliches und finanzielles Leid zufügen.

Die obige Aufzählung kann dazu führen, dass Sie denken, dass das Leben eine unendliche Folge von Leiden ist, aber das wäre keine gesunde und erbauliche Art, es zu betrachten. Wenn ich sage, dass Leiden existiert, war es nicht die Absicht des Buddha, das Leben als Folge von Elend darzustellen, sondern uns bewusst zu machen, was die Grundlagen des Daseins sind. Es ist einfach und wahr: Wir alle müssen uns mit Leiden auseinandersetzen, und das auf vielen Stufen unseres Lebens. Denken Sie darüber nach: Das Leben kann in einem gegebenen Moment wunderschön und rosig erscheinen, aber es gibt immer etwas, das besser sein könnte. Unsere Leben haben immer einige Unvollkommenheiten, und selbst wenn wir den erstrebenswertesten Zustand erreicht haben, finden wir, dass es immer noch eine Sache gibt, die man sich mehr wünscht. Studien haben gezeigt, dass selbst Menschen, die im Lotto gewinnen und Multimillionäre werden, sich an ihren neuen Zustand gewöhnen und nach dem ersten Hoch wieder in ihren ursprünglichen mentalen Zustand zurückkehren. Schließlich kann uns Geld nicht alles kaufen: Wenn es also Krankheiten, Verluste von Lieben oder einen Zustand der Depression gibt, wird Reichtum die Flut nicht wenden können. Dies zeigt, dass selbst, wenn wir denken, dass wir unsere kostbarsten Ziele erreicht haben, das Leben weitergeht, und wir eine neue Reihe von angenehmen und unangenehmen Überraschungen erleben werden, von denen einige uns erfreuen und andere Leiden verursachen werden.

Die zweite edle Wahrheit impliziert, dass Leiden eine Ursache hat. In den obigen Erläuterungen habe ich ausführlich die Ursachen von Leiden erläutert. Einige dieser Ursachen sind äußerlich und können nicht vermieden werden, wie zum Beispiel der Tod eines geliebten Menschen oder der Verlust unseres Jobs. Es gibt jedoch auch andere Ursachen des Leidens, die wir selbst angehen können. Manchmal leiden wir, weil wir neidisch auf die Leistung eines anderen sind und diese auf unsere eigene spiegeln. Das Vergleichen ist eine starke Ursache des Leidens. Aber es ist vermeidbar. Wenn Sie sich selbst das Vergleichen abtrainieren können, ist die Ursache dieses Leidens verschwunden.

Sehr oft bringen wir uns selbst durch das Verlangen nach etwas, das wir nicht haben, Leiden bei. Wir haben die Macht, in unserem Geist zu verankern, was wir brauchen und was nicht, und so können wir Dinge mental in Besessenheiten eskalieren, wenn es wirklich keinen Grund dafür gibt. Denken Sie zum Beispiel an das jährliche Rennen um ein neues iPhone. Viele Menschen haben das Gefühl, dass, wenn sie das neueste Modell dieses Geräts nicht erwerben, sie als nicht in der Lage angesehen werden könnten, mit den aktuellen Trends Schritt zu halten. Und selbst wenn ihr „altes" Telefon perfekt funktioniert, werden sie alles in ihrer Macht Stehende tun – sogar sich in Schulden stürzen –, um das neueste Telefon zu bekommen. Viele dieser Art von Leiden, glauben Sie es oder nicht, bringen wir uns selbst bei. Wenn unsere Freunde uns auf der Grundlage der Neuheit unseres Mobiltelefons, Computers, Outfits, Autos oder anderer Spielereien beurteilen, sind sie wirklich keine Freunde mehr. Sich selbst in Schwierigkeiten zu manövrieren, nur um etwas zu bekommen, das man sich wirklich nicht leisten kann, ist heute eine starke Ursache des Leidens.

Leider pflegen viele Menschen so ein Verhalten: Sie beurteilen andere nach der Neuheit oder dem angeblichen Preis ihrer Kleidung, Schuhe, Autos, Telefone oder sogar des Hauses und der Gegend, in der sie leben. Dies bedeutet, dass viele Menschen dann zu Opfern dieses Trends werden, weil sie nicht als „veraltet" oder „unfähig, sich zu verbessern" angesehen werden wollen.

Eine weitere Ursache des Leidens ist die Unzufriedenheit, die so viele von uns bezüglich unseres Körpers erworben haben. Die Medien bombardieren uns jeden Tag mit Bildern davon, wie wir ideal aussehen sollten. Die Konzepte von „Schönheit" und „Anmut" wurden auf ein bestimmtes Format geformt, sodass diejenigen, die diesem nicht entsprechen, sehr unzufrieden sein können, ja sogar entmutigt, aufgrund der Wahrnehmung, die in sie hineingepflanzt wurde, dass sie die Standards des Begehrenswerten nicht erfüllen. Dieses Problem ist besonders schmerzhaft bei jungen Menschen,

Jugendlichen, weil sie noch sehr empfindlich für die Einflüsse ihrer Umgebung sind. Es gibt jedoch auch erfahrenere Menschen, die von Trends beeinflusst bleiben, an denen sie teilhaben möchten.

Zum Glück können wir etwas gegen diese Formen des Leidens unternehmen. Der erste Schritt zur Beendigung dieser Art von Leiden ist das Bewusstsein, das in der nächsten edlen Wahrheit angesprochen wird. Bevor wir dort ankommen, sollten wir jedoch auch Folgendes berücksichtigen: Wir ändern uns im Laufe unseres Lebens ständig. Auf jeder Stufe gibt es einige Dinge, die wir hinzugewinnen und einige, die wir verlieren. Sobald wir die Dinge erreicht haben, die wir begehren, gehen wir weiter und neue Bereiche des Begehrens treten auf. Denken Sie an dieses vertraute Beispiel: Sie haben studiert und möchten einen Job bekommen, damit Sie Ihr eigenes Geld verdienen können. Also leiden Sie durch viele Suchen, Bewerbungen und Bewerbungsgespräche, bis Sie einen Job finden. Dann merken Sie vielleicht, dass dieser Job wirklich nicht das ist, was Sie für den Rest Ihres Lebens tun möchten, also suchen Sie weiter und leiden durch einige weitere Suchen, Bewerbungen und Bewerbungsgespräche. Sie finden möglicherweise einen Job in der Branche, in der Sie schon immer tätig sein wollten. Das ist eine große Leistung. Aber dann beginnen Sie, nach dem Aufstieg auf der Karriereleiter zu streben: Sie möchten vom Assistenten zum Gruppenleiter, vom Gruppenleiter zum Abteilungsleiter und vom Abteilungsleiter zum Bereichs-Vice-President aufsteigen. Jeder Schritt ist ein Prozess des Gewinnens und Verlierens von etwas anderem, und in unterschiedlichem Maße werden einige von uns mehr und andere weniger leiden, um das zu erreichen, was wir begehren.

Die dritte edle Wahrheit, die bekräftigt, dass Leiden beendet werden kann, ist eine wichtige. Sie haben die Fähigkeit, sich selbst von viel Ihres Leidens zu befreien, aber Sie müssen verstehen, dass das vielleicht einen Schritt im Bewusstsein erfordern wird. Das bedeutet, dass Sie kritisch denken müssen. Ernsthaft kritisch. Sie müssen einen kritischen Blick auf Ihr Leben und Ihre Wünsche werfen und analysieren, ob Sie wirklich wollen, dass sie Sie leiden lassen. Dabei müssen Sie möglicherweise tief in sich selbst bohren und die Gründe hinterfragen, warum Sie das wollen, was Sie wollen. Sehr oft wurden Ihre Wünsche von Erwartungen von außerhalb von Ihnen selbst vorgegeben. Es kann sein, dass Ihre Eltern, Gleichaltrigen oder sogar Ihre Gemeinde erwarten, dass Sie sich in einer bestimmten Weise entwickeln und eine bestimmte Karriere wie Rechtsanwalt, Arzt oder Wirtschaftswissenschaftler einschlagen, und Sie haben einfach nie hinterfragt, ob das auch das ist, was Sie wollen.

Als ich jung war, wollte ich Flugbegleiterin werden. Mein Vater war mit dieser Idee nicht sonderlich begeistert, weil er wollte, dass ich studiere und Augenärztin werde. Zum Glück ist weder der Flugbegleiter- noch der Augenarzt-Beruf für mich in Erfüllung gegangen: Ich habe herausgefunden – rechtzeitig–, dass das Fliegen nicht mein Ding ist, und ich habe erkannt, dass meine Mathematik- und Physikkenntnisse in Ordnung waren, aber definitiv nicht in dem Ausmaß, dass ich sie als Grundlage für meinen Beruf nutzen konnte. Im Nachhinein erkenne ich, dass diese Karrieren vielleicht lukrativ und bereichernd auf ihre eigene Weise waren, aber sie standen nicht mit meiner wahren Leidenschaft in Einklang.

Es kann auch sein, dass Sie etwas zu einem bestimmten Zeitpunkt in Ihrem Leben gewollt haben und jetzt an einem Punkt angekommen sind, an dem dieser Wunsch keinen Sinn mehr ergibt. Aber weil Sie ihn bereits in Ihrem System hatten, streben Sie weiterhin danach, dass es passiert. Intensives Nachdenken kann Ihnen helfen, die Dinge in die richtige Perspektive zu rücken und Ihnen den Mut zu geben, damit aufzuhören, hinter Menschen, Positionen oder Besitztümern herzulaufen, die für Sie wirklich keinen Sinn mehr ergeben. Es ist wichtig, zu erkennen, dass Sie sich ändern und dass Dinge, die Ihnen einmal am attraktivsten erschienen sind, Sie jetzt nicht mehr ansprechen.

In meiner Jugend wollte ich Radio- und Fernsehmoderatorin werden, also wurde ich eine. Ich lebte förmlich von der Popularität, die mir diese Karriere brachte, und ich liebte es, wenn meine Programme ausgestrahlt oder gesehen wurden. Nach 20 Jahren, in denen ich etwas getan habe, was ich einmal so sehr geliebt habe, wurde mir jedoch klar, dass ich an einem Punkt der Erschöpfung angekommen war. Ich wollte es beenden und neue Herausforderungen annehmen, also begann ich wieder, zu studieren und eine Karriere in der Bildung einzuschlagen. Es hat jedoch viel intensives Nachdenken und noch mehr Mut gebraucht, um eine lukrative Karriere zu beenden, die zu nichts anderem als Arbeit geworden war. Das Geld und die Popularität waren immer noch großartig, aber die innere Zufriedenheit hatte sich enorm verringert, und ein neuer Wunsch war aufgetaucht, mich für etwas zu engagieren, was ich als sinnvoller erachtete: Ich hatte mich weiterentwickelt.

Es kann sogar sein, dass Sie etwas noch wollen, aber dass Sie durch intensives Nachdenken herausfinden, dass die Mühe, diesen Wunsch zu erreichen, einfach nicht mehr Ihre Zeit und Ihre Anstrengungen wert ist. Sie können zum Beispiel herausfinden, dass eine Position, die Sie seit einiger Zeit begehrt haben, zu viel von Ihrer Zeit und Ihren Bemühungen in Anspruch nehmen würde, jetzt, wo Ihre Prioritäten sich geändert haben. Auf ähnliche Weise können Sie erkennen, dass die Erreichung eines Wunsches ihren Glanz verloren hat, weil Ihre Perspektiven jetzt anders sind: Was Sie vor einigen Jahren als wichtig betrachtet haben, ist Ihnen heute nicht mehr wichtig. Mit anderen Worten, die Person, die Sie waren, als der Wunsch in Ihnen entfacht wurde, existiert nicht mehr, und die Person, die Sie heute sind, ist von diesem alten Wunsch weitergezogen und strebt andere Ziele und Richtungen im Leben an.

Ich erinnere mich an die Zeit, als ich davon geträumt habe, eine bekannte Sängerin zu werden. Ich hatte eine gute Stimme, und ich wusste, dass, wenn ich wirklich dafür gekämpft hätte, angesichts meiner Verbindungen in den Medien zu diesem Zeitpunkt, ich die Chance hätte haben können, als Sängerin bekannt zu werden. Irgendwie ist mir aber auch klar geworden, dass die Introvertierte in mir nicht auf der Bühne stehen wollte, Abend für Abend. Und weil ich entdeckt hatte, dass das Fliegen auch nicht mein Ding war, wurde mir klar, dass es einfach zu viel zu opfern geben würde, um erfolgreich eine

Karriere als Sängerin auf der Bühne zu machen. Wissend, was ich jetzt über mich weiß, bin ich froh, dass ich nie ernsthaft um eine Gesangskarriere gekämpft habe.

Jedes der obigen Beispiele veranschaulichte, dass bewusste Wahrnehmung entscheidend ist, um Einsicht zu erlangen und unnötiges Leiden zu beenden. Manchmal wird es auch Mut erfordern. Viele Menschen leiden weiter unter ihren Umständen, weil sie Angst vor dem Versagen haben. Ich kenne eine ganze Reihe von Menschen, die absolut unglücklich mit ihrem Job sind, aber es nicht wagen, ihn aufzugeben, weil sie Rechnungen zu bezahlen haben. Die Fortsetzung in einem anstrengenden Job saugt auch ihre Energie ab und verhindert, dass sie Zeit haben, nach einem anderen Job zu suchen. Nach der Arbeit wollen sie sich nur auf die Couch legen und fernsehen oder spielen, bis sie einschlafen.

Die vierte edle Wahrheit ist die umfassendste und auch die anspruchsvollste. Sie ist auch als edler achtfacher Pfad bekannt und gilt als eine der wichtigsten Lehren Buddhas. Der achtfache Pfad besteht aus acht Handlungen, die gleichzeitig umgesetzt werden sollten. Also kein achtstufiger Aktionsplan, sondern eine gemeinsame Verbindung von wechselseitig abhängigen Verhaltensweisen, die beim rechten Denken und Handeln helfen.

Der achtfache Pfad besteht aus rechtem Verständnis (auch als rechte Einsicht bezeichnet), rechtem Denken, rechter Rede, rechtem Handeln, rechtem Lebenswandel, rechtem Streben, rechter Achtsamkeit und rechter Konzentration. Thich Nhat Hanh,[1] einer der weltweit angesehensten buddhistischen Mönche, erklärt die acht Elemente des Pfades sehr gut. Er sieht rechtes Verständnis als tiefes Verständnis der vier edlen Wahrheiten; rechtes Denken als Mittel, um rechtes Verständnis zu verbessern; rechte Rede ist eine Manifestation von rechtem Denken; und rechtes Handeln ist eine Folge von rechter Einsicht, rechtem Denken und rechter Rede sowie der Weg zu rechtem Lebenswandel. Thich bewertet rechtes Streben als die Energie, die uns hilft, den edlen achtfachen Pfad zu gehen. Er sagt: „Unsere Praxis sollte intelligent sein, basierend auf richtigem Verständnis der Lehre. Es ist nicht so, dass wir hart üben, dass wir sagen können, wir üben richtig" (S. 99). Thich sieht rechte Achtsamkeit als das Herz der Lehre Buddhas. Er klärt auf: „Wenn wir achtsam sind, ist unsere Denkweise rechtes Denken, unsere Rede ist rechte Rede usw. Rechte Achtsamkeit ist die Energie, die uns in die Gegenwart zurückbringt" (S. 64). Schließlich erklärt er Schritt acht des achtfachen Pfades, rechte Konzentration, als „die Praxis der rechten Konzentration, um einen einzigen Geist zu kultivieren" (S. 105).

Jedes der folgenden Kapitel wird einen Aspekt des edlen achtfachen Pfades überprüfen und durch Beispiele von bekannten Führungskräften und alltäglichen Menschen, die ihr Bestes tun, um ihn zu praktizieren, hervorheben.

---

[1] Thich Nhat Hanh (1998). *The Heart of the Buddha's Teaching: Transforming Suffering into Peace, Joy, and Liberation.* Broadway Books, New York, NY.

Buddhistische Praktiken und die Arbeitswelt

Ein wichtiger Grund, warum Buddhismus in den vergangenen Jahrzehnten in Bezug auf Arbeitsplatzstudien in den USA so beliebt geworden ist, könnte darin liegen, dass er unterschiedliche Perspektiven auf das, was „Spiritualität am Arbeitsplatz" bedeutet, befriedigt. Spiritualität am Arbeitsplatz, manchmal einfach als „Geist am Arbeitsplatz" bezeichnet, ist seit den frühen 1990er-Jahren als Trend auf dem Vormarsch, aber es gibt immer noch Unterschiede in den Perspektiven rund um diesen Trend. Die Unterschiede betreffen die Beziehung zwischen Spiritualität und Religion. Einige Autoren finden, dass Spiritualität nicht unbedingt mit Religion zusammenhängt. Diese Autoren[2] argumentieren, dass Spiritualität etwas ist, das nicht auf Religion beschränkt sein sollte, da es auch um ein Gefühl von Zweck, Bedeutung und Verbundenheit zueinander gehen kann. Andere meinen, dass Religion die Grundlage aller spirituellen Praktiken ist. Einige von ihnen[3] betrachten als Spiritualität Begriffe wie Energie, Bedeutung und Wissen und dass sie sich auf die verschiedenen Spiritualitäten von Tao, Buddhismus, Hinduismus, Zen und indianischer Spiritualität beziehen. Für beide der oben genannten Perspektiven, die pro-religiöse und die anti-religiöse Ansicht, bietet der Buddhismus einen akzeptablen Übergang, da er oft mehr als ein Psychologie- oder Ethiksystem bezeichnet wird, während einige es vorziehen, ihn als Religion zu sehen.

Wie bereits erwähnt, nähern wir uns in diesem Buch dem Buddhismus mehr als einem Psychologie- oder Ethiksystem – einer Philosophie. Wenn buddhistische Praktiken nicht als Religion angesehen werden, werden sie weitgehend akzeptiert, weil sie in einer säkularen Perspektive sehr viel Sinn ergeben.

Besonders die Tatsache, dass sich Buddhismus auf Achtsamkeit oder größere Bewusstheit, manchmal auch als Bewusstsein bezeichnet, konzentriert, macht ihn in den heutigen Arbeitsumgebungen so attraktiv. In seinem Buch *The New Buddhism* bestätigt David Brazier[4], dass der Buddhismus über subjektive Bedenken oder sogar veränderte Bewusstseinszustände hinausgeht, um die wirkliche Welt zu erreichen. Es gibt wenige Philosophien oder Religionen, die sich so tief und ausgiebig mit dem Bewusstsein beschäftigt haben wie der Buddhismus. Brazier ist der Ansicht, dass der Buddha mit seinen Lehren eine Revolution des menschlichen Bewusstseins forderte. Dieser Schwerpunkt auf dem menschlichen Bewusstsein ist auch heutzutage in den modernen buddhistischen Lehren noch reichlich vorhanden, wie wir aus dem folgenden Beispiel schließen können:

---

[2] Giacalone, R.A. & Jurkiewicz, C.L. (2003). Toward a science of workplace spirituality, in Giacalone, R.A. & Jurkiewicz, C.L. (Eds), *Handbook of Workplace Spirituality and Organizational Performance*, M.E. Sharpe, New York, NY.; Marques, J. (2005). Yearning for a more spiritual workplace. *Journal of American Academy of Business, 7*(1), 149–53.

[3] Korac-Kakabadse, N., Kouzmin, A. & Kakabadse, A. (2002). Spirituality and leadership Praxis. *Journal of Managerial Psychology, 17*(3), 165–82.

[4] Brazier, D. (2002). *The New Buddhism*. Palgrave, New York, NY.

Unser Bewusstsein kann durch die Praxis des achtsamen Konsums, des bewussten Wachens über unsere Sinne und des intensiven Hineinsehens an seiner Basis transformiert werden. Die Praxis sollte darauf abzielen, sowohl die individuellen als auch die kollektiven Aspekte unseres Bewusstseins zu transformieren.[5]

Der Schwerpunkt des Buddhismus auf dem Bewusstsein zielt darauf ab, die Schicht der Unwissenheit und der gleichgültigen Akzeptanz des Status quo abzulösen, in der wir durch die moderne Gesellschaft konditioniert wurden, uns von der Unwissenheit zu lösen, unseren täglichen Pflichten nachzugehen, als würden wir schlafwandeln, und uns zu erweitertem Bewusstsein zu erheben. Thich betont, dass, wenn unsere Unwissenheit transformiert wurde, unsere Bewusstheit Weisheit wird.

Viele Menschen fragen sich, ob es im Arbeitsumfeld einen Platz für Religion geben sollte.

Nun, vielleicht ist es nicht angemessen, es als Gruppenaktivität zu betrachten. Religion sollte niemandem aufgedrängt werden, und Menschen sollten definitiv die Freiheit haben, die Religion zu wählen, der sie anhängen möchten, ohne sie anderen aufzuzwingen. Insbesondere kann das dominierende Zeigen einer Religion durch Einzelpersonen in Führungspositionen bei Arbeitnehmern, die andere Überzeugungen haben oder die versteckte Nachricht erhalten, dass sie ihre eigene offen durchsetzen sollen, Hemmungen auslösen. Folglich könnte dies zu Ausgrenzung und der gewohnten und sehr verhassten In- und Out-Group-Situation führen, wobei die Mitglieder der Religion des Führers Teil der In-Group werden und alle anderen in der Out-Group bleiben.

Das ist genau der Grund, warum wir in diesem Buch nicht auf den Buddhismus als Religion, sondern vielmehr auf ihn als praktische Methode zurückgreifen, die von Mitgliedern aller Religionen sowie von solchen praktiziert werden kann, die sich keiner Religion zugehörig fühlen.

Innerhalb der philosophischen Herangehensweise des Buddhismus gibt es keine Anbetung eines Gottes oder eines höheren Wesens. Und doch, während dieses Buch die buddhistischen Praktiken als eine Reihe ethischer Leitlinien durchgeht, kann nicht geleugnet werden, dass er immer noch von vielen als Religion betrachtet wird. Also lassen Sie uns diesen Abschnitt des Kapitels nutzen, um fünf wichtige Aspekte des Buddhismus zu betrachten, wenn er als Religion wahrgenommen wird, insbesondere in den USA.

1. *Die religiöse Bedeutung in der US-Gesellschaft.* Wenn wir uns die Perspektiven auf Religion in der menschlichen Interaktion ansehen, stellen wir einen Widerspruch fest, besonders in einem Land, das so stark von religiösen Überzeugungen getrieben wird wie Nordamerika. Mehr als 90 % der US-Bürger glauben an Gott oder eine höhere

---

[5]Thich Nhat Hanh (1998). *The Heart of the Buddha's Teaching: Transforming Suffering into Peace, Joy, and Liberation.* Broadway Books, New York, NY.

Macht,[6] was dieses Land zu einem der religiösesten Länder der Welt macht. Natürlich umfasst Religion viel mehr als nur den Glauben an Gott, aber in Amerika ist die vorherrschende Art der religiösen Praxis mit christlichen Konfessionen verbunden und somit mit dem Glauben an Gott.

Wenn wir den Arbeitsplatz in den Fokus stellen, sehen wir, dass es in den USA ein Wiederaufleben des Platzes von Religion gibt, weil in den letzten Jahrzehnten die traditionelle Grenze gegen diesen Trend geschwunden ist.[7] Dies kann auf eine Reihe von Faktoren zurückgeführt werden, wie zum Beispiel die zunehmende Rolle von Arbeit in unserem täglichen Leben und die wachsende Überzeugung unter den US-Arbeitnehmern, dass Gier der wichtigste Antrieb für die US-Geschäftsführer ist. Und dann ist da auch noch die Tatsache, dass es eine verwischte Definition davon gibt, was Religion genau ist. Jetzt, in dieser erhöhten Bedeutung von Religion am Arbeitsplatz, spielt Buddhismus eine interessante Rolle. Einerseits scheinen buddhistische Praktiken viele anzusprechen, andererseits haben wir die Tatsache, dass es keine Kraft gibt, die eigenen bestehenden Überzeugungen zu ändern, während man auch buddhistische Verhaltensweisen annimmt. Jetzt, wo es mehr Frauen und Minderheiten in der US-Arbeitswelt gibt, hat sich die Vielfalt der Religionen vergrößert und damit auch die Verwirrung.

Viele Geschäftsführer lehnen die Spiritualitätsbewegung ab, besonders wenn Religion ins Spiel kommt, und behaupten, dass sie die Aufmerksamkeit von dem eigentlichen Zweck des Geschäfts ablenkt, der für sie immer noch der Gewinn ist. In den letzten Jahren haben einige kluge Geschäftsführer begonnen, das Konzept der Arbeitsplatzspiritualität und einige andere Nachsichtigkeiten gegenüber Religion am Arbeitsplatz zu akzeptieren, die auf dem Glauben basieren, dass glückliche Arbeitnehmer besser arbeiten werden. Populär formuliert: „Wenn du ihnen gibst, was sie wollen, werden sie dir geben, was du willst."

2. *Zunehmende Spannungen und Konflikte.* Wie oben besprochen, haben wir es mit einer Kombination aus mehr Vielfalt der Religionen in den USA, einem größeren Maß an Akzeptanz religiöser Praktiken am Arbeitsplatz und gemischten Meinungen über diese Trends zu tun, was zu einem wachsenden Grad an Spannung und Konflikten führt. Mitarbeiter, die am Arbeitsplatz mit religiösen Praktiken konfrontiert werden, die nicht mit ihren eigenen übereinstimmen, können sich belästigt fühlen, aber auch erkennen, dass es nicht so einfach ist, sich gegen eine religiöse Praxis zu wenden, weil dies zu Ausgrenzung oder sogar zum Verlust des Arbeitsplatzes führen kann!

Chefs sollten sich über die religiösen „Do's and Don'ts" ihrer Mitarbeiter informieren. Darüber hinaus sollten Vorgesetzte die Rechte der Arbeitnehmer auf religiöse Ausdrucksformen im Auge behalten, sich über Gerichtsentscheidungen

---

[6]Morgan, J.F. (2005). In defense of the workplace religious freedom act: protecting the unprotected without sanctifying the workplace. *Labor Law Journal, 56*(1), 68–71.

[7]Ibid.

zu religiösen Fragen auf dem Laufenden halten und diese Entscheidungen in Handbüchern und Richtliniendokumenten verankern, während sie auch sorgfältig Notizen zu religiösen Fragen machen, die unter den Arbeitnehmern auftreten.[8] Trotzdem gibt es noch viel Raum zum Scheitern, denn organisatorische Umgebungen, Arbeitnehmer und Kulturen unterscheiden sich enorm. Für Vorgesetzte in der heutigen US-Arbeitswelt ist es wahrscheinlich am klügsten, für Arbeitnehmer zugänglich zu bleiben, die eigene religiöse Überzeugung auszudrücken, um ein Vorbild zu sein, den Willen zu bekunden, religiöse Praktiken innerhalb vernünftiger Grenzen zu respektieren und zu akzeptieren, und einen offenen Kommunikationsfluss mit den Mitarbeitern zu fördern.

3. *Westliche Interpretationen und Umsetzungen des Buddhismus.* Mehrere Studenten des Buddhismus haben beobachtet, dass westliche Gesellschaften den Zweck des Buddhismus von einer sozialen Religion zu einer einsamen Praxis geändert haben. Mit diesem entfernten sie die buddhistische Praxis vom traditionellen Sangha-Umfeld und haben sie mehr zu einer neuen Ära der Mystik gewandt.[9] Diese buddhistischen Beobachter finden, dass in hoch industrialisierten Ländern wie Japan und den USA der Buddhismus zu einem praktischen Trainingswerkzeug geworden ist, um die Unzufriedenheit der Arbeiter zu unterdrücken und die Aufmerksamkeit von unternehmerischem Fehlverhalten abzulenken. Einige dieser Beobachter kritisieren den Buddhismus entlang der Linien des Christentums, in dem sie glauben, dass er seine Anhänger gelehrt hat, Leid zu akzeptieren, wenn sie es nicht tun sollten. Die Kritiker weisen darauf hin, dass, wenn die Anhänger ihr Leid als Preis wahrnehmen, den sie für Fehlverhalten in früheren Leben (Karma) bezahlen, sie nichts tun, um ihre Umstände zu verbessern. Die Kritiker finden auch, dass die buddhistische Psychologie zu idealistisch ist, weil sie nur für Individuen mit einem höheren Entwicklungsstand der Intelligenz geeignet ist. Menschen mit größerem Intellekt nutzen den Buddhismus, um ihr soziales Sensibilitätsgefühl zu steigern, während die Massen mit ihren begrenzten Verständnis- und Ressourcenlevels nicht wirklich von dieser Religion profitieren.

Die obigen Bedenken sind nur teilweise berechtigt. Der Buddhismus wird oft innerhalb zweier Fahrzeuge definiert: des größeren Fahrzeugs (Mahayana) und des kleineren, aber älteren Fahrzeugs (Theravada). Theravada war immer eine Praxis der Abgeschiedenheit. Außerdem könnte es keine zu große Sorge sein, dass der Buddhismus in verschiedenen Orten unterschiedliche Formen annimmt. Der Dalai Lama lobt

---

[8]Montgomery, J.G. (2002). A most delicate matter: religious issues and conflict in the US library Workplace. *Library Management, 23*(8/9), 422–32.

[9]Crabtree, V. (2004). Kritik am Buddhismus, Vexen Crabtree. Abgerufen von: www.vexen.co.uk/religion/buddhism_criticism.html; Fields, R. (1998). Divided dharma: white Buddhists, ethnic Buddhists, and racism, in Prebish, C.S. & Tanaka, K.K. (Eds), *The Faces of Buddhism in America*, University of California Press, Berkely and Los Angeles, CA, pp. 196–206; Nattier, J. (1997). Buddhism comes to Main Street. *The Wilson Quarterly, 21*(2), 72–80; Numrich, P.D. (2003). Two Buddhisms further considered. *Contemporary Buddhism, 4*(1), 55–78.

oft die Flexibilität des Buddhismus und führt seine Fähigkeit, sich über mehrere Jahr-
tausende hinweg intakt zu erhalten, auf die Tatsache zurück, dass er sich den Wahrnehmungen lokaler Gesellschaften anpassen kann. Was die Erkenntnis betrifft, dass
das Karma über mehrere Leben hinausgeht, sind sich buddhistische Gelehrte einig,
dass es eine Wahrnehmung gibt, dass wir für unsere Fehlverhalten in früheren Leben
bezahlen, aber zur selben Zeit lehrt der Buddhismus auch, dass wir unsere Karmas
durch tatsächliche Beteiligung an angemessenen Handlungen verbessern können.

4. *Buddhismus als Religion zerstören und es als kontemplative Wissenschaft etablieren.*
Dieser Vorschlag basiert darauf, dass sich Religionen im Laufe der Zeit oft von
ihrem ursprünglichen Zweck entfernen und zu Gewalt führen.[10] Für Befürworter
dieses Arguments fühlt sich Buddhismus an wie ein Satz ethischer Prinzipien und
Meditation, der wertvolle Wahrheiten über den Geist und die phänomenale Welt
enthüllt. Einige dieser Wahrheiten sind Leere, Selbstlosigkeit und Vergänglichkeit.
Diese Wahrheiten sind nicht auf „buddhistisches" Denken beschränkt, sodass die
Vorstellung einer „Religion" im Weg steht, die das Potenzial seiner philosophischen
Grundlagen für die Menschheit hat.

Andere westliche Autoren stimmen zu, dass es von Buddhismus und Konfuzianis-
mus nichts zu befürchten gibt und dass diese nicht als Religionen, sondern als
ethische Systeme oder Lebensphilosophien behandelt werden sollten.[11] Tatsächlich
ergibt das unendlich mehr Sinn und hat viel bessere Chancen, im größeren Rahmen
akzeptiert zu werden, wenn es als Satz ethischer Regeln zur verbesserten Selbst-
führung und zu besseren Interaktionen mit anderen wahrgenommen wird, anstatt
durch die Grenzen religiöser Dogmen eingeschränkt zu werden, wodurch diejenigen,
die bereits einer bestimmten Religion oder einer Abneigung gegenüber einer Religion
verpflichtet sind, ausgeschlossen werden.

In seinem Buch *The New Buddhism: The Western Transformation of an Ancient
Tradition* macht James Coleman[12] das Problem mit der Religion deutlich. Er fängt
damit an, zu erklären, dass Buddha selbst kein Buddhist war, sondern nur ein
Mann, der erwacht ist, die Dinge so sah, wie sie waren, und anderen helfen wollte,
die Wahrheit auch zu sehen. Er betont dann, dass es die „institutionellen Strukturen
und Traditionen" waren, die sich um Siddhartha Gautamas (des Buddhas) Lehren
entwickelt haben, die den Buddhismus in das verwandelten, was wir traditionell
als Religion bezeichnen. Coleman bezieht sich dann auf die Perspektive des
deutschen Soziologen Max Weber, dass eine Religion „routinisiert" wird, wenn

---

[10] Harris, S. (2006). Killing the Buddha. *Shambala Sun.* Abgerufen von www.shambhalasun.com/
index.php?option¼com_content&task¼view&id¼42903&Itemid¼0

[11] Dawkins, R. (2006). *The God Delusion.* Houghton Mifflin, New York, NY.

[12] Coleman, J.W. (2002). *The New Buddhism: The Western Transformation of an Ancient Tradition.*
Oxford University Press, New York, NY.

der charismatische Lehrer stirbt. Es ist diese „Routinisierung", die sowohl für den Buddhismus als auch für alle Religionen eine Belastung darstellt.

Hawkins bringt einen ähnlichen Punkt in mindestens drei seiner Bücher vor: *Power vs Force, The Eye of the I* und *I: Reality and Subjectivity*.[13] Hawkins stellte fest, dass Religionen und alle anderen Ideologien mit guten Absichten von einem charismatischen und hochintelligenten Individuum beginnen. Leider werden sie von weniger einsichtigen Personen verbreitet, die nicht die Essenz der ursprünglichen Ideologie verstehen. Mit ihren begrenzten Einsichten strukturieren und „routinisieren" diese Individuen dann die Theorie und erlassen Regeln und Vorschriften, die der ursprüngliche Lehrer nie beabsichtigt hat. Das größte Problem hierbei ist, dass die Strukturen zu einem Selbstzweck werden, sodass letztendlich der Text gewahrt wird und nicht der Geist der Lehre.

5. *Die Amerikanisierung des Buddhismus.* Es scheint, dass die Frage, ob Buddhismus im kapitalistischen amerikanischen Arbeitsleben einen angemessenen Platz hat, von mehreren prominenten Buddhisten erwogen wurde. In *Dharma and Greed: Popular Buddhism Meets the American Dream* stellt David Templeton[14] die Frage, ob jemand wahrhaft Buddhist sein kann, während er wahrhaft amerikanisch ist. Er tut dies, nachdem er die offensichtlichen Widersprüche zwischen den buddhistischen Idealen sozialen Verhaltens, Mäßigung und Überwindung von Gier und Neid und dem amerikanischen Lebensstil beobachtet hat, der genau auf dem Gegenteil basiert: Individualismus, Wohlstand, Gier und Neid. Templeton hält Rückschau auf ein Treffen, das im Juni 2000 stattfand, an dem 220 prominente buddhistische Führer in Amerika teilnahmen und an dem auch der Dalai Lama teilnahm. Templeton berichtet, dass dem Dalai Lama klar gemacht wurde, dass Buddhismus in den USA hauptsächlich intellektuelleren und wohlhabenderen Amerikanern gefiel, die sich teure Rückzüge und teure buddhistische Paraphernalien leisten konnten: die „spirituellen" Materialisten.

Als Folge dessen betonte der Dalai Lama, dass buddhistische Praktizierende in den USA sich weiterhin auf Mitgefühl und Freiheit von Wut und Gier konzentrieren sollten, selbst in einer geldverrückten Nation wie Amerika. Anschließend analysierte Templeton (2000) einen amerikanischen buddhistischen Geschäftsmann namens Peter Bermudes, der der Direktor einer in Boston ansässigen buddhistischen Verlagsgesellschaft ist – einer gemeinnützigen Organisation, die sich gut verkauft, weil sich

---

[13] Hawkins, D.R. (1995). *Power vs Force: The Hidden Determinants of Human Behavior.* Hayhouse Inc, Carlsbad, CA.; Hawkins, D.R. (2001). *The Eye of the I: From Which Nothing is Hidden.* Veritas Publishing, West Sedona, AZ.; Hawkins, D.R. (2003). *I: Reality and Subjectivity.* Veritas Publishing, West Sedona, AZ.

[14] Templeton, D. (2000). *Dharma & Greed: Popular Buddhism Meets the American Dream.* Metro Publishing Inc, Northern California Bohemian, CA. Abgerufen von www.metroactive.com/papers/sonoma/10.12.00/buddhism-0041.html

buddhistische Literatur in Amerika großartig verkauft – und zog den Schluss, dass die meisten amerikanischen Buddhisten unabhängige Praktizierende sind. Sie lesen Bücher und fühlen sich nicht dazu verpflichtet, Teil einer Gemeinde jeglicher Art zu sein. Templeton analysiert weitere amerikanische buddhistische Unternehmungen, wie die Greyston Bakery in New York, und stellt fest, dass die Kombination aus kommerziell und dennoch an spirituelle Werte gebunden möglich sein kann, selbst wenn dies eine gründliche und regelmäßige Selbstprüfung erfordert. Templeton lässt die Frage unbeantwortet, ob es möglich ist, wahrhaft buddhistisch zu sein, während man wahrhaft amerikanisch ist. Die Kommentare von Templeton sind auch in Allan Holenders Buch *Zentrepreneurism* enthalten, in dem Holender neue Begriffe wie *Zentrepreneurism, Zenployees* und *Zenvesting* einführt, um buddhistische Tugenden mit amerikanischem Kapitalismus zu kombinieren.[15]

Die zuvor aufgeworfene und unbeantwortete Frage von Templeton über eine mögliche Inkompatibilität zwischen Buddhist und Amerikaner ist eine besonders interessante, wenn man sie im Licht der zuvor erwähnten beiden Hauptströmungen des Buddhismus, Theravada und Mahayana, betrachtet. Der Theravada-Buddhismus, die Schule der Ältesten, lehrt, dass nur eine kostbare Minderheit jemals Erleuchtung erlangen wird. Innerhalb dieser Ansicht gab es nur einen Buddha, was bedeutet, dass man keine Erwartungen an erleuchtetes Verhalten unter den buddhistischen Praktizierenden der Mainstream-Gesellschaft haben sollte. Die auf sich selbst konzentrierte, unabhängige Mentalität der amerikanischen buddhistischen Praktizierenden, die überwiegend wohlhabende Intellektuelle sind, sollte daher als besonders störend innerhalb des Theravada-Konzepts angesehen werden. Es ist jedoch im Mahayana-Konzept, das auch als „großes Fahrzeug" bekannt ist, dass Wahrnehmungsdiskrepanzen auftreten können. Mahayana lehrt, dass Erleuchtung von jedem erlangt werden kann und dass es sich um erleuchtete Wesen oder Bodhisattvas handelt, die sich stark darauf konzentrieren, anderen mitfühlend zu begegnen, wodurch egoistisches Verhalten verringert und das Bewusstsein für die Verknüpfung mit allen lebenden Wesen erhöht wird. Da der Dalai Lama als Mahayana-Buddhist betrachtet wird (Tibeter werden oft als Vajrayana oder Tantrayana-Buddhisten bezeichnet, die Ableger des Mahayana-Stroms sind), gilt diese Entwicklung als eine ziemlich interessante.

In seiner oben vorgestellten Rezension betonte Templeton, dass der Dalai Lama über die egozentrischen Praktiken der zeitgenössischen amerikanischen Buddhisten informiert wurde und dass er mehr Mitgefühl und weniger Gier gefordert hat. Die Zeit wird jedoch zeigen, welche die ultimative Richtung des amerikanischen Buddhismus sein wird. Ein überzeugendes vorläufiges Fazit aus dieser Entwicklung ist, dass während die meisten wohlhabenden, intellektuellen Amerikaner zunächst

---

[15] Holender, A. (2008). *Zentrepreneurism: A Twenty-First Century Guide to the New World of Business*. Book Tree, New York, NY.

durch tibetische (mahayanabasierte) Lehrer zum Buddhismus angezogen wurden, sie letztendlich eher dem Theravada-Konzept entsprechen, das nicht Handlungen wie Großzügigkeit und Mitgefühl als prävalente Elemente täglicher Praktiken erfordert. Die zahlreichen Besuche des Dalai Lama in den USA sowie seine zahlreichen Bücher und Präsentationen könnten sehr wohl als ein bewusstes Bemühen gesehen werden, bei amerikanischen Buddhisten eine Verhaltensveränderung hin zu mehr Mitgefühl und Großzügigkeit zu bewirken. Gleichzeitig sollte betont werden, dass der Dalai Lama oft erklärt hat, dass der Buddhismus über die Jahrhunderte hinweg aufgrund seiner Flexibilität überlebt hat, sich an lokale Kulturen anzupassen. In dieser Perspektive kann angenommen werden, dass der Dalai Lama, während er das Bodisattva-Ideal kontinuierlich fördert, sich bewusst davor hüten wird, die Entwicklung des amerikanischen Buddhismus auf eine bestimmte Weise zu manipulieren.

Neben den fünf Betrachtungen, die oben vorgestellt wurden, könnte man zu dem Schluss kommen, dass die zunehmende Popularität des Buddhismus in Amerika dem Umstand zu verdanken ist, dass er gut zu dem aktuellen Trend des größeren Bewusstseins, der Umweltnachhaltigkeit und der erhöhten sozialen Verantwortung passt. Der Buddhismus bildet eine willkommene Reaktion auf den Ruf nach Spiritualität am Arbeitsplatz, der durch eine Reihe von Faktoren angeheizt wird, wie zum Beispiel die zunehmende Vielfalt an den US-Arbeitsplätzen, die größere Einsicht in und die Abneigung gegen die Gier vieler amerikanischer Unternehmensführer sowie der Wunsch nach größerer Zufriedenheit am Arbeitsplatz. Buchhandlungen, Online-Quellen und Management-Speaker nutzen diesen Trend geschickt aus und richten ihr Produktangebot stark darauf aus.

Mitten in all dem taucht der Buddhismus jetzt mehr denn je auf, da der Dalai Lama, die prominenteste buddhistische Persönlichkeit, durch die Welt reist und spricht, ein Buch nach dem anderen veröffentlicht und bei amerikanischen Prominenten an Popularität gewinnt. Es ist schwierig, zu diesem Zeitpunkt zu unterscheiden, ob die aktuelle Begeisterung für den Buddhismus in Amerika nur ein Trend sein wird, der so bald wie möglich wieder abebben wird, oder ob dieser Trend im größeren Kontext des erhöhten menschlichen, also amerikanischen, Bewusstseins gegenüber den Entwicklungen des 21. Jahrhunderts zu sehen ist: größerer Zugang zu Informationen, mehr internationale menschliche Interaktion und Verbesserung der bewussten Entscheidungsfindung. Die Reihe von Ereignissen, denen die US-Gesellschaft im vergangenen Jahrhundert und seit Beginn dieses Jahrtausends ausgesetzt war, könnte auch einen ernsthaften Wunsch bei den Amerikanern ausgelöst haben, die konventionelle US-Art des sorglosen Geldausgebens, des Einhaltens äußerer Erscheinungsformen und des unkritischen Folgens von Trends neu zu überdenken. All diese Ereignisse könnten dazu beigetragen haben, eine fruchtbare Grundlage für eine Veränderung der Mentalität in den USA zu schaffen, für die der Buddhismus eine nützliche Inspiration sein kann. Während die Amerikanisierung des Buddhismus also eine Tatsache ist, kann es auch sein, dass die Amerikaner von ihren traditionellen Wegen abweichen (sich deamerikanisieren) und sich neu definieren (reamerikanisieren). Dies bedeutet, dass das ultimative Aussehen und die Praxis des „amerikanisierten Buddhismus" oder des „Buddhismus Americana" noch dabei ist, sich zu entwickeln.

Es konnte nicht andauern

In der Behaglichkeit meines ruhigen Glücks
Schließe ich meine Augen und gehe Erinnerungen nach
An das Leben und seine Unvorhersehbarkeit:
Eine Mischung aus Aufruhr und Ruhe.

Die Schönheit eines brandneuen Tages
Der sich leicht in Unordnung versetzen kann,
Die vielen Dinge, die ich für selbstverständlich halte
Die Wünsche, die mich bezaubern.

Die Abneigungen, die ich ablehnen möchte
Der Brunnen des Glücks, den ich zu finden versuche.
Mutter Natur in ihrer rauesten Form:
Heute ruhig, morgen Sturm.

Leben und Tod, Krankheit und Gesundheit;
Jugend, Alter, Armut und Reichtum.
Überall so viel zu schätzen,
Zu viel, wirklich, bevor ich sterbe …

So schließe ich meine Augen in Dankbarkeit,
Und feiere leise dieses Zwischenspiel
Als dieser Moment in die Vergangenheit versinkt
Ich lasse ihn gehen. Er konnte nicht andauern

~Joan Marques

Wenn Sie recht leben wollen, können Sie nicht nur einen oder einige Teile des edlen achtfachen Pfades umsetzen und andere Teile ignorieren. Mit anderen Worten, Sie können nicht an einer rechten Einsicht arbeiten und dann ignorieren, was die rechte Absicht sein würde. Sie können nicht die rechte Rede üben und sich dann prompt in Gedankenlosigkeit stürzen. Ja, es passiert viel, und es ist eine Herausforderung in unserer hektischen, anspruchsvollen, schnelllebigen Welt, alle Elemente des edlen acht-fachen Pfades zu praktizieren, aber es ist die einzige Möglichkeit, auf dem Sie sich selbst überprüfen können, ob Sie auf dem richtigen Weg sind: Wenn alle acht Elemente an Ort und Stelle sind, wissen Sie, dass Sie das Richtige tun.

Die rechte Einsicht ist ein wesentlicher Bestandteil des achtfachen Pfades und – wie immer wieder klargestellt wird – sollte nicht als Teil einer Sequenz von Handlungen gesehen werden, sondern als Teil eines miteinander verbundenen Ganzen.[1] Die rechte Einsicht wurde als „das Sehen einer Sache in ihrer wahren Natur, ohne Namen und Etikett" beschrieben.[2]

Die rechte Einsicht von etwas zu haben, bedeutet, mit Negativität, Boshaftigkeit, Niedertracht und Vorurteilen aufzuräumen. Nun, das ist schwieriger als Sie denken, denn wir alle tragen gewisse Vorurteile in uns, ob sie durch unsere Erziehung, unsere Kultur, unsere Freunde, unsere Überzeugungen oder andere Ressourcen vermittelt wurden. Tat-sächlich ist es nicht so einfach, eine rechte Einsicht zu haben, und deshalb die Chance für einen Job einem Fremden zu geben, der besser qualifiziert ist als der Sohn Ihres Freundes. Aber beurteilen Sie nicht zu schnell: Manchmal können gute Gründe dafür sprechen, Ihrem Freundessohn eine Chance vor jemandem zu geben, der besser quali-fiziert ist: Der Jüngere könnte zum Beispiel große Schwierigkeiten durchgemacht und einen echten Schub fürs Selbstbewusstsein nötig haben. Dieses Beispiel zeigt, dass „rechte Einsicht" eine persönliche Sache ist. Was Sie als rechte Einsicht betrachten, hängt von Ihrem mentalen, emotionalen und spirituellen Standort ab. Es beeinflusst die Entscheidungen, die Sie treffen, die Art und Weise, wie Sie Dinge sehen, und die Art und Weise, wie Sie sie handhaben.

Es gibt eine alte Geschichte über die rechte Einsicht und wie Sie sie erhalten und bewahren. Es geht um einen alten Mann, der einem jüngeren beibrachte, dass in jedem von uns zwei Wölfe sind. Die Wölfe kämpfen ständig miteinander. Ein Wolf symbolisiert Ihre Eifersucht, Boshaftigkeit, Niedertracht, Wut, Negativität und Hass. Der andere Wolf ist Ihre Großzügigkeit, Toleranz, Verständnis, Frieden und Harmonie. Der Wolf, der gewinnt, ist der, den Sie füttern. Dieser Wolf wird auch Ihre Einsicht bestimmen. Wird Ihre Einsicht von den ersten Gefühlen oder von den zweiten angetrieben? Wenn Sie darüber nachdenken, bedeutet dies, dass Ihre Einsicht Ihre Einstellung bestimmt. Sie beeinflusst die Entscheidungen, die Sie treffen, die Art und Weise, wie Sie Dinge sehen, und die Art und Weise, wie Sie sie handhaben.

---

[1] O'Brien, B. (1. September 2017). Right View – The Buddhist Eightfold Path. ThoughtCo. Retrieved from https://www.thoughtco.com/right-view-450073
[2] Rahula, W. (1974). *What the Buddha Taught*. Grove Press, NY., S. 49.

Elon Musk und der größere Zweck des Geschäfts

Wie Segen verdient werden

Gib das Geschenk der Liebe, weil die Welt es braucht
Gib das Geschenk des Friedens: Du findest es in deinem Herzen
Gib das Geschenk der Unterstützung, weil es jemand verdient
Gib das Geschenk des Wissens, weil du klug bist

Gib das Geschenk des Zuhörens: Du kannst es, weil du dich kümmerst
Gib das Geschenk der Zuneigung, weil sie alles herum wärmt
Gib das Geschenk der guten Gedanken, auch wenn sie niemand sieht
Gib das Geschenk des Teilens: Es ist schwer zu finden

Gib das Geschenk der Wahrheit: Es ist heute fast ausgelöscht
Gib das Geschenk des Vertrauens, und du wirst finden, dass es zurückgegeben wird
Gib das Geschenk des guten Willens als engagierter Mensch
Gib das Geschenk des Gebens: So werden Segen verdient
~Joan Marques

Wenn Sie sich selbst als Führungskraft betrachten, muss Ihre richtige Sichtweise das Wohlergehen einer großen Anzahl von Beteiligten gewährleisten und nicht nur Ihre eigenen Taschen füllen oder die derjenigen, mit denen Sie sich umgeben. Elon Musk ist ein bekannter Führer unserer Zeit, der genau das getan hat: Er hat sich bewusst und systematisch all seinen Geschäftsprojekten gewidmet, um die Bedürfnisse der Gesellschaft zu erfüllen. Musks „rechte Sicht" begann mit Teslas Elektroautos, einem Projekt, das bereits mehrfach versucht worden war, aber nie in der Größenordnung von Musks Bemühungen. Seine Ansicht war es, den nicht nachhaltigen Gebrauch fossiler Brennstoffe zu verringern und irgendwann zu beenden. Musk schloss sich dann der Bewegung für erneuerbare Energien an und gründete SolarCity, weil er eine Vision hatte, die Umweltverantwortung zu verbessern und die Kosten für die Stromerzeugung zu reduzieren. Unterdessen beteiligte er sich auch an SpaceX, weil er etwas zu einem Problem tun wollte, über das alle nur mit wachsender Besorgnis gesprochen hatten: die Überbevölkerung der Erde. Durch SpaceX wollte Musk uns auf eine mögliche Untersuchung des Mars als Alternative für die Menschheit vorbereiten.

Die Art und Weise, wie Elon Musk „rechte Einsicht" umsetzt, besteht darin, sich die großen Herausforderungen anzusehen, mit denen unsere menschliche Gesellschaft konfrontiert ist, und darüber nachzudenken. Wenn Sie dies weiter betrachten, können Sie auch die Verbindung zu den anderen Elementen des edlen achtfachen Pfades sehen: Durch seine rechte Einsicht, die er durch rechtes Bewusstsein und rechte Konzentration erlangt hat, entwickelt er die rechte Absicht, findet durch rechtes Reden die Inspiration, andere von seinen Projekten zu überzeugen, schafft durch rechtes Streben den Schwung, sich für rechtes Handeln einzusetzen, und beginnt dann, an seinen Projekten zu arbeiten, und generiert so rechten Lebenswandel.

Musks rechte Einsicht erfolgt auf globaler Ebene: Er unternimmt große Projekte mit dem Ziel, die von anderen vielleicht nicht sofort in Betracht gezogen oder angegangen werden, weil sie so immens sind. Mehrere Autoren, die über Musk geschrieben haben, behaupten, dass dieser Mann wirklich revolutionäre Einsichten über unsere kollektive Zukunft mit Visionen hat, die Jahrzehnte vor ihrer Zeit liegen.[3] Musk hatte den Ruf eines Visionärs erlangt, lange bevor seine unsere Massengesellschaft verbessernden Projekte Tesla, SolarCity und SpaceX an den Start gingen. Er schrieb eine der Erfolgsgeschichten der dot.com-Ära mit Unternehmen wie Zip2 und X.com. Er schaffte es, Zip2 an Compaq Computers für mehr als 300 Mio. US-Dollar zu verkaufen und X.com, den Vorläufer von PayPal, an eBay für 1,5 Mrd. US-Dollar. Diese frühen Gewinne ebneten den Weg dafür, dass er größer und breiter dachte und sich wirklich großen Problemen in der Welt widmete.

Seien wir ehrlich: Wie viele Menschen schauen sich die Probleme an, die unsere Zivilisation geschaffen hat, und versuchen, sie wirklich zu korrigieren? Insbesondere Fragen der Umwelt, die uns oft ein Gefühl der Machtlosigkeit geben, weil sie einen so großen Wandel erfordern und so viel Widerstand von den Reichsten und Mächtigsten in der Gesellschaft hervorrufen werden, weil sie die meisten der großen Fabriken besitzen, die für die Umweltverschmutzung und -kontamination verantwortlich sind? Gibt es denn wirklich Anlass zur Beschwerde, wenn jemand aufsteht und uns in Richtung sauberer Luft und reduzierter Verknappung knapper Ressourcen steuert?

Eine weitere Art und Weise, wie Musk auch rechte Sicht praktiziert, besteht darin, dass er sich nicht an seine Patente klammert. Zunächst fürchtete er, dass Tesla von den großen Automobilherstellern zerquetscht werden würde, die die Technologie kopieren und den Markt mit ihren Produkten überschwemmen würden, sodass er aus dem Geschäft gedrängt würde. Gegen 2014 wurde Musk jedoch klar, dass dies nicht der Fall war. Im Gegenteil, bis zu diesem Zeitpunkt hatten die großen Automobilhersteller noch nicht einmal 1 % ihrer Kapazität genutzt, um emissionsfreie Autos zu produzieren. Musk wurde also klar, dass, wenn er dazu beitragen wollte, unsere Luft sauberer zu halten, er das Richtige tun sollte, und er tat das, indem er seine Patente freigab. Er tat dies, weil er erkannte, dass, wenn Tesla und andere Autofirmen mehr Elektroautos produzieren würden, die Welt von einer gemeinsamen, sich schnell entwickelnden Technologieplattform profitieren würde.

Wie Steve Jobs, der legendäre Kopf hinter den Apple-Computern, ist Musk eher ein Visionär als ein Erfinder: Er nimmt bestehendes Wissen und setzt es auf bisher erfolglose Weise um. Er hat die Fähigkeit, ein Problem oder eine neue Entwicklung anzuschauen und Lösungen und Anwendungen zu sehen, die andere noch nicht in Betracht gezogen haben. Manche Leute haben ihn sogar als den größten Optimisten der Geschichte bezeichnet, weil er zu glauben scheint, dass jedes Problem, das nicht gegen die Gesetze

[3] Vance, A. (2012). Elon Musk, Man of Tomorrow. (cover story). *Business Week*, (4296), 73–79.

der Physik verstößt, gelöst werden kann.[4] Und obwohl er gut verdient, was er tut, ist es bewundernswert, dass Elon Musk weiterhin versucht, Wohlergehen für alle Lebewesen auf unserem gemeinsamen Planeten zu bringen. Das ist ein großartiges Beispiel für die Ausübung der rechten Einsicht.

Ayah Bdeir und LittleBits

Veraltetes Programm

Wir sind programmiert, um zu wetteifern
Gegen unsere Schwestern und Brüder
Wir sind programmiert, um voranzukommen
Auf schreckliche Kosten anderer
Wir sind programmiert, unserem Rivalen
Pech zu wünschen
Wir sind programmiert, zu denken
Dass Überlegenheit Aufschwung gleicht

Wir sind programmiert, um
Egos von gigantischen Ausmaßen zu entwickeln
Wir sind programmiert, um nach unten zu schauen
Auf alle, die in einer Krise sind
Wir sind programmiert, nach Reichtum zu jagen
Und ihn um jeden Preis zu erreichen
Wir sind programmiert, Mauern zu bauen
Die uns helfen, andere zu vertreiben

Wir sind programmiert, um mitzumarschieren
In einer Parade, die wir vielleicht nicht einmal mögen
Wir sind programmiert, um zu akzeptieren
Dass unser Leben eine hoffnungslose Wanderung ist
Wir sind programmiert, um zu tolerieren
Hierarchien, In-Gruppen und Konflikte
Wir sind programmiert, um zu bevorzugen
Einen Dollar über die Rettung eines Lebens

Wir sind programmiert, um zu ignorieren
Dass wir fest verdrahtet sind
Wir sind programmiert, zu glauben
Dass wir unbeweglich positioniert sind
Wir sind programmiert, zu denken
Dass das alles ist, was es gibt
Wir sind programmiert, nicht zu fragen
Ob etwas nicht stimmt

---

[4] Vandermey, A. (2013). The shared genius of Elon Musk and Steve Jobs. *Fortune, 168* (9), 98.

Aber wenn wir wirklich wollen
Können wir diesem mentalen Gefängnis entkommen
Das war eine Erfindung der dunklen Zeit
Und funktioniert nicht im 21. Jahrhundert
Es ist Zeit für ein erhöhtes Bewusstsein
Um das Blatt der Vernichtung zu wenden
Und uns auf den Weg der gegenseitigen
Achtung und Rettung zurückzuführen
                                              ~Joan Marques

Natürlich gibt es auch Leute von geringerer Bedeutung als Elon Musk, die die rechte Einsicht praktizieren. Eine Person, die die Fähigkeit zu rechter Einsicht zu praktizieren scheint und deren Handlungen wir folgen sollten, ist Ayah Bdeir, eine libanesisch-kanadische Unternehmerin, die LittleBits gegründet hat, ein offenes System kleiner, vorgefertigter, modularer Schaltkreise, die man mit Magneten verbinden kann.

Ayah wurde 1982 in Montreal, Kanada, geboren und ist in Beirut, Libanon, aufgewachsen. Ihr verstorbener Vater war Unternehmer und ihre Mutter Bankangestellte. Ayah hat sich mehrfach bei ihren Eltern bedankt, dass sie sie und ihre Schwestern in einer Welt großgezogen haben, in der die Wissenschaft gefördert wurde. So verliebten sich die Mädchen in Mathematik, Wissenschaft und Design und konnten ihre Leidenschaften in den von ihnen gewählten Berufsfeldern verfolgen. Die Zeichen waren eindeutig, als Ayah aufwuchs: Als Mädchen sollte sie Dinge auseinandernehmen, um herauszufinden, was darin war. Ihre Eltern waren nicht an Geschlechtsunterschieden interessiert und haben die Mädchen dazu angeregt, Wissenschaftlerinnen und Ingenieurinnen zu werden, um Karriere zu machen. Die erste direkte Motivation, das College zu besuchen, erhielt Ayah von ihrer Mutter, die ihren eigenen Abschluss verfolgte, während ihre Töchter zur Schule gingen. Heute kann sie sich stolz als Ingenieurin und interaktive Künstlerin bezeichnen und genauer gesagt als Gründerin und CEO von LittleBits. Ayah hat unzählige Auszeichnungen für ihre Arbeit erhalten, darunter die Aufnahme in die permanente Sammlung des MoMA (Museum of Modern Art).

Die Mission von LittleBits besteht darin, jedem die Macht der Elektronik in die Hände zu legen und komplexe Technologien so zu vereinfachen, dass jeder bauen, Prototypen entwickeln und erfinden kann. Dank der Magnete ist es einfach, zu wissen, welche Seiten sich anziehen und welche sich gegenseitig abstoßen, sodass auch Kinder mit LittleBits sehr kreativ werden können, selbst wenn sie keine Erfahrung im Bereich der Ingenieurwissenschaften haben. Durch die Entwicklung und Bereitstellung von LittleBits für alle (es ist Open Source, Sie erinnern sich) hat Ayah eine Möglichkeit geschaffen, das Lernen über Elektronik lustig, einfach und kreativ zu gestalten.[5] Als Teil

---

[5]Tupper, T. (9. Okt. 2015). Ayah Bdeir gründete littleBits, um die Wissenschaft spaßig zu machen. Sie könnte jetzt auf etwas Größeres zusteuern. *Forbes Business*. Abgerufen von https://www.forbes.com/sites/forbesinternational/2015/10/09/ayah-bdeir-founded-littlebits-to-make-science-fun-she-might-now-be-on-to-something-bigger/#3c53da178b3d

der Millennial-Generation gilt Bdeir bereits als eine der Führerinnen von Bewegungen, in denen kreative Ressourcen kostenlos zur Verfügung gestellt werden, wie zum Beispiel die Maker-Bewegung und die Open-Hardware-Bewegung. Sie behauptet, ihre Mission sei es, Hardware zu demokratisieren, und tatsächlich wird Ayah Bdeir weitgehend für ihre großartigen Ideen und noch mehr für ihren visionären, großzügigen Ansatz gelobt, die Ergebnisse ihrer kreativen Einsichten allen zur Verfügung zu stellen, die daran interessiert sein könnten.

Ähnlich wie bei Elon Musk spricht Ayah Bdeirs Ansatz viele an, wahrscheinlich aufgrund des größeren Zwecks hinter seiner Existenz: LittleBits zielt darauf ab, so vielen Menschen wie möglich – auf der ganzen Welt – Fortschritt zu bringen und ist stabil genug in seiner Mission, das „Rezept" seines Produkts mit jedem Interessierten zu teilen. Darüber hinaus überwindet LittleBits Grenzen, indem es Ingenieurwesen und Kunst zusammenbringt. Aus diesen Gründen hat LittleBits ein rasantes Wachstum erlebt und im Jahr 2015 44,2 Mio. US-Dollar an Series-B-Finanzierung aufgebracht, was sein gesamtes aufgebrachtes Kapital auf fast 60 Mio. US-Dollar innerhalb von 2 Jahren nach der Gründung erhöhte. Das Unternehmen verkauft seine elektronischen Baukästen für Schüler und Bastler in 130 Ländern und arbeitet mit mehr als 3500 Schulen zusammen.[6] LittleBits produziert etwa 50 verschiedene Module, die einzeln oder in Kits gekauft werden können. Es gibt vier Modultypen in verschiedenen Längen und mit verschiedenen Funktionen: Die blauen Module liefern Strom; die rosafarbenen Module dienen als Eingänge, z. B. für Schalter, Mikrofone und Bewegungssensoren; die grünen Module dienen als Ausgänge wie für Lichter, Motoren und Lautsprecher; und die orangenen Module liefern Kabel- oder Logikfunktionen. Die Module sind so konstruiert, dass sie sich magnetisch zusammenfügen, sodass die Schaltkreise richtig verbunden werden können.[7]

Martin Luther King und sein Traum

Die Seele der Liebe

Die Seele der Liebe ist in sich selbst
Sie ist im Herzen gefangen
Man kann sie nicht in ein Regal stellen
Sie kann nicht in Stücke gerissen werden

---

[6] Henry, Z. (12. Januar 2018). Dieser Startup-Gründer bietet die perfekte Antwort auf Trumps Einreiseverbot Ayah Bdeir, Gründerin und CEO von LittleBits, möchte das Bild von Arabisch als „dem Anderen" entgegenwirken. *Inc.* Abgerufen von https://www.inc.com/zoe-henry/how-littlebits-founder-ayah-bdeir-pushing-back-against-trump-immigration-ban.html

[7] Schaffer, A. (2014). Ayah Bdeir, 31: Elektronische Blöcke, die miteinander verbunden sind, verbinden auch Kunst und Ingenieurwesen. *TechnologyReview*. Abgerufen von https://www.technologyreview.com/lists/innovators-under-35/2014/entrepreneur/ayah-bdeir/

Die Seele der Liebe ist auch ganzheitlich
Sie fügt dem Leben Wertschätzung hinzu
Sie gedeiht, wenn die Herzen ehrlich sind
Sie hilft dem Guten, zu überleben

Die Seele der Liebe hat Engelsschwingen
Um vom Schmerz davonzufliegen
Sie berührt lange vergessene Saiten
Sie ist niemals vergeblich

Die Seele der Liebe überdauert die Zeiten
Sie wird niemals zu alt
Sie ist ewig in ihrer Blüte
Und wird niemals kalt

Die Seele der Liebe soll nie sterben
Auch, wenn wir es tun
Sie soll noch da sein, wenn die Meere austrocknen
Und der Himmel nicht mehr blau ist

Die Seele der Liebe ist wie ein Atemzug
Sie ist still, aber sie ist da
Verhindern wir ihren Tod
Und verbreiten sie überall
                                          ~Joan Marques

Ich habe die Kühnheit, zu glauben, dass die Menschen überall auf der Welt drei Mahlzeiten am Tag für ihren Körper, Bildung und Kultur für ihren Geist und Würde, Gleichheit und Freiheit für ihren Geist haben können. Ich glaube, dass das, was selbstsüchtige Menschen zerstört haben, Menschen, die anderen zugewandt sind, wieder aufbauen können. Ich glaube immer noch, dass sich eines Tages die Menschheit vor den Altären Gottes verneigen und siegreich über Krieg und Blutvergießen sein wird und der gewaltlose, erlösende Gute Wille zum Recht des Landes erklärt wird (MLK, aus seiner Rede zur Annahme des Friedensnobelpreises).[8]

Um Ihnen zu zeigen, dass „rechte Einsicht" definitiv nicht nur auf das Geschäft beschränkt ist, sondern dass sie dort, wo sie angewendet wird, positive Auswirkungen hat, betrachten wir Dr. Martin Luther King, einen amerikanischen Baptistenpastor und Aktivisten, der zum prominentesten Vertreter und Anführer der Bürgerrechtsbewegung in den USA wurde. King war auch ein Visionär, der sich mit der Bürgerrechtsbewegung in Amerika wie Mahatma Gandhi in Indien beschäftigte: durch Gewaltlosigkeit. Er widmete den größten Teil seines erwachsenen Lebens dem Kampf gegen die rassische

---

[8] King, M. L. (10. Dezember 1964). Martin Luther King Jr. – Rede zur Annahme des Nobelpreises. *Rede zur Annahme des Nobelpreises für den Frieden.* Abgerufen von https://www.nobelprize.org/ nobel_prizes/peace/laureates/1964/king-acceptance_en.html

Ungleichheit in den USA, führte Busboykotte, Anti-Segregation-Spaziergänge, Demonstrationen für die Wohnungsverteilung und natürlich den Großen Marsch auf Washington im Jahr 1963 an, wo er vor mehr als 200.000 Bürgerrechtsmarschierern am Lincoln Memorial in Washington, DC, seine berühmte Rede „I Have a Dream" hielt.

Die Handlungen von Dr. King waren eng mit seiner Einsicht verknüpft, wie es immer der Fall sein sollte. Er wurde mehrmals wegen seiner Bemühungen festgenommen und 29 Mal ins Gefängnis gesteckt. Die meisten seiner Festnahmen erfolgten entweder wegen zivilen Ungehorsams oder wegen erfundener Anklagen, wie zum Beispiel in Montgomery, Alabama, wegen Fahrens mit 30 Meilen pro Stunde in einer 25-Meilen-pro-Stunden-Zone. Dennoch ließ MLK sich durch die Angst, bestraft und eingesperrt zu werden, nicht davon abhalten, sein Ziel zu verfolgen. Es gab einen größeren Grund, und viel stand auf dem Spiel. Seine Einsichten stimmten große Gruppen von Menschen hoffnungsvoll, und sie hingen vom Ausgang seiner Handlungen ab, also wusste er, dass er nicht aufgeben konnte. Während seines Kampfes wurde King klar, dass er für seinen Mut eines Tages vielleicht einen hohen Preis zahlen musste, aber es gab kein Zurück mehr, und bis zu seiner Ermordung 1968 reiste er durch die südlichen und nördlichen Staaten, um die Notwendigkeit von Veränderungen und Gleichheit zu vermitteln, was den Suprematisten sehr missfiel, die ihren Hass durch unterschiedliche Grade von Gewalt ausdrückten.[9]

Die Reise war nicht einfach, und Dr. King werden viele Dinge vorgeworfen, einige wahr und andere unwahr, aber er war auf seine eigene Art und Weise ein Held und wurde als jüngster Preisträger mit dem Friedensnobelpreis ausgezeichnet, weil er rassische Ungleichheit durch gewaltlosen Widerstand bekämpfte. Wir schrieben 1964. Während und nach seinem Leben erhielt MLK viele Auszeichnungen für seine rechte Einsicht, die die Geschichte der USA veränderte. Er wurde 1968 in Memphis, Tennessee, im Alter von 39 Jahren ermordet.

Die Bewegung der rechten Einsicht ist im Gange

Es gibt einen wundervollen Anstieg der Zahl von Menschen aus allen Lebensbereichen, die sich der Bewegung der rechten Einsicht anschließen und nachhaltige Lösungen für bisher wenig nachhaltige Praxis anbieten. Betrachten Sie den Erfinder-Unternehmer Scott Munguia, der eine Technologie zur Herstellung von Biokunststoffen aus Avocado-kernen entwickelt hat. Biokunststoffe sind Kunststoffe, die aus erneuerbaren Biomasse-quellen wie pflanzlichen Fetten und Ölen hergestellt werden und sich leichter zersetzen als die bisher verwendeten Kunststoffe auf der Basis fossiler Brennstoffe. Durch die

---

[9] Waxman, O. (12. Januar 2018). Die überraschende Geschichte hinter diesem schockierenden Foto von Martin Luther King Jr., der unter Beschuss gerät. *Time*. Abgerufen von http://time. com/5096937/martin-luther-king-jr-picture-chicago/

Verwendung von Avocadokernen bietet Scott eine weltverändernde Lösung in mehreren Dimensionen: Er produziert nicht nur ein biologisch abbaubares Produkt, sondern befasst sich auch mit einem großen Problem in Mexiko, wo sein Unternehmen zu Hause ist. Er hilft, etwa 30.000 Tonnen Avocadokerne zu verbrauchen, die bisher als agro-industrieller Abfall betrachtet wurden.

Wie hat es angefangen? Scott las einen Artikel, der ein Bild des Maismoleküls enthielt, häufig zur Herstellung von Biokunststoff verwendet. Da er mit dem Avocado-kernmolekül vertraut war, fiel ihm der Zusammenhang auf, und eine großartige Idee wurde geboren! Es waren zwei Jahre der Vorbereitung nötig, aber die Aussichten sind gut: Mexiko produziert etwa die Hälfte der weltweiten Avocadoernte, und der weltweite Markt für Biokunststoff ist enorm: 5,8 Mrd. US-Dollar.[10]

Scott, der noch Student der Chemieingenieurwissenschaften war, als ich dieses Buch schrieb, plant, sein Unternehmen Biofase in Michoacán, einer stark betroffenen Region, aufzubauen. Er hat bereits mehrere internationale und lokale Auszeichnungen für seine innovativen und weit verbreitet nützlichen Ansichten erhalten.[11]

Und da ist noch Eyad Janneh, der in Syrien aufgewachsen ist, aber jetzt für *Field Ready* arbeitet, eine gemeinnützige humanitäre Organisation, die von Istanbul in der Türkei aus operiert. Field Ready bereitet lokal hergestellte humanitäre Hilfsgüter vor, um aktuelle Notlagen zu lindern. Eyads Team entwirft und testet Werkzeuge, die vor Ort aus verfügbaren Materialien hergestellt werden können. 2017 wurde einer dieser Air-bags in Syrien verwendet, um zwei Menschen zu retten, die in Trümmern eingeschlossen waren. Eyad wurde auf der Liste der 35 Erfinder unter 35 im Jahr 2017 als humanitärer Erfinder aufgeführt, den man im Auge behalten sollte.[12]

Es ist unmöglich, vorherzusagen, wie sich die Zukunft für die jungen dynamischen Köpfe entwickeln wird, die in diesem Kapitel besprochen werden, Ayah, Scott und Eyad, oder sogar Elon Musk. Die Zukunft ist eine große Unbekannte, und diese Menschen können weltweit bekannte Persönlichkeiten werden oder in der Bedeutungslosigkeit ver-sinken, aber zum Zeitpunkt der Entstehung dieses Buches waren sie leuchtende Beispiele für die rechte Einsicht, die wir alle entwickeln können, wenn wir das möchten. Und wie durch Elon Musk und Ayah Bdeir demonstriert, gibt es immer ein begeistertes Interesse an großartigen Ideen, die die Lebensqualität auf der Erde verbessern können. Die Ent-

---

[10] MacBride, E. (30. April 2015). Avocadoseeds in Kunststoff: Ein mexikanischer Chemieingenieur zielt auf den 5,8-Milliarden-Dollar-Markt ab. *Forbes*. Abgerufen von https://www.forbes.com/sites/elizabethmacbride/2015/04/30/avocado-seeds-into-plastic-a-mexican-chemical-engineer-aims-at-5-8b-market/#6c65659b5482

[11] *Innovatoren unter 35* (2018). Scott Munguía. MIT Technology Review. Abgerufen von http://old.innovatorsunder35.com/innovator/scott-mungu%C3%ADa

[12] 35 Innovatoren unter 35. Humanitäre: Die Suche nach technologischen Lösungen, die das Leben der Menschen direkt verbessern und manchmal sogar retten können – Eyad Janneh. *MIT Technology Review 2017*. Abgerufen von https://www.technologyreview.com/lists/innovators-under-35/2017/humanitarian/suchi-saria/

wicklung und Aufrechterhaltung der rechten Einsicht, wie diese Beispiele auch gezeigt haben, führt unweigerlich zur rechten Absicht, rechten Rede, zum rechten Handeln, zum rechten Lebenswandel, zum rechten Streben, rechten Achtsamkeit und rechten Konzentration.

Keiner der in diesem Kapitel beschriebenen Menschen, noch die, die wir in den folgenden Kapiteln besprechen werden, sind oder waren Heilige, aber sie haben einen wichtigen Beitrag zum Wohlergehen in ihrer Gesellschaft geleistet, oder sie hoffen, es zu tun, und darum geht es bei der rechten Einsicht.

Rechte Absicht

Warum nicht?

Ein Moment
Ein kostbaren Moment

Wo jedes lebende Wesen,
Mensch und Nicht-Mensch,
Lebt ohne Folter, Schmerz oder Tod
Ein Moment, in dem wir alle jubeln
Im Luxus eines schmerzfreien Atemzugs

Wo unsere kollektive Zufriedenheit
Ihren Höhepunkt erreicht: ohne Einschränkung
Keine Raubtiere oder Beute, keine Sieger oder Verlierer
Ganz und gar: keine Zerstörung

Das Herz allen Lebens berührend, das es gibt
In einem Moment der Meditation und des Gebets
Unsere Geister in einer feierlichen Ruhe ausrichtend
Nicht nur hier oder da, sondern überall

Könnte es so einen wunderbaren Augenblick geben?
Nun, wenn alles mit einem Gedanken beginnt,
Warum nicht?

~Joan Marques

J. Marques, *Führen mit Herz*, https://doi.org/10.1007/978-3-031-30136-0_4

Die rechte Absicht wird manchmal auch als „rechtes Denken" oder „rechter Gedanke" bezeichnet, und der Kontext ist derselbe: Sie müssen sich bewusst konzentrieren und davon absehen, Entscheidungen zu treffen, die auf fragwürdigen Motiven basieren. Weil rechte Einsicht und rechte Absicht so sehr von Ihrem mentalen Zustand abhängen, werden sie häufig als Weisheitsaspekte im achtfachen Pfad eingestuft. Die rechte Absicht ist wunderbar, aber sie kann ziemlich herausfordernd sein, weil es immer Faktoren geben wird, die Sie in verschiedene Richtungen steuern und dazu führen, dass Sie Ihre wahren Motive übersehen oder vergessen.

Thich Nhat Hanh, ein sehr bekannter buddhistischer Mönch, hat vier einfache Aktivitäten entwickelt[1], die sehr hilfreich sind, wenn Sie sich fragen, ob Sie noch die rechte Absicht beibehalten:

1. Hinterfragen Sie immer, was Sie sehen, hören oder lesen. Dinge können auf den ersten Blick als etwas erscheinen, aber wenn Sie mehr darüber nachdenken, können Sie feststellen, dass es völlig unterschiedliche Interpretationen gibt und Ihr erster Gedanke voreilig und falsch war. Wenn Sie sich regelmäßig Zeit zum Nachdenken nehmen, können Sie sich neu ausrichten und Ihre Absichten besser mit Ihrem Gewissen in Einklang bringen.
2. Machen Sie regelmäßig eine Pause, um sich zu fragen, was Sie tun und warum. Dies mag wie eine alberne Übung erscheinen, aber sie zwingt Sie, etwas Abstand von Ihren Handlungen zu nehmen und sich den Gründen dafür zu stellen. Mit anderen Worten, anstatt Dinge nur so zu tun, als wären Sie auf Autopilot, untersuchen Sie Ihre Absichten hinter Ihren Handlungen. Dies ist eine kraftvolle Art, kritisch zu denken, und sie kann Ihnen helfen, Verhaltens- und Praxismuster loszulassen, die Sie nur auf der Grundlage alter Gewohnheiten, die heute jedoch keinen Sinn mehr ergeben, automatisch umgesetzt haben.
3. Verbringen Sie regelmäßig etwas Zeit damit, Ihre Gewohnheiten zu überdenken. Ihre Gewohnheiten können eine starke, aber unbemerkte Kraft sein, die auf die Entscheidungen, die Sie treffen, und die Handlungen, die Sie unternehmen, wirkt. Genau wie wir alle haben Sie gute und schlechte Gewohnheiten. Es ist leicht, Ihren Gewohnheiten nachzugeben, ohne sie zu hinterfragen. Besonders die schlechten Gewohnheiten scheinen aufzutauchen, wenn Sie sie am wenigsten brauchen, und sie können wichtige Momente verderben. Beobachten Sie also aufmerksam Ihre Verhaltens- und Reaktionsweisen und versuchen Sie wie in Punkt 2 herauszufinden, was Sie antreibt.
4. Bewahren Sie eine erwachte Haltung, die immer das Wohlergehen anderer berücksichtigt. Buddhisten nennen dies „Bodhicitta". Bodhicitta bezieht sich auf die Absicht, anderen Gutes zu tun und sie zu glücklicheren, erfüllteren Wesen zu machen.

---

[1] Warum „Rechte Absicht" im Buddhismus wichtig ist: Weisheit und der Achtfache Weg. Thought Co. Abgerufen von https://www.thoughtco.com/right-intention-450069

Eine unkomplizierte Möglichkeit, die rechte Absicht zu verstehen, ist die dreifache Überlegung, wie sie vom Buddha erklärt wird: die Absicht, ungesunde Gedanken freizusetzen, die Absicht des Wohlergehens und die Absicht der Harmlosigkeit.[2]

Muhammad Yunus und Grameen Bank

Emotionen

Angst: ein Gefühl von Angst, das du minimieren möchtest
Scham: eine Demütigung, die du nicht hervorheben solltest
Wut: ein innerer Zorn, der dich in ein Chaos stürzt
Hass: ein widerlicher Geschmack, der viel Stress verursacht
Schuld: immer eine bedauerliche Folge
Stolz: ein eingebildeter Hauch, der dich sehr anspannt

Elend aus Angst, Scham, Wut, Hass, Schuld und Stolz
Macht dich mürrisch, du willst weinen, trauern und dich verstecken

Liebe: ein natürliches Gefühl, andere zu umarmen
Frieden: alle als Schwestern und Brüder anzunehmen
Akzeptanz: Konstruktion von Brücken der Einheit
Großzügigkeit: Zurückgeben an die Gemeinschaft
Rückschau: Auseinandersetzung mit den launischen Wegen des Lebens
Vergebung: Befreiung von Schmerz und Wiederherstellung glücklicher Tage

Glück erwächst daraus, diese Tugenden als Richtschnur zu nehmen
Es ist dein großzügiges persönliches Geschenk, und es befindet sich in dir
                                                                    ~Joan Marques

Dr. Muhammad Yunus ist kein durchschnittlicher Geschäftsmann. Er ist bisher der einzige Geschäftsmann, der jemals den Friedensnobelpreis erhalten hat. Es passierte 2006, und er teilte den Preis mit niemand anderem als seinem Kind, der Grameen Bank, die er mit dem Ziel gründete, die tragische Armut in seinem Heimatland Bangladesch zu lindern. Dr. Yunus, jetzt formell im Ruhestand, erhielt in den USA einen Doktortitel in Wirtschaftswissenschaften und hielt zuerst in Tennessee eine Vorlesung. Als Bangladesch unabhängig wurde, entschied er sich, in sein Heimatland zurückzukehren und dabei zu helfen, dessen Wirtschaft aufzubauen.

In Bangladesch arbeitete er zunächst kurz für die Regierung, fand aber seinen Job eher langweilig, sodass er kündigte und zurück an die Hochschule ging, wo er eine Stelle als Leiter der wirtschaftswissenschaftlichen Fakultät an der Chittagong University

---

[2] Bodhi, B. (1994). Kapitel III: RIGHT INTENTION (Samma Sankappa). Abgerufen von http://www.vipassana.com/resources/8fp3.php

annahm. Eine herzzerreißende Hungersnot fegte durch das Land, und die Beweise
waren weithin sichtbar. Als engagierter Bürger war Dr. Yunus in mehreren Bewegungen
gegen die Armut aktiv und hatte ein scharfes Auge für die Bedürfnisse der Menschen.
Bis Mitte der 1970er-Jahre hatte er sich angewöhnt, regelmäßig durch die Stadt Jobra
zu gehen, in der Nähe der Chittagong University. Beim Beobachten der Aktivitäten um
ihn herum wurde Yunus berührt und beunruhigt von der Armut, die er sah. Als er anfing,
mit einigen dieser fleißigen Menschen zu sprechen, wurde ihm bewusst, dass sie, trotz
all ihrer emsigen Bemühungen und harten Arbeit, kaum eine Chance hatten, Fortschritte
zu machen, weil sie von privaten Geldverleihern abhängig waren. Diese einzelnen
Kredithaie stellten sicher, dass, nachdem die Endprodukte geliefert und das geliehene
Geld zurückgezahlt worden waren, nie genug übrig blieb, damit die Kleinunternehmer
finanziell wachsen konnten.

In Erwägung dieser selbst erfahrenen Dinge entschied Dr. Yunus, ein Forschungs-
projekt mit seinen Wirtschaftswissenschaftlern durchzuführen, um herauszufinden, wie
viel Geld die armen Menschen im nahegelegenen Dorf den Geldverleihern schuldeten.
Die Gesamtsumme betrug ungefähr 27,00 US-Dollar. Erstaunt darüber, dass solche
fleißigen Menschen für einen so kleinen Gesamtbetrag kein Darlehen von einer seriösen
Finanzinstitution erhalten konnten, besuchte Dr. Yunus die lokale Bank, um mehr herauszufinden. Das war, als er erfuhr, was heute allgemein bekannt ist: Dass arme Menschen
kein Darlehen von der Bank bekommen können, weil die allgemeine Wahrnehmung ist,
dass sie – die Armen – nicht kreditwürdig sind und weil sie keine Sicherheiten haben.
Dies offenbart dann, wie ein ungesunder Kreislauf perpetuiert wird: Arme Menschen
haben keine Sicherheiten, um Geld von der Bank zu bekommen, sodass sie von Kredit-
haien Geld leihen, die exorbitante Zinsen verlangen und sicherstellen, dass diese armen
Menschen nicht sparen können, um jemals finanziell zu wachsen.

Enttäuscht darüber, dass dieser unproduktive Teufelskreis durch konventionelle
Finanzinstitutionen beibehalten wurde, entschied sich Yunus, den armen Unternehmern
im Dorf aus eigener Tasche Geld zu leihen. In den Wochen nach Beginn dieses persönlichen Kreditprojekts lernte Dr. Yunus, dass die kleinen Unternehmer im Gegensatz
zu dem, was die Banken annahmen, ihm 100 % des geliehenen Geldes zurückzahlten.
Ermutigt durch die Ergebnisse seines Forschungsprojekts kehrte Yunus zur Bank
zurück und stellte fest, dass sich nichts ändern würde. Die Idee basierte auf einer alten,
etablierten Erkenntnis, und es gab keine Bereitschaft zur Veränderung.

In den nächsten Jahren wurde Yunus klar, dass er die Veränderung sein musste, die er
in der Welt sehen wollte. Er gründete die Grameen Bank (Dorf-Bank), und der Kampf
gegen die Armut wurde Wirklichkeit. Kurz nach der Eröffnung änderte die Bank ihre
Strategie von der hauptsächlichen Bereitstellung von Darlehen an Männer auf einen
starken Fokus auf Frauen. Dies basierte auf der Erkenntnis, dass die meisten Frauen das
geliehene Geld für ein Familienunternehmen und die wirtschaftliche Förderung ihrer
Kinder verwendeten. Heute ist die Grameen Bank in mehr als 100 Ländern tätig und
hat Kredite in Höhe von 7 Mrd. US-Dollar an mehr als 7 Mio. Kreditnehmer vergeben,
wovon 97 % Frauen sind.

Nach seinem Rücktritt als Präsident der Grameen Bank setzte sich Dr. Yunus auf seinen weltweiten Reisen dafür ein, auf den Kampf gegen die Armut aufmerksam zu machen, und setzte so seine Absicht fort, die Armut irgendwann auf dieser Erde zu tilgen.

Brittany Wengers künstliche Gehirntechnologie

Hoffnung

Wenn Hoffnung nur
Aufgeschobene Enttäuschung ist
Dann sind wir hier
Wie leeres geklontes Fachwerk
Dann sind Bemühungen
Eine Zeitverschwendung
Also willkommen, Krieg;
Und Grüß dich, Verbrechen!

Wenn Hoffnung bloß
Eine leere Farce ist
Dann sollten wir unsere Ziele auf die Sterne richten
Und – ab jetzt
Wild und grausam werden
Sieh die Sonne
Als einen großen Narren
Aber wenn – wie einige sagen

„Hoffnung das Leben ist"
Dann ist jeder Tag
Einen Sprung wert
In diesen großen Pool
Von funkelnden Chancen
Persönlichkeit als Werkzeug
Um alle Zäune zu sprengen.
                              ~Joan Marques

Eine junge Frau, die die rechte Absicht zum Wohlergehen der Menschheit gezeigt hat, ist Brittany Wenger, eine Studentin, die 2012 im Alter von nur 17 Jahren ein künstliches Gehirn entwickelt hat, um Brustkrebs zu erkennen!

Brittany, geboren 1994 in Columbus, Ohio, ist Teil einer Generation konstruktiver Träumer, die entschlossen ist, die Welt zu einem besseren Ort zu machen, und sich nicht von Alter, Geschlecht oder sonst etwas aufhalten lässt. Sie ist bereits bekannt als große Inspiration für aufstrebende junge Leute, etwas Großes zu tun. Ihre Erfindung könnte die Behandlung schwerer Krankheiten wie Brustkrebs und Leukämie erheblich unterstützen. Dank der heutigen Technik hat Brittany ein System medizinischer Untersuchungen eingeführt, das dabei hilft, Krankheiten früher zu erkennen und für Chirurgen und Patienten sowohl erschwinglich als auch effizienter ist.[3]

Wie bei den meisten von uns sah Brittany in ihrer Familie das Leid, das Krankheiten wie Brustkrebs und Leukämie verursachen können. Sie wollte herausfinden, ob es möglich sein könnte, diese schrecklichen Krankheiten früher zu erkennen, um die Chancen derjenigen, die damit diagnostiziert wurden, zu erhöhen. Brittanys Programm, allgemein als „Cloud4Cancer" bekannt, ist zurzeit eine der vielversprechendsten Methoden zur Durchführung einer Biopsie. Was sie gemacht hat, ist im Grunde genommen, dem Computer beizubringen, Brustkrebs zu diagnostizieren.[4]

Brittany hat hart arbeitende und motivierende Eltern, denen sie es zu verdanken hat, dass sie eine so konzentrierte und engagierte Frau geworden ist. Ihre Eltern haben sie gelehrt, sich nicht mit Mittelmäßigkeit zufriedenzugeben. Sie sagten ihr immer wieder, dass sie eines Tages großartige Dinge tun würde, und diese Bestärkung machte sie zu der leidenschaftlichen und entschlossenen Person, die sie heute ist. Sie hat in der Schule ihr Bestes gegeben und ein besonderes Interesse an Wissenschaft und Technik gezeigt. Als sie von künstlicher Intelligenz erfuhr, gab es kein Halten mehr. Sie begann online und in Lehrbüchern zu recherchieren und ihrem Computer Dinge beizubringen. Die erste Aktion war ein KI-Programm, das Fußball spielen konnte. Doch als ihre Cousine Opfer von Brustkrebs wurde, kam Brittany eine Idee: Wenn sie ihrem Computer beibringen konnte, Fußball zu spielen, konnte sie ihm auch beibringen, bei medizinischen Diagnoseprozessen zu helfen. Brittany brauchte viele Monate, aber 2012 veröffentlichte sie den „Global Neural Network Cloud Service for Breast Cancer" – besser bekannt als „Cloud4Cancer".[5]

Brittany reichte ihre Erfindung in diesem Jahr bei der Google Science Fair ein und gewann den ersten Preis. Diese „Künstliches-Gehirn"-Technologie bewertet Gewebeproben auf Brustkrebs. Brittanys Erfindung Cloud4Cancer bestimmt mit 99,11 % Genauigkeit, ob eine Probe von Brustgewebe bösartig oder gutartig ist, indem sie neuronale Netze verwendet, ein Code, der die Art und Weise imitiert, wie das menschliche Gehirn Entscheidungen trifft.[6] Ihre Absicht ist es, Krebs vollständig auszulöschen. Doch der Lernprozess bis zu dem Punkt, an dem sie ihre Bemühungen als „Erfindung" bezeichnen konnte, war ein langwieriger, geleitet von Versuch und Irrtum. Brittanys Interesse an Computerwissenschaften begann mit einem Wahlfach über futuristisches Denken. Sie war an Zukunftstechnologie interessiert und begann damit, über künstliche Intelligenz und deren Übertragung auf das menschliche Wissen zu recherchieren. Als Nächstes kaufte sie sich ein Lehrbuch zum Codieren und brachte sich langsam selbst

---

[3] Horsfield, P. (2018). Brittany Wenger. *TheExtraordinary.org*. Abgerufen von https://www. thextraordinary.org/brittany-wenger#biography

[4] Ibid.

[5] Ibid.

[6] Lyons, G. (7. April 2017). Treffen Sie die Duke Senior, die eine Krebs-Detecting-App in der High School erstellt hat. Abgerufen von https://studybreaks.com/students/brittany-wenger/

bei, wie man programmiert. Es dauerte eine ganze Weile und forderte viel Mühe, aber sobald ihre Absicht stark genug wurde, war Brittany entschlossen, einen entscheidenden Beitrag zu leisten. Sie versuchte weiterhin monatelang, ihr neuronales Netzwerk auf Brustkrebsdaten zu trainieren. Und schließlich, nach Hunderten von Versuchen, knackte sie den Code. Sie trainierte anschließend ihr neuronales Netzwerk, um 100 schwierige Ausreißer zu integrieren und so die Genauigkeit des Programms erheblich zu verbessern. Cloud4Cancer ist noch nicht von der Food and Drug Administration (FDA) zugelassen, wurde aber in Institutionen in den USA und Italien getestet.

Inspiriert durch ihre Leistung hat Brittany seitdem ihre Erkundungen fortgesetzt. Sie hat damit begonnen, Vorhersagen für die Immunantwort auf die Grippe zu identifizieren. Nach ihrem Abschluss an der Duke University, wo sie Biologie studiert, plant sie, an der Mount Sinai Medical School in Manhattan Medizin zu studieren. Sie hofft, ihre Forschungen im Bereich Big Data als Kinderonkologin fortzusetzen.[7]

Sixto Cancels Bemühungen, hilfsbedürftige Jugendliche zu unterstützen

Für die, die leiden

Mitgefühl mit denen
Die unter
Der unnötigen Not
Des Hungers leiden
Während sie Qualen erleiden
Hin zu einem langsamen, schmerzhaften Tod
An welchem wir alle schuldig sind
Weil wir lieber viel verschwenden
Und wegschauen
Anstatt unseren Mitgeschöpfen zu helfen
In diesem Leben zu bleiben

Mitgefühl für diejenigen
Die unter
Dem immer unzeitigen Abschied
Eines geliebten Menschen
Leiden, wenn sie ertrinken
In einem unzugänglichen Strom
Emotionaler Sturzbäche
Verursacht durch den Fluss
Ihrer Tränen
Und wandern in einer dunklen Welt

---

[7] Ibid.

Der Sorgen und Ängste

Mitgefühl für diejenigen
Die unter
Den künstlichen Grenzen
Ihrer eigenen Überzeugungen
Leiden, während sie
In einem projizierten Wald
Aus Schatten und Schattierungen
Bestehend, schwelgen:
Ebenso ängstlich vor der Zukunft
Wie vor der Vergangenheit, die nun hinter ihnen liegt
                                                          ~Joan Marques

Auf die Bedürfnisse jener zu achten (und zu handeln), die als unwichtig behandelt werden, ist eine lobenswerte Eigenschaft. Sixto Cancel hat diese Eigenschaft. Er hat in seinem bisherigen jungen Leben bereits beeindruckende Schritte unternommen, um aufzustehen und eine Stimme für die Stummen zu sein. Sixto hat seine Erfahrungen als Pflegekind, das in Connecticut durch mehrere Familien ging, als reflektierende Inspiration für seine Handlungen genutzt.[8] Er hatte eine wichtige Qualität, die ihm dabei half, einen entscheidenden Beitrag zu leisten: Ausdauer. Er konnte seine Umstände als Beispiel dafür betrachten, was für Pflegekinder in Amerika verbessert werden musste. Dank seiner Resilienz und inneren Stärke, und trotz der Tatsache, dass er von einer instabilen Familie zur anderen gezogen ist, hat er die Highschool abgeschlossen und ist aufs College gegangen. Seine unternehmerischen und aktivistischen Fähigkeiten traten in der Junior Highschool hervor, als er erkannte, dass es Pflegekindern, genau wie ihm, schwerfiel, die Aufnahmeprüfung fürs College (SAT) zu bestehen. Dies führte dazu, dass er „Stellar Works" ins Leben rief, ein Projekt, das sich auf Nachhilfe und Unterstützung für Kinder mit ähnlich schwierigen Hintergründen wie seinem konzentrierte. Er brachte sogar Lehrer dazu, Tutoren für die benötigten Studenten zu werden. Von der Unterstützung bei den SATs ausgehend, erweiterte sich der Fokus auf die Unterstützung von Pflegekindern in Mathematik und Lesen: Sixto gelang es, Finanzmittel vom Staat und von privaten Spendern zu erhalten und die benötigte Nachhilfekampagne einzurichten.[9]

Inspiriert von seinen Leistungen, erweiterte Sixto seine Aktivitäten, um Pflegekinder zu unterstützen und ihnen zu helfen, in der Gesellschaft einen anständigen Platz zu finden. Er wurde zu einem wichtigen und erfolgreichen Befürworter dafür, Pflegekindern zu ermöglichen, ihre Geschwister zu besuchen. Bald wurde er Mitglied von Organisationen, die sich um Pflegekinder kümmerten, eine Verantwortung, die er mit großem Stolz übernahm. Er setzte sich erfolgreich dafür ein, dass Pflegekinder, die ausziehen mussten, Sporttaschen bekamen, anstatt der traditionellen Müllsäcke, in denen sie ihre Sachen verstauen sollten. Er machte darauf aufmerksam, dass die Tatsache,

---

[8]Youth Changemaker: Sixto Cancel (2018). Abgerufen von https://sparkaction.org/changemaker/youth-changemaker-sixto-cancel.

[9] Ibid.

jemandem einen Müllsack mitzugeben, um damit weiterzumachen, eine erniedrigende unterbewusste Botschaft enthielt! Die Kampagne war erfolgreich, weil sie zum Vorschein brachte, dass der Staat Connecticut, in dem Sixto lebte, bereits eine Sporttaschen-Richtlinie hatte, diese aber nicht umgesetzt wurde![10]

Die Organisation, für die Sixto am besten bekannt ist, ist die, die er 2014 gegründet hat: Think of Us, eine Initiative, die sich darauf konzentriert, eine Online-Bibliothek mit unterrichtenden Videos zu erstellen, um Jugendliche durch den komplizierten Prozess des Erwachsenwerdens und des erfolgreichen Findens ihres Weges durch die frühe Erwachsenenzeit zu coachen. Think of Us, für die Sixto als CEO arbeitet, will ihr Ziel erreichen, indem sie in der Gesellschaft die Aufmerksamkeit auf die Bedürfnisse von Pflegejugendlichen lenkt und technologische Möglichkeiten findet, um ihnen beim Erwachsenwerden zu helfen.[11] Innerhalb von Think of Us hat Sixto bereits wichtige Fortschritte erzielt, wie zum Beispiel die Gestaltung und Durchführung des ersten White House Foster Care and Technology Hackathons, der zu wichtigen Ergebnissen führte. Einige davon sind neue Bundesvorschriften, neue Finanzmittel für Technologie in der Pflege, sechs weitere Hackathons, lokale Technologieinitiativen und ein Wandel in der nationalen Diskussion über Pflege und Technologie.[12]

Think of Us startete 2014 mit einer bescheidenen Förderung von 3000 US-Dollar, hat aber seitdem Unterstützung von einer Reihe von Stiftungen auf insgesamt 360.000 US-Dollar erhalten.[13] Es wird von jungen Menschen betrieben, die ihre Kollegen aus dem Pflegeheim durch mehrere Projekte führen. Es gibt zum Beispiel die „Life Skills Tools Library" mit einer interaktiven Videodatenbank voller Informationen über eine Vielzahl von Fähigkeiten, die erworben werden müssen, wie zum Beispiel das Kaufen eines Autos oder das Einschreiben in ein Community College. Die ultimative Stärke von Think of Us besteht darin, ein Gleichgewicht zwischen dem Pflegeheimsystem und der Art und Weise herzustellen, wie die Millennials in diesem System Technologie einsetzen.[14]

Raj Panjabis Leidenschaft für das Retten von Leben

Glücklich

Ich bin glücklich
Dass ich heute hier bin

---

[10] Ibid.

[11] Think of Us: Our Mission. Abgerufen von https://www.thinkof-us.org/about-us/

[12] Sixto Cancel. Big Think Edge. Abgerufen von https://bigthink.com/experts/sixto-cancel

[13] Jenkins, L. M. (25. Mai 2016). Der ehemalige Pflegeheim-Jugendliche hinter dem Hackathon des Weißen Hauses für Pflegeheime. *The Chronicle of Social Change*. Abgerufen von https://chronicleofsocialchange.org/news-2/youth-led-nonprofit-challenges-tech-child-welfare-work-together

[14] Ibid.

Und ich bin mir bewusst, dass ich wählen kann
Um mich mit denen zu vergleichen
Die in größerem Überfluss leben
Worüber ich mich vielleicht ärgern könnte
Oder mit denen
Die weniger Glück haben
Wodurch ich mit einer schuldbewussten Miene dastehe

Stattdessen werde ich mich selbst vergleichen
Mit der Person, die ich vorher war
Und mich freuen, dass ich heute mehr gelernt habe
Ich erkenne mein Glück
Und meine Absicht, es weiterzugeben
Damit diejenigen, die nach mir kommen,
Ein ähnliches Gefühl der Dankbarkeit für das Hier und Jetzt entwickeln können
Das wir teilen
Und um das wir uns kümmern
                                        ~Joan Marques

Das Wichtigste bei der Verwirklichung eines tatsächlichen Wandels ist es, die rechte Absicht in die Tat umzusetzen. Raj Panjabi, ein junger Mann indischer Herkunft, der in Liberia geboren wurde, verstand diesen Bedarf, als er die Last Mile Health mitbegründete, eine gemeinnützige Organisation, die sich auf das Rettungswesen in einigen der abgeschiedensten Orte der Welt konzentriert. In seinen frühen Jahren zog Raj mit seiner Familie in die USA, wo er einen Medizin- und einen Master-Abschluss in Public Health erwarb. 2005 kehrte er als Medizinstudent nach Liberia zurück und gründete 2007 zusammen mit einem Team von fünf liberianischen Bürgerkriegsüberlebenden und amerikanischen Gesundheitsarbeitern die Last Mile Health. Raj und sein Team gründeten ihre Organisation, weil sie sich leidenschaftlich dafür einsetzten, dass niemand sterben sollte, weil er weit entfernt vom nächsten Arzt, der Klinik oder dem Krankenhaus lebt.[15] Die Gründungsmannschaft der Last Mile Health erklärt auf ihrer Website die Herausforderung der Gesundheitsversorgung auf klare Weise:

> Krankheit ist universell, aber der Zugang zu Gesundheitsdienstleistungen nicht. Weltweit leben mehr als eine Milliarde Menschen ihr ganzes Leben lang, ohne jemals einen Arzt zu sehen. Aufgrund der kombinierten Auswirkungen von Distanz und Armut sterben Menschen, die in abgelegenen Ortschaften leben, oft unnötig an vermeidbaren, behandelbaren Krankheiten wie Lungenentzündung, Durchfall, Malaria, Unterernährung und Komplikationen bei der Geburt.
>
> In Liberia, wo unsere Geschichte beginnt, leben etwa 1,2 Mio. Menschen in isolierten Gemeinden, die mehr als eine Stunde Fußmarsch vom nächsten Krankenhaus oder der nächsten Klinik entfernt sind.[16]

---

[15] Last Mile Health: Was wir tun. Abgerufen von http://lastmilehealth.org/what-we-do/

[16] Last Mile Health: Die Herausforderung. Abgerufen von http://lastmilehealth.org/what-we-do/

Wie versucht Last Mile Health also, in entlegenen Gebieten Leben zu retten? Sie arbeitet mit Regierungen zusammen, um Netzwerke von Community Health Workers (CHWs) zu entwickeln. CHWs haben in der Regel eine mittlere oder höhere Schulausbildung und arbeiten in ihren eigenen Dörfern, wo sie von Krankenschwestern und medizinischen Assistenten ausgebildet werden und Medikamente erhalten, die sie unter ihren Nachbarn verteilen. CHWs lernen auch, kranke Menschen in ihren Gemeinden an lokale Kliniken zur Behandlung zu überweisen. Natürlich müssen die CHWs, Krankenschwestern und medizinischen Assistenten bezahlt werden, sodass Last Mile Health sich immer über finanzielle Hilfe freut. 2017 erhielten Raj und seine Organisation einen Preis von TED in Höhe von 1 Mio. US-Dollar, um eine Community Health Academy zu starten, ein Projekt, das die Ausbildung von CHWs und Führungskräften für das digitale Zeitalter neu gestalten wird.

2015 wurde Raj von Fortune als einer der weltweit 50 wichtigsten Wirtschaftsführer gelistet und 2016 von TIME als einer der 100 einflussreichsten Menschen der Welt genannt. 2017 ehrte die Regierung von Liberia Raj Panjabi mit der Auszeichnung Knight Commander vom Most Venerable Order of the Pioneers of the Republic of Liberia, einer der höchsten Auszeichnungen des Landes.

Die Kraft der rechten Absicht

Wie die Fälle in diesem Kapitel gezeigt haben, ist die rechte Absicht entscheidend, um einen positiven Wandel herbeizuführen. Natürlich sollten Sie es nicht dabei belassen. Die rechte Absicht, ohne jegliche weitere Handlung, bleibt eine Einbildung unserer Vorstellungskraft. Doch wenn die rechte Absicht stark ist, entfacht sie eine Leidenschaft, die zum Handeln drängt. Wie Sie vielleicht festgestellt haben, wurde keines der in diesem Kapitel besprochenen Individuen in einer wohlhabenden Familie geboren. Sie alle wurden mit zahlreichen Herausforderungen in ihrem Leben konfrontiert, genau wie die meisten von uns, aber sie nutzten diese Herausforderungen, um ihre Einsichten zu erweitern. Sie beobachteten, erlebten und überlegten, wie sie sicherstellen könnten, dass die Probleme, die sie beobachteten oder durchlitten, ein Ende finden würden. Während einige dieser Personen bereits weltweite Berühmtheit erlangt haben (wie Muhamad Yunus und Raj Panjabi), sind andere noch auf dem Weg (wie Brittany Wenger und Sixto Cancel), aber alle hatten andere, die sie auf die nächste Stufe brachten.

Dieses Kapitel über die rechte Absicht hat auch die intuitive Reihenfolge des achtfachen Pfades gezeigt:

- Für jede der oben beschriebenen Personen war die rechte Absicht ein Ergebnis ihrer rechten Einsicht: Sie beobachteten eine Situation und erkannten, dass etwas getan werden musste.
- Die rechte Absicht führte in jedem der beschriebenen Fälle zum rechten Handeln.

- Für alle diese Personen führte das rechte Handeln zur Gründung einer Organisation oder zur Erkenntnis, was ihre zukünftige Lebensgrundlage werden wird.
- Inspiriert durch die positiven Auswirkungen ihres rechten Handelns fuhren diese Personen mit ihrem rechten Streben fort.
- Aufgrund ihrer erfüllenden Aktivitäten übten sie auch rechte Achtsamkeit aus, indem sie sicherstellten, dass das, was sie taten, für größere Gemeinschaften von Nutzen sein würde.
- Dank dieser Achtsamkeit konnte jede dieser Personen ihre rechte Konzentration kontinuierlich aufrechterhalten.

Heute

Heute ist Teil
Von den guten alten Zeiten von morgen
Wenn die unangenehmen Details
Verblasst sind
Und die Höhepunkte
Vergrößert sein werden
An einem fernen Zukunftstag …

Denn so ist die Arbeit unseres Geistes:
Wir sehen die Vergangenheit oft
Durch die rosarote Brille
Der zärtlichen Rückerinnerung,
Angereichert durch Wissen,
Das wir im Moment nicht haben,
Und poliert mit Erfahrungen,
Die noch im Werden sind.

Also feiern wir das Heute,
Unabhängig davon, wie es sich anfühlt,
Denn seine Rückschläge werden morgen
Seinen Wert bewiesen haben
Und seine Freude wird die Aura von
Vergangener Glorie angesammelt haben
Gewickelt in der sanften Wolke,
Der liebevollen Erinnerungen.

~Joan Marques

Rechte Rede

Adelita Leticia Fortunata

Sie war einfach, angezogen in Lumpen
Adelita Leticia Fortunata
Aber sie hatte eine besondere Gabe
Das machte sie zum Liebling aller

Mit einem Funkeln in ihren Augen
Jeden Abend, um drei nach sieben
Zog sie sie an ihre Seite
Wenn sie unter dem Guanabana-Baum saß

Und wenn sie anfing, zu reden
Konnte man eine Stecknadel fallen hören
Sie würden alle den Atem anhalten
Bis Adelita aufhörte

Sie würde über ihre Gefühle sprechen
Als Königin der Sterne
Und ihre Reisen durch das Universum
Von Neptun bis Mars

Und diejenigen, die die Sorgen des Tages trugen
Konnten langsam
Ihren Stress verschwinden spüren
Adelitas Geschichten halfen ihnen,

Die Essenz ihres Lebens zu sehen
Und wie einfach Zufriedenheit sein konnte
Wenn sie nur ihre eigenen Bedürfnisse spüren
Sie lehrte sie, dass Glück

J. Marques, *Führen mit Herz*, https://doi.org/10.1007/978-3-031-30136-0_5

Nicht in Dingen gefangen ist
Sondern durch die Pflege bedeutungsvoller Momente
Und die Aufrechterhaltung wertvoller Beziehungen
Also, bis heute können sie in ihrem Geist sehen

Jeden Abend um sieben Uhr drei
Wie Adelita Leticia Fortunata
Die ewige Inamorata der Menschen
Ihre Glücks-Theorie teilen würde
Unter dem Guanabana-Baum sitzend

~Joan Marques

In diesen Zeiten der massiven Kommunikation auf vielen verschiedenen Wegen und einem Überfluss an sozialen Medien ist es entscheidend, dass wir die Bedeutung der rechten Rede vollständig verstehen. Es gibt ein altes Sprichwort, das lautet: „Stöcke und Steine können meine Knochen brechen, aber Worte werden mich nie verletzen." Es klingt ziemlich mutig, aber die Wahrheit ist, dass Worte tatsächlich die Macht haben, andere auf eine Weise zu heilen oder zu verletzen, die weit über den physischen Schaden hinausgeht: psychisch. Worte können konstruktiv oder destruktiv sein und sollten mit Vorsicht ausgesprochen werden.

Das Üben der rechter Rede bedeutet, dass Sie bewusst darauf verzichten, Dinge zu sagen, die negative Auswirkungen auf andere haben. Es bedeutet auch, dass Sie vorsichtig sind, wenn Sie Nachrichten verbreiten, über die Sie unsicher sind, oder deren Inhalte für einige verheerend sein können.

Das Üben der rechten Rede bedeutet, dass Sie versuchen, Spaltung und Disharmonie zu lösen und Einheit und Harmonie zu fördern oder wiederherzustellen. Rechte Rede bedeutet, dass Sie nach besten Kräften die Wahrheit sagen, keine Spaltung durch das Erzählen verschiedener Dinge bei verschiedenen Menschen schaffen, sich von Grausamkeit in Ihrer Rede zurückhalten und sich davon abhalten, Fakten zu übertreiben, um sie interessanter zu machen.

In Übereinstimmung mit Buddhas Lehre schlägt Thomas Bruner uns vor, uns die folgenden Fragen zu stellen, um sicherzustellen, dass wir uns in rechter Rede engagieren:

- Stimmt es? Nur, weil wir etwas denken, fühlen oder glauben, macht es das nicht wahr. Rechte Rede bedeutet, zu fragen, ob das, was wir sagen wollen, genau, faktisch oder objektiv überprüfbar ist.
- Ist es hilfreich? Wir sprechen oft zu unserem eigenen Nutzen. Rechte Rede bedeutet, uns zu fragen, ob das, was wir sagen werden, für andere hilfreich, nützlich oder vorteilhaft ist.
- Ist es an der Zeit? Wir sprechen normalerweise, wenn wir sprechen wollen. Rechte Rede bedeutet, zu fragen, ob jetzt der richtige oder angemessene Zeitpunkt ist, um das zu sagen, was wir sagen wollen.

- Ist es freundlich? Manchmal sprechen wir aus Wut und Frustration. Rechte Rede bedeutet, dass wir mit guten Absichten, gutem Willen und Mitgefühl für andere sprechen, selbst – oder vor allem –, wenn wir wütend oder frustriert sind.[1]

Auf diese Weise weist William Macaux auf einige kritische Aspekte hin, die wir beenden sollten, wenn wir uns an die rechte Rede halten wollen. Diese Aspekte sind:

- Lügen – dies schädigt das Vertrauen in Beziehungen, zu anderen, aber auch zu uns selbst. Wenn wir uns dessen bewusst werden, können wir uns entscheiden, auf solch ungesundes Verhalten zu verzichten, und wir finden vielleicht heraus, dass unsere Handlungen mutiger werden.
- Härte – es ist wichtig zu wissen, dass Worte sehr verletzend sein können und dass sie, sobald sie ausgesprochen wurden, nicht zurückgenommen werden können. Harsche Worte kommen aus einem Gefühl der Verletzung, des Ärgers oder der Beleidigung. Harsche Worte sagen viel über uns aus.
- Hinterhältigkeit – Klatsch über andere und sogar egoistische Vergleiche haben in der rechten Rede keinen Platz. Wir alle haben eine Wahl, worüber wir sprechen, also seien wir uns unserer Themen bewusst.
- Sinnloses Geschwätz – dies ist ein besonders häufiges Problem in der heutigen Gesellschaft. So viele Menschen reden nur, um mehr zu reden als andere, ohne wirklich etwas Sinnvolles zu sagen. Dies ist eine Verschwendung kostbarer Zeit und keine rechte Rede.[2]

Wenn Sie gut zuhören, können Sie die rechte Rede besser praktizieren, weil Sie die Worte und Absichten des anderen gut interpretieren und erwägen und sich vor der Antwort gründlich darüber Gedanken machen. Es ist nun klar, wie rechte Einsicht und rechte Absicht sowie die anderen Aspekte des achtfachen Pfades uns dabei helfen können, rechte Rede zu üben.

In diesem Kapitel werden wir den Kern und den Kontext von rechter Absicht hervorheben und über einige diskutieren, die rechte Rede praktiziert haben, manchmal in schwierigen Momenten ihrer Karriere.

---

[1] Bruner, T. (24. Juli 2017). Leadership und richtiges Sprechen. Abgerufen von http://brunerstrategies.com/2017/07/24/leadership-right-speech/

[2] Macaux, W. (7. November 2017). Richtige Rede und gute Führung. Abgerufen von https://generativityllc.com/blog/2017/11/7/right-speech-good-leadership

Binta Niambi Browns Wahrheit

Was ist das Beste?

Es erfordert Mut, ehrlich zu sein
Es erfordert Mut, fair zu sein
Es erfordert Mut, authentisch zu bleiben
Wenn es niemanden sonst zu interessieren scheint

Es erfordert Ausdauer, deiner Leidenschaft zu folgen
Es erfordert Mut, auf dein Herz zu hören
Es erfordert Selbstvertrauen, Wege zu gehen
Die andere als weniger klug betrachten

Es erfordert Achtsamkeit, den Kurs beizubehalten
Es erfordert Energie, deinen Schwung zu finden
Aber warum einfach mit dem Strom schwimmen?
Wenn du bereits weißt, was das Beste ist?
~Joan Marques

Eine Frau, die für ihren Mut bekannt geworden ist, die Wahrheit zu sagen, ist Binta Niambi Brown. Sie ist derzeit CEO und Mitbegründerin von Fermata Entertainment Ltd. Sie stieg zu einer erfolgreichen Expertin in Recht, Menschenrechtsförderung, Medien und Regierung auf und wechselte dann ihren Schwerpunkt um 180°, indem sie ein Musik- und Unterhaltungsunternehmen mit einem bisher nicht üblichen Geschäftsmodell gründete, das sich darauf konzentriert, die Rechte der Künstler zu wahren und kreative Plattformen zu finanzieren, die persönliche Ausdrucksfähigkeit und Verbindung zur Community maximieren. Ihre visionsorientierte Plattform, B I G Mouth Records, bemüht sich, die erste gesetzliche und zertifizierte B Corp zu werden.

Brown ist ein Multitalent, da sie sich durch eine brillante Karriere arbeitet, aber nie den Blick auf ihre bescheidenen Anfänge verliert. Sie hält an ihrem stärksten Glauben fest, dass Ehrlichkeit die beste Strategie ist.[3] Früh in ihrer Karriere wurde Brown mit dem Dilemma konfrontiert, die Wahrheit zu sagen und möglicherweise einen lukrativen Vertrag zu verlieren, oder die Wahrheit bis zum Abschluss des Geschäfts verborgen zu halten. Sie entschied sich, die rechte Rede durch die Mitteilung ihres Kunden über eine 3 Mrd. US-Dollar schwere Vermögensübernahme zu praktizieren, wodurch sie und ihr Geschäftspartner einen finanziellen Rückschlag riskierten. Sie war sich bewusst, dass die Wahrheit in einem so entscheidenden Moment so früh in ihrer Karriere die Abmachung ruinieren und für ihren zukünftigen beruflichen Weg verheerend sein könnte. Sie

---

[3]Giang, V. (6. Juni 2015). 7 Business Leaders Share How They Solved the Biggest Moral Dilemmas of Their Careers. Fastcompany.com. Abgerufen von http://www.fastcompany.com/3046630/lessons-learned/7-business-leaders-share-how-they-solved-the-biggest-moral-dilemmas-of-their

verstand auch, dass sie unter ihren Kollegen einen großen Reputationsverlust riskierte. Sie entschied sich jedoch, dass sie damit leben konnte, anstatt ihrem Kunden die Wahrheit vorzuenthalten. Letztendlich ging das Geschäft durch, und Brown lernte eine wichtige Lektion, die den Weg ihres Geschäftsverhaltens von da an geebnet hat: Ehrlichkeit ist die beste Strategie.[4]

Doch es gibt mehr in Browns Verhalten als bloße rechte Rede. Ihre Karrierewahl und -leistungen demonstrieren die gegenseitige Abhängigkeit zwischen verschiedenen Fäden des achtfachen Pfades. Sie begann davon zu träumen, Anwältin zu werden, als sie gerade 10 Jahre alt war, nachdem sie einem Kongressabgeordneten zuhörte, der ihrer Klasse sagte, dass er wusste, dass er Politiker sein wollte, als er in ihrem Alter war. Sie machte sich die verbesserte Lebensqualität klar, die ihre Familie durch die Bürgerrechtsbewegung genoss, und entschied, dass das ein Jurastudium der Weg für sie sein würde, weitere gerechte Anliegen zu unterstützen. Sie wusste auch, dass es ihr als Anwältin möglich sein würde, in Zukunft viel für große Gruppen zu bewegen. Bald nachdem sie Partnerin in einer Anwaltskanzlei geworden war, erlebte sie den offensichtlichen Mangel an farbigen Frauen in ihrer Position und entschied sich, Fundraiser für politische Anliegen, Künstlerorganisationen und ihre Alma Mater, das Barnard College, zu werden.[5] Bintas Entschlossenheit trieb sie voran, eine der führenden jungen schwarzen Fundraiser in den USA zu werden. Sie war stark in Hillary Clintons Präsidentschaftskampagne 2008 involviert und wurde mit 34 Jahren zur Kuratorin des Barnard College gewählt. In Browns gerade beschriebenem Handeln können wir die drei Fäden des edlen achtfachen Pfades erkennen, die bisher besprochen wurden, rechte Einsichten, rechte Absichten und rechte Rede, sowie die, die im Folgenden besprochen werden, rechtes Handeln, rechter Lebenswandel, rechtes Streben, rechte Konzentration und rechte Achtsamkeit.

Malala Yousafzai und ihre lautstarke Förderung der Bildung

Funkelnder Diamant

Besonders sind jene
Die jemals die Qual
Eines von Liebe zerrissenen Herzens
Durch den Verlust eines Liebsten erlebt haben

Denn sie haben gelernt
Was nur durch Schmerz gelehrt werden kann:

---

[4] Ibid.

[5] Potkewitz, H. (2011). Driven to make justice her business. *Crain's New York Business, 27* (13), F8.

Empathie und Verständnis
Und Mitgefühl für eine Träne

Die Welt, für diejenigen mit gebrochenem Herzen,
Wird zu einer Zone der Übereinstimmung
Im Dunkeln
Aus der Verbindung entsteht …

Denn jeder Riss in einem Herzen
Fügt zur Fülle des Funkens bei
Die dieser Diamant letztendlich ausstrahlt …
                                                        ~Joan Marques

Eine junge, jetzt weltweit bekannte Rednerin der rechten Rede ist Malala Yousafzai, die sich durch ihren kühnen und tapferen Einsatz für die Menschenrechte auf dem Gebiet der Bildung von Frauen und Kindern in ihrer Heimat Swat Valley im Nordwesten Pakistans auszeichnet. Malala hat gezeigt, dass es ein großes Risiko darstellt, die Wahrheit zu sagen, aber auch das Potenzial birgt, zu einer globalen Bewegung zu werden und die Ohren und den Respekt der Welt zu gewinnen. 2014 wurde Yousafzai zur jüngsten Friedensnobelpreisträgerin aller Zeiten.

Malala wurde 1997 geboren und wurde bereits in jungen Jahren mit Ungleichheit und Unterdrückung konfrontiert. In ihrer Heimat hatten die lokalen Taliban Schulbesuche von Mädchen verboten. 2009, als sie gerade 12 Jahre alt war, begann Malala, einen Blog unter einem Pseudonym für die BBC Urdu zu schreiben. In diesem Blog beschrieb sie ihr Leben unter Taliban-Unterdrückung. Ihre Bemühungen um Öffentlichkeit erregten die Aufmerksamkeit eines Journalisten der New York Times, der einen Dokumentarfilm über Malalas Leben drehte. Dies machte sie tatsächlich zum Mittelpunkt der Aufmerksamkeit bei einer Vielzahl von Menschenrechts- und Kinderorganisationen, aber auch der Taliban, und im Oktober 2012 wurde Malala, als sie mit dem Bus von der Schule nach Hause fuhr, zusammen mit zwei anderen Mädchen von einem Taliban-Schützen angeschossen, der sie aus Rache für ihr Engagement töten wollte. Malala wurde in den Kopf geschossen und blieb lange Zeit bewusstlos im lokalen Krankenhaus. Als ihr Zustand sich endlich besserte, wurde sie in ein Krankenhaus in Großbritannien verlegt. Während der Attentäter versucht haben mag, ihr Leben zu nehmen, brachten seine Handlungen Malala mehr Aufmerksamkeit als je zuvor in der Welt. Sie wurde einmal sogar als die möglicherweise berühmteste Teenagerin der Welt bezeichnet.

Als die Welt das Handeln der Taliban verurteilte, drohte diese religiöse Organisation damit, ihre Bemühungen zu verstärken, Malala zu töten, als ein Mittel religiöser Justiz. Malala blieb in Großbritannien und wurde zu einer weltweit bekannten Stimme für das Recht auf Bildung. Sie gründete eine gemeinnützige Organisation und verfasste als Koautorin „*I am Malala*", das zu einem internationalen Bestseller wurde. Seitdem wurde sie weltweit mit zahlreichen Auszeichnungen und Ehrungen bedacht. Malalas mutiger Einsatz hat sich zu einer internationalen Bewegung entwickelt, und der pakistanische Ministerpräsident Shahid Khaqan Abbasi nannte sie „die bekannteste Bürgerin" des Landes.

2013 sprach Malala vor den Vereinten Nationen und hatte eine Audienz bei Königin Elizabeth II. im Buckingham Palace. In diesem Jahr sprach sie auch an der Harvard University und traf sich mit dem damaligen US-Präsidenten Barack Obama und seiner Familie. Ihr Einsatz für die Bildung expandierte auf globaler Ebene, und ihre Bemühungen führten sie in viele Teile der Welt und ermöglichten es ihr, eine feste Spende für den Wiederaufbau von 65 Schulen in Gaza zu tätigen. Sie ist die Gründerin des Malala Funds, der in lokale Bildungsinitiativen für Mädchen in Pakistan, Afghanistan, Nigeria, Kenia und Jordanien investiert, wo er sich auf syrische Flüchtlinge konzentriert. 2018 kehrte Malala zum ersten Mal seit dem Angriff im Jahr 2014, bei dem sie fast ihr Leben verloren hätte, nach Pakistan zurück. Dies ist insbesondere ein mutiger Akt, wenn man die gemischten Gefühle über die jüngste Friedensnobelpreisträgerin der Welt berücksichtigt. Während sie von vielen für die Aufmerksamkeit geehrt wird, die sie weltweit auf das Bildungsniveau für Mädchen in ihrem Heimatland und in mehreren anderen Ländern gelenkt hat, gibt es in Pakistan auch viele Menschen, die sie als Störenfriedin betrachten, die man zum Schweigen bringen muss.

Paul Polmans kühne Haltung gegenüber den Aktionären

Big Deal

Wir machen eine so große Sache aus unserem Leben
Wir lassen uns vom unendlichen Streit mitreißen
Eifrig streben wir nach einer großen Rolle
In unserer Jagd nach Macht verlieren wir unsere Seele

Wir verwechseln Wohlstand mit Glück
Unsere Prioritätenliste ist ein einziges Durcheinander
Stress ist zu einem Teil unseres Alltags geworden:
Wenn wir uns nicht anschließen, werden wir nicht gesehen

Wir tanzen zu einer Melodie, die wir so gut gelernt haben
Die Musik von „Weißt du, was du verkaufst?"
Weil der Weg zu Reichtum und Ruhm
Hart ist und für keinen von uns gleich

Und obwohl wir uns dem Tod stellen müssen
Entscheiden wir uns, zu denken, dass wir ewig atmen werden
Der tägliche Kampf ist alles, was zählt:
Unsere Gewinne und wie unsere Position steigt

Aber das Leben ist kurz – zu schnell finden wir das heraus
Dann fragen wir uns, worum es eigentlich geht …

Aber die Lektionen, die wir letztendlich anderen beibringen
Werden verloren gehen und bleiben die geringsten unserer Sorgen
Und wir bemerken, selbst bevor unsere Lebenslinie bricht
Dass ein anderer unsere Fehler weiterführt ...

~ Joan Marques

Im Frühjahr 2009 wurde Paul Polman zum neuen CEO von Unilever, einem globalen Konsumgüter- und Lebensmittelkonzern, bekannt für Marken wie Lipton Tee, Ben & Jerry's Eiscreme und Hautpflegeprodukte der Marke Vaseline. Die Geschäftswelt befand sich noch immer fest in den Klauen der globalen Finanzkrise, und Polman tat, was sehr wenige CEOs wagen, insbesondere neue: Er teilte Unilevers Aktionären mit, dass sie nicht mehr mit Quartals- und Jahresabschlussberichten für den Aktienmarkt rechnen sollten. Er betonte, dass das Unternehmen jetzt eine langfristigere Sichtweise einnehmen werde, und wer damit nicht einverstanden sei, könne sein Geld woanders investieren.[6]

Kurz nach dieser kühnen Aussage sank der Aktienkurs von Unilever um 8 %, weil die Angst aufkam, dass es in einem Unternehmen, das in den letzten Jahren nicht besonders gut abgeschnitten hatte, schlechte Nachrichten geben würde. Aber Polman, der seit langem der erste Unilever-CEO war, der von außen kam und nicht intern aufstieg (er arbeitete zuvor bei Procter & Gamble und Nestlé), hörte nicht auf. Er begann, einige Aktionäre einzuladen, was in Geschäftskreisen reichlich ungewöhnlich ist und in der Firma für Aufruhr sorgte.[7]

Polman, ein großer Befürworter von Wertschöpfung und nachhaltigen Ansätzen, respektierte offen die Aktionäre, die nur darauf aus waren, ihr Geld zu vermehren, ohne sich wirklich um die Natur und das Verhalten des Unternehmens zu kümmern, in das sie investiert hatten. Er bestätigte, dass die Sklaverei schon vor langer Zeit abgeschafft wurde, sodass die Aktionäre aufhören sollten, sich so zu verhalten, als wären sie Sklavenhalter.

Während seiner Amtszeit bei Unilever sah Paul Polman seine Hauptverantwortung gegenüber einer großen Gruppe von Beteiligten, einschließlich Konsumenten aus allen Teilen der Welt und Klimaschutzaktivisten. Er nahm es als seine Führungsaufgabe an, den Umsatz von Unilever zu verdoppeln, während die Umweltauswirkungen halbiert wurden. Zu diesem Zweck legte das Unternehmen die Grundlagen für den Unilever Sustainable Living Plan.[8] Während er verstand, dass seine ambitionierten Ziele nicht vollständig während seiner Amtszeit erfüllt werden würden, spürte er, dass er einen Wechsel der Einstellung erforderlich machen musste, der dann nach ihm weiterverfolgt werden konnte.

---

[6]Boynton, A. (20. Juli 2015). Unilevers Paul Polman: CEOs können nicht 'Sklaven' der Aktionäre sein. Forbes. Abgerufen von https://www.forbes.com/sites/andyboynton/2015/07/20/unilevers-paul-polman-ceos-cant-be-slaves-to-shareholders/#53da9874561e

[7]Ibid.

[8]Sustainable Living. Unilever website. Abgerufen von https://www.unilever.com/sustainable-living/

Polman hielt seine Aussagen gegenüber den Aktionären nicht für eine Demonstration von Mut. Er bezeichnete es lieber als Führung, gab aber zu, dass Mut es ermöglicht, die Interessen anderer vor die eigenen zu stellen und bereit zu sein, verantwortungsvolle Risiken einzugehen. Polman war sich sehr bewusst, dass ein Wechsel hin zu einer massiven nachhaltigen Einstellung eine Herkulesaufgabe sein würde, die nicht über Nacht erledigt sein könnte. Er war sich bewusst, dass es viele Gegner und Skeptiker geben würde, die versuchen würden, jeden Versuch zu unterbinden, das Richtige im Geschäftsleben zu tun. Und tatsächlich erlebte er Widerstand von Unternehmen, die davon profitierten, dass alles so blieb, wie es war, wie zum Beispiel die kohlenstoffbasierte Industrie. Dennoch betrachtete er jeden Widerstand als Chance für zukünftige Zusammenarbeit.[9]

Paul Polman, der im November 2018 bekannt gab, dass er als Vorstandsvorsitzender von Unilever zurücktreten werde, kritisierte insbesondere die Lehren von Milton Friedman über den Zweck des Geschäfts, sich selbst zu dienen und Gewinn zu machen, und dies ohne weitere Rücksicht auf die Umwelt. Er war immer ein Befürworter des langfristigen Denkens und behält weiterhin eine feste Überzeugung, dass das Geschäft eine unterstützende Funktion in der globalen Wirtschaft hat, ein Bedürfnis, das sich seiner Meinung nach deutlich in der globalen Finanzkrise 2008 manifestiert hat. Polman glaubt weiterhin daran, zu dienen: dabei denen zu helfen, die sich selbst nicht helfen können. Zu den vielen Problemen, mit denen die Welt heute kämpft, gehören Ungleichheit, Armut, Jugendarbeitslosigkeit und Klimawandel; Polman ist der Ansicht, dass jeder – einschließlich der Wirtschaft – eine Rolle bei der Bekämpfung dieser Probleme spielen sollte. So konzentrierte er sich neben den Umweltbedenken auf Existenzgrundlagen und soziale Verträglichkeit. Er war besorgt über die große Anzahl von jungen Menschen, die arbeitslos sind oder in prekären Arbeitsverhältnissen leben. Er erhöhte den nachhaltigen Einkauf von Unilever von 10 % auf 60 %, gab aber während seiner Führungszeit zu, dass das Unternehmen noch einen langen Weg vor sich hat.

Um den Kreis der Aufmerksamkeit zu erweitern, beteiligte sich Polman an einer Vielzahl an Netzwerken, die viele junge Menschen und soziale Unternehmer umfassten. So traf er auf kreative Ideen und positive Beteiligung sowie auf die Hoffnung, dass die Welt sich einer allgemeinen Achtsamkeit nähert, dass wir unsere Denkmuster hin zu einem nachhaltigeren Leben ändern müssen.[10] Polman ist auch Vorsitzender des World Business Council for Sustainable Development, Mitglied des International Business Council des World Economic Forum und Mitglied des B-Teams und sitzt im Aufsichtsrat

---

[9] Boynton, A. (20. Juli 2015). Unilevers Paul Polman: CEOs können nicht 'Sklaven' der Aktionäre sein. *Forbes*. Abgerufen von https://www.forbes.com/sites/andyboynton/2015/07/20/unilevers-paul-polman-ceos-cant-be-slaves-to-shareholders/#53da9874561e

[10] Ibid.

des UN Global Compact und des Consumer Goods Forum, wo er dem Nachhaltigkeits-
ausschuss mit vorsitzt.[11]

Polmans Bemühungen wurden von aufmerksamen und nachhaltigkeitsbewussten
Quellen bemerkt. 2017 wurde er als einer der ersten „Helden des bewussten Kapitalismus" beim jährlichen CEO-Gipfel zusammen mit 27 anderen Geschäftsführern ausgezeichnet.[12] Er wurde für seinen Beitrag zur Verwirklichung einer Welt anerkannt, in
der das Geschäft sowohl als Kraft für das Gute praktiziert als auch anerkannt wird.

Ehren Watadas moralische Weigerung

Alles dreht sich ums Gehen

Alles dreht sich ums Gehen, einen Schritt nach dem anderen
Durchs Leben, durch den Tag … ein nie endender Reim
Der Weg ist uneben – hier kurvig, dort gerade
Holprig, wenn du ungeduldig bist, aber glatter, wenn du wartest

Alles dreht sich ums Gehen, einen Schritt nach dem anderen
An Tagen, die einen Dollar wert sind, und an Tagen, die einen Dime wert sind
Arbeit ist wichtig, aber noch wichtiger ist das Glück
Drum mach, was du magst; akzeptiere nichts weniger

Alles dreht sich ums Gehen, einen Schritt nach dem anderen
Kein Grund zur Eile, du bist jetzt in deinem besten Alter
Genieße jede Blume, nimm dir Zeit für ein wenig Liebe
Der Spaziergang ist bald vorbei, die Zeit fliegt wie eine Taube

Alles dreht sich ums Gehen, Schritt für Schritt
Eine Handlung mit etwas Reden, aber mehr mit Pantomime
Lange scheinen die regnerischen Tage, kurz leuchtet die Sonne
Einfach fühlt sich der Spaziergang an, erschöpfend Rennen

Alles dreht sich ums Gehen, Schritt für Schritt
Die Kunst ist es, sauber zu bleiben, unberührt vom Schmutz der Welt
Und obwohl das Fallen leicht ist – denn rutschig ist der Weg
Die Kunst ist es, aufzustehen – bis du dich vorwagst.

~Joan Marques

---

[11] Shawbel, D. (1. Nov. 2017). Unilevers Paul Polman: Warum die heutigen Führungskräfte sich einem Zweck verpflichten müssen. Forbes. Abgerufen von https://www.forbes.
com/sites/danschawbel/2017/11/21/paul-polman-why-todays-leaders-need-to-commit-to-a-
purpose/#32fb65411276

[12] Ibid.

Im Juni 2006 stand Ehren Watada vor einer monumentalen moralischen Entscheidung. Er ging nach dem Krieg im Irak zur Armee und diente ein Jahr in Südkorea, bevor er nach Fort Lewis, Washington, versetzt wurde. Watada, damals US-Army-Oberleutnant, erfuhr bald, dass seine Einheit in den Irak verlegt werden würde. Zur Vorbereitung begann er mit dem Lesen von Büchern und Artikeln über den Irak, dessen Kultur und die Gründe für die US-Beteiligung in diesem Land.

Seine ausführliche Lektüre von Büchern und Artikeln sowie Gespräche mit Veteranen, die aus dem Irak zurückgekehrt waren, boten ihm einen Einblick, der sich als weniger vorteilhaft für seinen Arbeitgeber, die US-Armee, herausstellte: Watada spürte, dass die Gründe für einen Krieg im Irak illegal und ungerecht waren, sodass er Anfang 2006 versuchte, seinen Dienst zu quittieren und erklärte, dass er ernsthaft gegen den Krieg im Irak war und diesen Krieg als rechtswidrig und unehrlich betrachtete. An diesem Krieg teilzunehmen fühlte sich daher an, aus ihm einen Komplizen von Kriegsverbrechen zu machen: etwas, das er verabscheute. Er betonte, dass sein Widerstand nicht gegen jeden Krieg gerichtet war. Nur gegen diesen. Um seinen Standpunkt zu untermauern, bot er an, in Afghanistan zu dienen. Dies wurde jedoch abgelehnt, und man bot ihm einen Schreibtischjob im Irak an, den er wiederum ablehnte.

Als Folge seiner Weigerung, wie angeordnet zu dienen, bereitete die Armee ein Kriegsgerichtsverfahren vor, mit der Möglichkeit, dass Watada bis zu 7 Jahre im Gefängnis verbringen würde, dazu aus dem Dienst entlassen würde. Trotz der anstehenden Strafe stand Watada zu seiner Entscheidung, weil er fühlte, dass es sich um eine moralisch verantwortungsvolle Entscheidung handelte. Er erklärte, dass er seinen Kindern in der Zukunft nicht sagen wollte, wie er sein Leben bedauert hatte, noch wollte er auf ein Leben mit sinnlosen Handlungen und unmoralischen Entscheidungen zurückblicken.

Als die Anklage vorgelegt wurde, stellte sich heraus, dass die Armee nicht nur versuchte, Watada wegen seiner Weigerung, im Irak zu dienen, sondern auch wegen seiner öffentlichen Kritik an der Armee in den Medien zu bestrafen. Durch dies beabsichtigte die Armee, eine starke Botschaft an andere in militärischen Diensten zu senden, dass die Kritik an einem Krieg oder einer Entscheidung, eine Nation in den Krieg zu führen, zu schweren Strafen führen könnte.

Im Gerichtssaal bezeichnete der Armeeankläger Watadas Handlungen als herablassend gegenüber dem Präsidenten und behauptete, dass Watadas öffentliche Ankündigungen die Moral in seiner Einheit zerstört hätten. Es schien, dass die wichtigste Aufgabe der Armee in diesem Fall darin bestand, Watada als warnendes Beispiel für zukünftige Vorkommnisse zu verwenden, um so das militärische Personal davon abzuhalten, Entscheidungen der Armee zu kritisieren. Im Gerichtssaal wurden mehrere Parteien angehört, sowohl von der einen als auch von der anderen Seite: Personen aus der Wissenschaft, aus dem Militär und aus anderen zivilen Disziplinen, die die Kriegsführung im Iraq kategorisch als rechtswidrig und unmoralisch einstuften, aber auch militärische Personen, die sich Sorgen über Watadas Haltung und seinen Umgang mit seinem Arbeitgeber machten. Im Februar 2007 wurde Watada vor ein Kriegsgericht gestellt, wobei der Fall ergebnislos endete.[13]

Er stand wegen dreier Anklagepunkte vor Gericht, einer wegen unterlassener Bewegung (Verweigerung, am Krieg im Iraq teilzunehmen) und zwei wegen „unangemessenen Verhaltens eines Offiziers und eines Gentlemans", im Zusammenhang mit Watadas öffentlichen Kommentaren, in denen er seinen Arbeitgeber (den Präsidenten der USA) und den Krieg kritisierte.

Der Richter entschied letztendlich, dass das Kriegsgericht nicht in der Lage war, die Frage zu entscheiden, ob der Einsatzbefehl rechtswidrig war, und strich Watadas Zustimmung als ein Schuldeingeständnis. Der Richter gewährte anschließend den Antrag auf ergebnislosen Prozessabbruch.

Die Armee ließ die Angelegenheit nicht auf sich beruhen, wie der Richter sie entschieden hatte, und setzte ein neues Kriegsgericht an, das mehrfach aufgrund der Einrede von Watadas Verteidiger wegen doppeltem Prozess verschoben wurde. Die Armee stellte jedoch fest, dass ein ergebnisloser Prozess keine Entscheidung ist. Die Verteidigung von Watada wies darauf hin, dass die Gefahr mit der Beweisaufnahme verbunden war, die dazu geführt hatte. Der Bezirksrichter Benjamin Settle erklärte daher Lt. Watadas Einrede wegen doppeltem Prozess für gültig. Auf dieses Urteil hin ging die Armee in die nächste Instanz, aber zu diesem Zeitpunkt hatte die Obama-Administration das Amt übernommen, und das Justizministerium bat das Gericht, den Fall fallenzulassen.

Zwei Jahre später, 2009, wurde Watada von der Armee unter „Other-Than-Honorable" (OTH)-Bedingungen entlassen, die der am wenigsten vorteilhafte Typ einer Armee-Verwaltungsentlassung ist. Während die OTH-Entlassung nicht das war, was Watada gewollt hätte, äußerte er seine Dankbarkeit, dass die Angelegenheit nicht in einer Haftstrafe oder Schlimmerem endete.[14]

Während des gesamten Verfahrens erhielt Ehren Watada starke Reaktionen, sowohl positiv als auch negativ, von vielen Seiten, sowohl von Individuen wie Organisationen. Prominente wie Sean Penn, Jane Fonda und Tim Robbins und Organisationen wie die ACLU, Iraq Veterans against the War und Veterans for Peace waren dabei sehr laut. Amnesty International gab sogar eine Erklärung ab, dass Watada im Falle einer Verurteilung als politischer Gefangener betrachtet werden würde. Auf der anderen Seite fühlten sich mehrere japanischamerikanische Veteranen durch Watadas Handlungen beschämt.[15] Doch während des Aufruhrs, der mehrere Jahre andauerte, behielt Watada seine Haltung bei und fand letztendlich nach der Entlassung Frieden in seinem Leben. Er betreibt derzeit ein Restaurant in Las Vegas.

---

[13] *Court Martial of Lt. Ehren Watada Ends with A Surprise. Hawaii News Now.* Retrieved from http://www.hawaiinewsnow.com/story/6055734/court-martial-of-lt-ehren-watada-ends-with-a-surprise-conclusion

[14] The Associated Press (26 Sept 2009). Army Officer Who Refused Iraq Duty Is Allowed to Resign. *New York Times.* Retrieved from https://www.nytimes.com/2009/09/27/us/27discharge.html

[15] Ibid.

Der Mut der rechten Rede

Es erfordert Mut, sich für rechte Rede einzusetzen. Viel Mut. Zweifellos gibt es Beispiele, die Sie sich vorstellen können, in denen Sie geschwiegen oder etwas gesagt haben, dem Sie nicht wirklich zustimmten, weil das Risiko, das Richtige zu sagen, zu große Verluste verursachen könnte. Insbesondere wenn Ihr Lebensunterhalt davon abhängt, können Sie sich der rechten Rede entziehen. Die rechte Rede erfordert ein Gefühl von Gerechtigkeit, das größer ist als die Angst, die damit verbunden ist. Wenn wir die vier in diesem Kapitel besprochenen Personen betrachten, sehen wir interessante Gemeinsamkeiten: Sie alle glaubten an ihren Grund, die rechte Rede zu verwenden, sie alle wussten, dass ein Risiko bestand, und sie alle entschieden sich dafür, dass sie die Konsequenzen akzeptieren würden.

Von den vier im Kapitel beschriebenen Beispielen hat Malala bisher die größten Heimsuchungseffekte erlitten, während Binta Niambi Brown das Glück hatte, dass ihre rechte Rede am Ende geschätzt und sogar belohnt wurde. Im Fall von Paul Polman wandelte er ebenfalls auf Messers Schneide, indem er die Aktionäre verärgerte und seinen Job riskierte, aber bisher sieht es für Polman gut aus. Ehren Watada litt jahrelang unter Unsicherheit und drohender Bestrafung durch eine Organisation, die keine Widerworte von Mitgliedern duldet. Obwohl er schließlich unter ungünstigeren Bedingungen kündigen konnte, entging er einer Haftstrafe.

Jede der in diesem Kapitel besprochenen Personen zeigte dadurch das, was die Mehrheit in ihrer Position nicht tut: Heroismus. Als mutige Einzelgänger stellten sie sich gegen eine größere Organisation und äußerten ihre Meinung, angetrieben von einem tief verwurzelten Gewissen. Für jede dieser Personen wird klar, dass sie sich für die rechte Einsicht entschieden haben, das Bedürfnis verspürten, ihre rechte Absicht zu zeigen, und sich daher aus einem Streben heraus für die rechte Rede entschieden haben, um recht zu handeln, um sich und ihre Lieben auf rechte Weise zu ernähren, um die rechte Anstrengung zu unternehmen, um die rechte Achtsamkeit zu üben und von der rechten Konzentration angetrieben zu werden.

Möge uns allen der Mut zuteilwerden, uns für die rechte Rede und die damit verbundenen Verhaltensweisen einzusetzen.

Rechtes Handeln

6

Wahre Wunder

Obwohl wir eine Tendenz haben
Nur das Außergewöhnliche als Wunder zu betrachten
Die wir bewahren sollten
Sollten wir uns alle mittlerweile bewusst sein
Was wir nicht leugnen können
Was wir einfach nicht ignorieren können …

Wahre Wunder sind überall um uns herum
Und so leicht zu finden
In den kleinsten Dingen, die wir teilen:
Ein lächelndes Kind, eine helfende Hand
Ein Geist, der verstehen will
Das Geschenk der Liebe und Zuwendung

Ein wahres und ehrliches Wunder
Macht Gebende und Beschenkte lyrisch
Und entfacht einen Glanz der Gnade
Es kann kurzlebig oder launisch erscheinen
Aber es wird auf jeden Fall
Ein Lächeln auf jedes Gesicht zaubern

Das größte Wunder von allen
Ist, dass, ganz gleich wie klein,
Wir alle Wunder erschaffen können
Indem wir gute Absichten beitragen
Und positive Dimensionen hinzufügen
Indem wir sie fördern
~Joan Marques

Rechtes Handeln beginnt, interessant genug, mit der Einstellung des Handelns, das uns selbst und andere verletzt. Rechtes Handeln könnte weit gefasst werden und erfordert eine sorgfältige Prüfung unseres Verhaltens. Rechtes Handeln umfasst den Schutz des Lebens und die Erhaltung des Wohlergehens aller lebenden Kreaturen im weitesten Sinne des Wortes. In buddhistischen Kreisen besteht rechtes Handeln aus drei Hauptüberlegungen: kein Töten, kein Stehlen, kein sexuelles Fehlverhalten. Wenn wir tiefer in dieses Thema eintauchen, bedeutet es wirklich, nicht zu töten (egal, welche Lebewesen), kein Stehlen, kein Beleidigen, kein Lügen, kein Betrügen, keine üble Nachrede, keine harten Worte, kein Manipulieren, weder niederträchtige Gedanken noch Verhalten oder jegliche Art von Fehlverhalten.

Da wir ständig in allen möglichen Situationen gefangen sind, ist es nicht immer einfach, recht zu handeln, besonders wenn wir bedenken, dass rechtes Handeln in vielen Fällen eine persönliche Beurteilung ist. Lassen Sie uns als Beispiel das Thema Töten genauer betrachten. Töten ist ein extrem weites Thema, denn es betrifft nicht nur eine Person, die die andere tötet. Töten umfasst auch die Praxis des Tötens aus Vergnügen, was oft passiert, wenn Menschen jagen oder fischen, und viele Menschen reagieren unbehaglich, wenn wir zu diesem Aspekt des Tötens kommen. Wenn wir jedoch bedenken, dass alles Leben kostbar ist, nicht nur unser eigenes, und nicht nur das Leben von Menschen, dann ergibt diese Einstellung Sinn! Rechtes Handeln ist in unseren Zeiten wichtiger, weil unser kollektives Fehlhandeln zu massiven Problemen wie dem Klimawandel und dem Aussterben und der Zerstörung vieler unschuldiger Leben aufgrund unbedachter Verhaltensweisen geführt hat.

Die Menschheit hat sich auf vielen Gebieten weiterentwickelt, aber leider oft auf Kosten anderer Wesen. Heute ist das Ungleichgewicht bei den Einkommen größer denn je, was bedeutet, dass einige für den Wohlstand anderer bezahlen. Menschen und Tiere in vielen Teilen der Welt werden täglich Opfer derer, die sich daran gewöhnt haben, das, was sie als Ressourcen für ihr Geschäft oder ihr Vergnügen betrachten, abzubauen und zu töten. Die unermessliche Zerstörung von natürlichen Ressourcen in unseren wenigen weltweit existierenden Regenwäldern ohne angemessene Erneuerung, zum Beispiel, hat ihren Tribut gefordert, und da wir nicht auf einer Insel leben, werden wir alle letztendlich die negativen Auswirkungen dieses gedankenlosen Handelns zu spüren bekommen.

Ray Andersons grüne Bemühungen

Nichts Neues

Wir sind mit dem Ziel geboren, zu ‚besitzen'
Weil wir einen körperlichen Rahmen bekommen haben
Den wir schätzen und anbeten gelernt haben
Als ob das alles wäre, was wir sind
So wird unser Leben zu einem ständigen Rennen

Hinterherjagen nach Besitztümern, Menschen und Stolz
Wir sammeln alles, um uns zu fühlen
Dass die ‚physisches-Selbst'-Illusion real ist
Und die meisten von uns sind diesem Trend ergeben
Bis der Tag kommt, an dem es alles zu Ende sein muss
Der Tag, an dem wir das Rennen aufgeben müssen
Und all die Besitztümer, Menschen und Stolz
Und dann müssen wir auch den Körper aufgeben
Es ist eine alte, wiederkehrende Geschichte. Nichts Neues.
~Joan Marques

Ein amerikanischer Geschäftsführer, der den Weg zum rechten Handeln erst später im Berufsleben entdeckte, ist Ray Anderson. 1973 gründete er Interface, ein Unternehmen, das zum weltweit größten Anbieter von Teppichfliesen heranwachsen sollte. Damals wusste er noch nicht, oder es interessierte ihn auch nicht, dass er einmal „der umweltbewussteste Chief Executive in Amerika" genannt und für seine Rolle als Vorbild als eine umweltbewusste Führungspersönlichkeit mit zahlreichen Auszeichnungen bedacht werden würde.[1] In den ersten zwei Jahrzehnten seines Bestehens war Interface stark profitorientiert. Ja, Anderson erfüllte die gesetzlichen Vorgaben der Unternehmensdienste, aber wie es damals üblich war, interessierte er sich nicht wirklich für die Umwelteffekte der Aktivitäten seines Unternehmens.

Alles änderte sich jedoch 1994, als ein Team von Mitarbeitern ihm Fragen von Kunden über die Umweltvision von Interface zukommen ließ, die zu diesem Zeitpunkt völlig fehlte. Als Anderson mit diesen bohrenden Fragen konfrontiert wurde, stieß er auf eine Reihe von Büchern, wie Paul Hawkens *The Ecology of Commerce* und Daniel Quinns *Ishmael* über die zerstörerischen Auswirkungen des Menschen auf den Planeten Erde, die einen kompletten Paradigmenwechsel in Anderson auslösten. Anderson wurde sich über das immense Verbrechen klar, das so viele Unternehmen an unserer Umwelt begehen, ohne dafür bestraft zu werden, und entschied sich, die Veränderung zu sein, die er in der Welt sehen wollte. Er startete seine Mission, Teppiche nachhaltig herzustellen; etwas, das sich erst allmählich von einer vorherigen „Unmöglichkeit" in einen erreichbaren Traum verwandelte, weil die Teppichherstellung naturgemäß sehr umweltschädlich ist.[2]

In den nächsten 17 Jahren betrieb Anderson auf vielen Ebenen die Sensibilisierung für nachhaltige Entwicklung: Er arbeitete intern mit seinen Mitarbeitern und Lieferanten, aber auch extern durch Präsentationen, Bücher und Artikel, um andere CEOs dazu zu

---

[1] *$ 5 Mio. Zusagen benennen Ray C. Anderson Center for Sustainable Business* (30. Januar 2015). *Georgia Tech News Center.* Abgerufen von http://www.news.gatech.edu/2015/01/30/5-million-commitment-names-ray-c-anderson-center-sustainable-business.

[2] Langer, E. (10. August 2011). Ray Anderson, „umweltbewusstester CEO in Amerika", stirbt mit 77 Jahren. *The Washington Post* Nachrufe. Abgerufen von http://www.washingtonpost.com/local/obituaries/ray-anderson-greenest-ceo-in-america-dies-at-77/2011/08/10/gIQAGoTU7I_story.html.

ermutigen, das Gleiche zu tun. Dazu wurde er ermutigt, nachdem er gelesen hatte, dass die gleiche Quelle, die durch einen „take-make-waste"-Ansatz (Business) die Zerstörung verursacht hat, auch der Initiator einer Wiederherstellung der Krise in der Biosphäre sein könnte.[3] Das interne Projekt für erhöhten Respekt vor der Umwelt wurde von einer Arbeitsgruppe umgesetzt und „Climbing Mount Sustainability" genannt. Der Plan bestand aus sieben Schwerpunkten: 1) Beseitigung von Abfällen; 2) Beseitigung toxischer Substanzen aus Produkten, Fahrzeugen und Einrichtungen; 3) Betrieb von Einrichtungen mit erneuerbarer Energie; 4) Neugestaltung von Prozessen und Produkten, um einen verantwortungsvolleren Produktionszyklus zu sichern; 5) Steigerung der Effizienz, um Abfälle und Emissionen zu reduzieren; 6) Schaffung einer Kultur, die nachhaltige Prinzipien integriert und alle Akteure daran beteiligt; und 7) Schaffung eines neuen Geschäftsmodells, das den Wert von nachhaltigem Handel demonstriert und unterstützt.[4]

Interface ist es gelungen, sich in seiner Nachhaltigkeitsreise von weniger als 1 % Rohstoffen aus Recycling- und erneuerbaren Quellen auf 49 % zu steigern.[5] Nicht alle Bemühungen wurden belohnt. Einige Prozesse, die anfangs aufregend und fortschrittlich schienen, stellten sich als bloße Vergrößerer des ökologischen Fußabdrucks des Unternehmens heraus und mussten eingestellt werden. Ähnlich tauchten einige Wunder auf, von denen das Interface-Team nie erwartet hatte, dass sie das Licht der Welt erblicken würden. Ein Jahr vor seinem Tod schrieb Anderson eine Rückschau über die Rolle von Unternehmen und Industrien in der Umweltnachhaltigkeit, in der er die Leistungen von Interface Inc. für das Ziel der Null-Umweltauswirkungen hervorhob. Zu diesem Zeitpunkt hatte Interface seine Treibhausgasemissionen um 44 % und seinen Wasserverbrauch um 80 % gesenkt. Anderson glaubte fest daran, dass die Wirtschaft die wesentliche Ursache und gleichzeitig die Lösung für die Umweltzerstörung ist. In seinem Artikel bestätigte Anderson, dass er einer der Geschäftsleute sein würde, die weiterhin Bemühungen für die Nachhaltigkeit unternehmen würden.[6]

Ray Anderson verstarb 2011, aber Interfaces Mission, bis 2020 vollständig nachhaltig zu werden, ist noch immer in vollem Gange. Andersons unermüdliche Bemühungen, in den letzten zwei Jahrzehnten seines Lebens die Aufmerksamkeit auf die unternehmerische Gesellschaftsverantwortung (CSR) zu lenken, sind nicht unbemerkt geblieben. Im Jahr 2013, zwei Jahre nach seinem Tod, stiftete der US Green Building

---

[3]Anderson, R. (2007). *Doing Well by Doing Good*, in Church, D. (Hrsg.), *Einstein's Business: Engaging Soul, Imagination, and Excellence in the Workplace*. Elite Books, Santa Rosa, CA.

[4]Ibid.

[5]Davis, M. (3. September 2014). Radikale Industrielle: 20 Jahre später blickt Interface auf Ray Andersons Erbe zurück. *Greenbiz.com*. Abgerufen von http://www.greenbiz.com/blog/2014/09/03/20-years-later-interface-looks-back-ray-andersons-legacy.

[6]Anderson, R. C. (April 2010). Earth Day, Then and Now. Sustainability: *The Journal of Record*. S. 73–74.

Council (USGBC) den jährliche Radical Industrialism Award 2013 zu Ehren von Ray Anderson, um einen Pionier der Unternehmensnachhaltigkeit gewürdigt zu haben, der maßgeblich an der Entwicklung der LEED-Zertifizierung für grüne Gebäude beteiligt war. Der Preis wird von der Ray C. Anderson Foundation gesponsert und wird jedes Jahr an einen Wirtschaftsführer in der Fertigungsindustrie verliehen, dessen Engagement und Erfolge in der Nachhaltigkeit Rays Vision verkörpern, die Nachhaltigkeit ins Herz des Unternehmens zu integrieren.[7]

Jeremiah Kimbugwes gesundheitsbewusste Initiative

Das Leben ist deins …

Hast du dich jemals gefragt, auf einer Wolke zu sitzen?
Über Länder und Meere treiben,
auf Berge und Bäume herabblicken …

Hast du dich jemals auf den Rücken in den Sand gelegt?
Mit Blick in den Himmel über dir …
nichts anderes als reine, tiefe Liebe spürend …

Hast du dir jemals vorgestellt, der höchste Zweig in einem Baum zu sein?
Wehend im Wind …
stolz, hoch und entfernt …

Hast du jemals einen Duft geliebt, der einzigartig war?
Brennender Sand auf einer Ebene …
heißer Asphalt im Regen …

Suchst du immer noch unter Bäumen und zwischen Blättern?
Nach Zwergen in Rot und Weiß,
und Elfen, federleicht …

Schauen deine Augen oft …
Suchen Sie den Himmel ab …
nach UFOs, die vorbeifliegen …

Erlaubst du dir, zu träumen
Egal wie hart das Leben manchmal erscheinen mag?
Halte das Kind in dir am Leben …

---

[7] Colgate-Palmolive (30. November 2015). Colgate-Palmolive erhält Sustainability Leadership Award auf der Greenbuild Conference 2015. *Business Wire* (Englisch).

Das ist das Geheimnis hinter jedem Schwung.
Dieses Leben ist deins, mein Freund …
Genieße es bis zum Ende.

~Joan Marques

Ein hervorragendes Beispiel für einen jungen Führer, der „rechtes Handeln" lebt, ist Jeremiah Kimbugwe, der zum Zeitpunkt des Verfassens dieses Kapitels (2018) erst 25 Jahre alt ist, aber bereits in mehreren konstruktiven Projekten in seinem Heimatland Uganda involviert ist. Jeremiah ist Sozialarbeiter, hat einen Abschluss in sozialer Entwicklung und konzentriert sich darauf, gesunde Veränderungen herbeizuführen und mit Sovhen Uganda zusammenzuarbeiten, einer registrierten nationalen Nichtregierungsorganisation, die in den Slums von Kampala City und anderen entlegenen Gebieten in Uganda tätig ist. Sein Ziel ist es, unter den Jugendlichen eine positive Transformation herbeizuführen mit dem Ziel, eine friedliche, geeinte und gesunde Welt zu schaffen. In seinen eigenen Worten:

> Als kürzlich Graduierter trat ich der Sache bei, um unter meinen jugendlichen Mitstreitern eine positive Transformation herbeizuführen mit dem Ziel, eine friedliche, geeinte und gesunde Welt zu schaffen – eine, die benachteiligten Kindern und Jugendlichen eine Chance gibt, sich zu äußern und an den sozioökonomischen Entwicklungsentscheidungen, die sie betreffen, beteiligt zu sein.[8]

Uganda steht vor einer Reihe von Problemen im Zusammenhang mit unzureichender Gesundheitsversorgung, Bildung und wirtschaftlichen Chancen. Es gibt viele Bedürfnisse, aber auch junge Mitglieder wie Jeremiah in der Gemeinschaft, die großes Potenzial, Widerstandskraft und Kreativität für den Fortschritt zeigen.[9] Als er erst 17 Jahre alt war, engagierte sich Jeremiah freiwillig bei World Vision Uganda und diente dort als Assistent für das Kindersponsoring. Hier wurden möglicherweise einige wichtige Samen gepflanzt, denn als er an der Universität eingeschrieben war, entschied er sich, seine Freunde zu mobilisieren, um eine Vereinigung zu gründen, die sich schnell in eine gemeinnützige Organisation mit Mitgliedern aus aller Welt entwickelte. Er vertrat die Organisation in einem von der Internationalen Arbeitsorganisation (ILO) organisierten Wettbewerb für Jugendliche. Dank seiner überzeugenden Geschichte gewann Jeremiah unter 400 teilnehmenden gemeinnützigen Organisationen.[10]

Eines der Projekte, die Jeremiah überwacht, ist ein Projekt zur Herstellung von hygienischen Tampons, was eine Lösung für gefährliche und unhygienische Zustände

---

[8] Kimbugwe, J. (12. Dezember 2017). Hilfe in meinem Heimatland. *The Huffington Post.* Abgerufen von https://www.huffingtonpost.com/kimbugwe-jeremiah/post_3309_b_1475859.html.

[9] Jeremiah Kimbugwe. Abgerufen von https://www.huffingtonpost.com/author/kimbugwe-jeremiah.

[10] Kimbugwe, J. (12. Dezember 2017). Hilfe in meinem Heimatland. *The Huffington Post.* Abgerufen von https://www.huffingtonpost.com/kimbugwe-jeremiah/post_3309_b_1475859.html.

für junge Frauen in seinem Heimatland darstellt. Die hygienischen Tampons werden aus lokalen Materialien hergestellt und sind umweltfreundlich, um die Natur zu schützen und zu bewahren. Mit diesem Projekt konzentriert sich Jeremiah auf die Bildung von Mädchen und die Einkommensgenerierung, da die Verfügbarkeit von hygienischen Tampons die Schulbesuchsrate von Mädchen verbessert, die hohe Abbrecherquote bekämpft und Beschäftigungsmöglichkeiten für lokale Frauen schafft. Jeremiah ist sich bewusst, dass es wichtig ist, Mädchen in der Schule zu halten, um die zukünftige Stärke des Landes sicherzustellen. Die von Jeremias Organisation geschaffenen Arbeitsplätze generieren nicht nur Einkommen, sondern konzentrieren sich auch darauf, die Frauen selbst zu Unternehmerinnen auszubilden.[11]

Ein weiteres Projekt, für das sich Jeremiah begeistert, ist ein gemeindebasiertes Gesundheitszentrum, das errichtet wurde, um die hohe Verbreitung von Malaria in seiner Gemeinde zu bekämpfen. Jedes dieser Projekte zielt darauf ab, erschwingliche Artikel herzustellen und gleichzeitig Beschäftigungsmöglichkeiten für die jungen Mütter zu schaffen und die jungen Mädchen davon abzuhalten, die Schule zu verlassen. Ein drittes Projekt, an dem Jeremiah beteiligt ist, ist ein von Freiwilligen durchgeführtes Unternehmensentwicklungsprojekt, das darauf abzielt, jungen Menschen unternehmerisches Wissen zu vermitteln.[12] Mehrere der ausgebildeten Teilnehmer haben seitdem eigene Unternehmen gegründet oder die Unternehmen, die sie vorher hatten, verbessert. Jeremiah sieht das als ein Zeichen der Entwicklung in seiner Karriere und als Inspiration, weiterhin für Unternehmertum in den Gemeinden, in denen er tätig ist, einzutreten.

Kreativ, wie sie sind, schufen Jeremiah und sein Team ein Programm, das sie SEED nannten: Saving for Education, Entrepreneurship and Down Payment. Schulkinder erhalten kleine Kästen mit Zahlen und führen zu Hause mithilfe ihrer Eltern kleine Projekte durch, um für ihre grundlegenden Bildungsbedürfnisse zu sparen. Jeremiah behauptet:

> Wie ich meinen Freunden immer gesagt habe, werden Möglichkeiten kommen und an unsere Türen klopfen, und wenn wir nicht bereit sind, werden sie an die Türen anderer Leute klopfen, bis sie jemanden finden, der bereit ist, die Herausforderung anzunehmen.[13]

Jeremiahs Projekte basieren alle auf seiner Überzeugung, dass die Stärkung der Kapazitäten die Grundlage erfolgreicher Entwicklung ist. Er möchte Ugandern Mut machen, ihnen eine Stimme geben und ihre Energie dafür einsetzen, eine bessere Zukunft zu gestalten. Mit kleinen Schritten, Bescheidenheit und einem starken Glauben an seine

---

[11] Jeremiah Kimbugwe. Abgerufen von https://www.huffingtonpost.com/author/kimbugwe-jeremiah.

[12] Jeremiah Kimbugwe. Abgerufen von https://www.oneyoungworld.com/profile-main/19872.

[13] Kimbugwe, J. (12. Dezember 2017). Hilfe in meinem Heimatland. *The Huffington Post.* Abgerufen von https://www.huffingtonpost.com/kimbugwe-jeremiah/post_3309_b_1475859.html.

Peers glaubt Jeremiah daran, dass er damit beginnt, stärkere und stabilere Gemeinschaften aufzubauen.[14]

Kenton Lees Schuhe, die wachsen

Glück

Glück ist nicht zu verkaufen
Es ist nicht an bestimmte Dinge gebunden
Wie unseren Job, unsere Beziehungen
Oder auch unsere Wohngegend
Es ist nicht an unseren Kontostand gebunden
Unseren Bildungsstand
Oder unseren Status in der Gesellschaft
Und es schleicht sich nicht einfach in unsere Seele
An einem sonnigen Sommermorgen
Während eines ruhigen Spaziergangs

Glück liegt in uns selbst
Es ist die Erkenntnis, dass alles
Zur richtigen Zeit geschieht
Und dass im Nachhinein
Sogar die unverständlichste Tat
Einen Sinn ergeben wird
Es ist Dankbarkeit für alles, was wir sind
Zufriedenheit mit unserem Leben heute
Und die Erkenntnis, dass dieser Moment
Sowieso so sein sollte, wie er ist

Dennoch kann Glück eine Herausforderung sein
Wenn wir bedenken, dass alle 3,6 Sekunden
Jemand an Hunger stirbt
Wenn wir erkennen, wie viele Lebewesen
Jeden Tag misshandelt und getötet werden
Aufgrund unserer massenhaften Ignoranz
Sollen wir wegschauen?
Sollen wir es einfach vergessen?
Bedeutet Glück: Mir ist es egal
Wenn es weit weg von meinem Bett zu sein scheint?
                                                     ~Joan Marques

Es war während seiner Arbeit in einem Waisenhaus in Kenia 2007, dass Pastor Kenton
Lee seine Eingebung zu einem megarechten Handeln hatte: Er sah ein kleines Mädchen

---

[14] Jeremiah   Kimbugwe.   Abgerufen   von   https://www.huffingtonpost.com/author/kimbugwe-
jeremiah.

mit Schuhen, die viel zu klein für sie waren. Ihre Eltern konnten sich jedoch keine neuen oder größeren leisten. Als er weiter umher sah, entdeckte er, dass viele Kinder in dem Dorf, wo er arbeitete, entweder barfuß oder mit Schuhen herumliefen, die schon lange ihre besten Zeiten gesehen hatten. Dies war besonders beunruhigend, wenn man bedenkt, wie viel Schmutz und Krankheiten viele Kinder ausgesetzt sind, wenn sie stundenlang barfuß oder mit kaputten Schuhen in Bergregionen, Grasland oder Sümpfen herumlaufen.

Das Bild des kleinen Mädchens mit Schuhen, die viel zu klein für ihre Füße waren, blieb Lee in Erinnerung, und als er in seine Heimatstadt Idaho zurückkehrte, entwickelte er die Idee, einen Schuh zu entwerfen, der im Laufe der Zeit wachsen würde, sodass ein Kind ihn über viele Jahre hinweg ohne Probleme tragen könnte. Er stellte ein frühes Konzept von „dem Schuh, der wächst" mehreren Schuhunternehmen vor, darunter Nike und Adidas, aber keines von ihnen war interessiert.[15] Dennoch ließ er sich nicht entmutigen, und er versammelte ein kleines Team, mit dem er weiter an Prototypen arbeitete. Das Team arbeitete zusammen mit einem in Oregon ansässigen Schuhdesignstudio namens Proof of Concept und konzentrierte sich auf drei Hauptqualitäten: Dieser Schuh musste 1) so viel wie möglich wachsen, 2) so lange wie möglich halten und 3) so wenig wie möglich kosten.[16] Es dauerte 5 Jahre mit eigener Forschung und Untersuchungen, bis „der Schuh, der wächst" entstand, aber sobald er da war, garantierte er fünf Schuhgrößen in einem und stellte eine genial einfache Lösung dar: ein Paar Sandalen, die sich so leicht ausdehnen wie ein Gürtel![17] Der „Schuh, der wächst" hat drei Bereiche, in denen er sich ausdehnen kann: der vordere Bereich, der verstellbar ist; die Seiten, an denen Schnallen befestigt sind, um eine größere Breite zu ermöglichen; und die Rückseite, die mit einem Riemen ausgestattet ist.[18] Das Obermaterial besteht aus genutetem Leder, ähnlich wie bei einem Paar Birkenstock-Sandalen mit Schnallen. Die Sohle besteht aus langlebigem gepresstem Gummi, ähnlich wie bei Reifen. Die Schuhe sind in zwei Größen erhältlich, small und large, wobei die Größe small für Kinder vom Kindergarten bis zur vierten Klasse geeignet ist und die Größe large von der fünften Klasse bis zur neunten Klasse hält.[19] Mit seinem „Schuh, der wächst" wollte Kenton

---

[15] Der Schuh, der wächst: Unsere Geschichte beginnt 2007 in Nairobi, Kenia … Abgerufen von https://theshoethatgrows.org/about-us/.

[16] Wilson, M. (22. Mai 2015). Für nur 12 US$ werden diese Schuhe mit Ihrem Kind wachsen. *FastCompany*. Abgerufen von https://www.fastcompany.com/3046506/for-just-12-these-shoes-will-grow-with-your-kid.

[17] Ibid.

[18] Chhabra, E. (30. Juni 2015). Der Schuh, der immer weiter wächst: Lösungen für alltägliche Probleme finden. *Forbes*. Abgerufen von https://www.forbes.com/sites/eshachhabra/2015/06/30/the-shoe-that-keeps-on-growing-finding-solutions-to-everyday-problems/#38478d4a7cb1.

[19] Wilson, M. (22. Mai 2015). Für nur 12 US$ werden diese Schuhe mit Ihrem Kind wachsen. *FastCompany*. Abgerufen von https://www.fastcompany.com/3046506/for-just-12-these-shoes-will-grow-with-your-kid.

Lee vor allem für Kinder in ärmeren Teilen der Welt eine größere und längere Sicherheit gewährleisten.

Nachdem das Modell vorbereitet war, gründete Kenton zusammen mit seinem Team eine gemeinnützige Organisation namens Because International und begann damit, Geldmittel zu beschaffen, um eine große Anzahl dieser Schuhe herzustellen und sie bedürftigen Kindern zu spenden. Als dieses Kapitel verfasst wurde, hatte er 100.000 Paar Schuhe an Kinder in 89 Ländern gespendet.[20]

Der Schuh, der wächst, unterscheidet sich in vielerlei Hinsicht von Tom's Shoes: Er ist langlebiger, dehnt sich aus und kann daher länger getragen werden, und wird zu einem niedrigeren Preis (15 US$) angeboten, was die Spende attraktiver macht. Und er wird in großen Mengen an Länder wie Mexiko, Malawi, Indien und Kambodscha gespendet.[21]

Zu seiner Überraschung stellte sich heraus, dass es in den USA auch Interesse an „dem Schuh, der wächst" gab! Trotzdem sind Lee und seine Organisation, obwohl diese Schuhe langlebig sind, sich der Marketing-Einflüsse bewusst, denen die Jugendlichen in den USA ausgesetzt sind, die sie bald dazu veranlassen werden, ihre Schuhe gegen andere, modischere Schuhe auszutauschen, selbst wenn sie noch völlig tragbar sind.

Heute ist Kenton Lee nicht nur der Gründer von „dem Schuh, der wächst", sondern er fungiert auch als gefragter Redner, der junge Menschen dazu ermutigt, ihre sozial-unternehmerischen Fähigkeiten zu erkunden, um die Welt ein bisschen besser zu machen, selbst wenn sie nicht denken, dass sie dazu in der Lage sind. Er betont kleine Dinge, die einen großen Unterschied ausmachen und hat seine Geschichte sowie einige andere Beispiele als Illustration. Am wichtigsten ist, dass er betont, dass man nicht unbedingt einen sehr hohen Bildungsabschluss haben muss, um einen großen Unterschied zu machen.[22]

Arpit Dhupars Lösung für die Luftverschmutzung

Stirnrunzeln

Ungleichheit ist der bittere Samen
Der unsere Welt überrannt hat
Als ein störrisches, unzerstörbares Unkraut
Das von der Mentalität
Des despotischsten Herrschers befruchtet wird

---

[20] *Rave Speakers: Kenton Lee.* Abgerufen von https://www.ravespeakers.com/kenton-lee/.

[21] Chhabra, E. (30. Juni 2015). Der Schuh, der immer weiter wächst: Lösungen für alltägliche Probleme finden. *Forbes.* Abgerufen von https://www.forbes.com/sites/eshachhabra/2015/06/30/the-shoe-that-keeps-on-growing-finding-solutions-to-everyday-problems/#38478d4a7cb1.

[22] *Rave Speakers: Kenton Lee.* Abgerufen von https://www.ravespeakers.com/kenton-lee/.

Den man sich vorstellen kann:
Die Menschheit
Geduldet von einer Gesellschaft
Die in einer hinterhältigen Erzählung gefangen ist
Gefördert und ungehindert

Die diesen widerwärtigen Unsinn rechtfertigt
Als ob es die einzige Wahrheit wäre
Unzerbrechlich und unverwechselbar:
Wahnsinn
Überlegenheit versus Unterlegenheit
Reichtum versus Armut
Privilegien versus Benachteiligung
Überfluss versus Hungersnot:
Unsere kollektive Realität
Bequem aufrechterhalten ...
Alltäglichkeit!
~Joan Marques

Arpit Dhupar ist ein Maschinenbauingenieur, der auf seiner LinkedIn-Seite darauf hinweist, dass jede Innovation durch einen starken Geschäftsplan unterstützt werden muss, um die Massen zu erreichen. Er fügt hinzu, dass Technologie ein wesentliches Instrument sein kann, um einige der dringendsten Herausforderungen zu bewältigen, denen die Gesellschaft derzeit gegenübersteht. Es ist auch sein fester Glauben, dass die weltweit größten Probleme durch relativ einfache Technologien gelöst werden können.

Dhupar hat 2014 seinen Abschluss als Maschinenbauingenieur gemacht und seitdem konsequent daran gearbeitet, das Leben der Menschen zu verbessern. Eines seiner Projekte an der Universität war die Schaffung einer Landwirtschaftsmaschine, die den Düngerverbrauch auf Reisfeldern um 40 % reduzieren und die Ernte um 25 % steigern konnte. Aufgrund seiner anhaltenden Bemühungen hat Arpit verschiedene Auszeichnungen der American Society of Mechanical Engineers, des Department of Science and Technology, Lockheed Martin, FICCI und anderer erhalten.

Arpit ist leidenschaftlich an Forschung und Entwicklung interessiert und arbeitet an mehreren Projekten, die zum Wohlergehen der Gesellschaft beitragen und das Leben vieler verbessern können. Sein Interesse ist hauptsächlich auf erneuerbare Energien, Geräte zur Reduzierung der Luftverschmutzung und die Farmmechanisierung ausgerichtet.

Arpit Dhupar ist ein großartiges Beispiel für eine Person, die schlechte Erfahrungen in seinem Leben in Tugenden umgewandelt hat. Er war in der Stadt Delhi aufgewachsen, und bei ihm wurde in jungen Jahren eine Krankheit diagnostiziert, die es ihm unmöglich machte, Sport zu treiben. Die Erkrankung stellte sich als Folge der schlechten Luftqualität und der enormen Luftverschmutzung heraus, die so viele Teile Indiens plagen, in dem 14 der 15 weltweit am meisten verschmutzten Städte laut der Weltgesundheitsorganisation (WHO) beheimatet sind. Die indischen Menschen sind Opfer einiger der schlimmsten Luftverschmutzungen der Welt, wobei die Smogwerte während der schwülen Sommer oft in die Höhe schießen, wenn schwere, rauchende Dieselgeneratoren verwendet werden, um Stromausfälle auszugleichen.[23]

Als Arpit aufwuchs und die Möglichkeit hatte, zu studieren, entschied er sich, Ingenieur zu werden, mit dem Fokus auf die Lösung des Problems der Luftverschmutzung. Sein Plan war es, die Luftverschmutzung zu beseitigen, die durch Verbrennung von fossilen Brennstoffen entsteht. Dadurch wollte er den Zugang zu sauberer Luft ermöglichen, indem er Technologie verwendete, um Luftverschmutzung in Tinte und Farben umzuwandeln.

Zusammen mit Kushagra Srivastava gründete Arpit Chakr Innovation und entwickelte die weltweit erste kontinuierliche Selbstreinigungsfalle für Partikelemissionen aus der Verbrennung von fossilen Brennstoffen. Dies ist ein wichtiger Schritt in der Entwicklung, da jedes Jahr mehr als 7 Mio. vorzeitige Todesfälle mit Luftverschmutzung in Verbindung gebracht werden, davon alleine 1,1 Mio. in Indien.[24] Die innovative Technologie, die die Chakr Foundation geschaffen hat, kann die Emissionen von fossilen Brennstoffen um mehr als 80 % reduzieren. Aber die Geschichte endet nicht dort! Die aufgefangenen Schadstoffe werden in einem Tank gesammelt und in Tinte umgewandelt, sodass die Entsorgung der Schadstoffe auf die umweltfreundlichste Weise erfolgt.[25] Die Tinte kann dann zum Bedrucken von T-Shirts, Bannern, Tassen und anderen Werbeartikeln verwendet werden. Durch die Schaffung dieses konstruktiven Kreislaufs und die Beseitigung eines zerstörerischen Kreislaufs hat Chakr es Einzelpersonen und Organisationen ermöglicht, zur Schaffung einer nachhaltigen Welt beizutragen.[26]

Das Gerät, das Arpit und sein wachsendes Team von mehr als 18 Ingenieuren geschaffen haben, muss an Generatoren angeschlossen werden, um bis zu 90 % der Rußpartikel aus abgekühltem Dieselabgas zu erfassen. Das umgewandelte Material kann an Tintenhersteller verkauft werden. Bisher hat Chakr Innovation mehr als 50 Geräte in Regierungsbehörden und -ämtern installiert und 1500 Mrd. L Luft vor Verschmutzung gerettet. Dhupar und sein Team haben inzwischen mehr als 1,5 Mio. US$ in Form von Beteiligungskapital und Fördermitteln aufgebracht.[27] Dennoch ist eine Erweiterung der Finanzierung und Umsetzung dieses Projekts erforderlich, insbesondere vor dem

---

[23] In verschmutztem Indien finden Ingenieure eine neuartige Möglichkeit, um gegen Dieselabgase vorzugehen (6. Juni 2018). The Economic Times – REUTERS. Abgerufen von https://in.reuters.com/article/health-india-pollution-ink/in-polluted-india-engineers-find-novel-way-to-fight-diesel-exhaust-idINKCN1J20HE.

[24] Arpit Dhupar. Echoing Green. Abgerufen von https://www.echoinggreen.org/fellows/arpit-dhupar.

[25] Ibid.

[26] Ibid.

[27] Mannan, L. (20. Dezember 2017). Recycling pollution: Chakr Innovation is converting diesel soot into ink and paints. *Your Story*. Abgerufen von https://yourstory.com/2017/12/recycling-pollution-chakr-innovation-is-converting-diesel-soot-into-ink-and-paints/.

Hintergrund, dass die indische Regierung beabsichtigt, in Indien etwa 109 Smart Cities zu errichten, was eine zunehmende Urbanisierung und damit eine erhöhte Luftverschmutzung zur Folge haben wird! Greenpeace India veröffentlichte einen Bericht mit dem Titel „Airpocalypse", in dem sie feststellte, dass Dieselgeneratoren die größten Schuldigen an der Luftverschmutzung sind.

Die Erfüllung des rechten Handelns

Wie Sie vielleicht in diesem Kapitel bemerkt haben, ist rechtes Handeln nicht immer einfach, besonders in der Initiierungsphase, aber es ist sehr lohnend, sobald die ersten Schritte auf dem Weg umgesetzt sind. Um recht handeln zu können, müssen Sie sich tiefgründig über so viele Aspekte Ihres Handelns Gedanken machen. Manchmal denken Sie, dass Sie recht handeln, aber übersehen die Auswirkungen, die es auf große Gruppen von Menschen oder anderen Lebewesen haben kann, die Sie einfach vergessen haben, zu berücksichtigen. Zum Beispiel kann ein Projektentwickler denken, dass er Entwicklung und Beschäftigung in einem Land oder einem Bundesland bringt, aber die ökologische Störung und die Zerstörung wertvoller natürlicher Lebensräume unterschätzen. Durch Nichtberücksichtigung aller Faktoren kann ein Handeln, das sich zunächst wie rechtes Handeln anfühlt, bald zu einem Albtraum für viele werden, und die „Akteure" können am Ende verurteilt werden, anstatt gelobt zu werden!

Dies unterstreicht einmal mehr, dass alle Elemente des edlen achtfachen Pfades gemeinsam praktiziert werden sollten. Beim rechten Handeln sollten Sie sicherstellen, dass dies im Einklang mit einer rechten Einsicht steht, die Sie durch Kommunikation mit denen, die Sie respektieren und die Ihnen helfen können, andere Perspektiven zu sehen, überprüfen sollten. Beim rechten Handeln sollten Sie auch sicherstellen, dass sie auf rechter Absicht basiert. Sie möchten nicht, dass Ihr rechtes Handeln nur zufällig zum Besten wird. Die grundlegende Einstellung ist entscheidend bei der Erarbeitung und Umsetzung eines Plans. Und dann gibt es noch die rechte Rede, die bei rechtem Handeln wichtig ist, weil Sie Ihren Weg gehen und Ihren Weg gehen müssen: Sie müssen den Beteiligten, großen und kleinen, direkten und indirekten, mitteilen, welchen Verlauf Ihr Handeln nehmen wird und wie Sie sich dies vorstellen, damit alle Beteiligten davon profitieren. Auch wenn Sie recht handeln, stellen Sie sicher, dass es mit rechtem Lebenswandel in Einklang bleibt. Manche Leute mögen darüber die Nase rümpfen und sich fragen: Wäre es jemals möglich, recht zu handeln und trotzdem falsch zu leben? Natürlich! Es gab im Laufe der Zeit viele Menschen, die von den Reichen gestohlen haben, um den Armen zu geben. In ihrem Sinn war das gerechtfertigt, aber es war immer noch Diebstahl, unabhängig davon, wem es passiert ist. Also behalten Sie den rechten Lebenswandel im Auge. Und dann gibt es noch das rechte Streben: Dies könnte als unmittelbarer Vorgänger des rechten Handelns gesehen werden: Nur wenn Sie recht streben, werden Sie recht handeln. Natürlich besteht immer eine geringe Chance, dass das rechte Streben nach hinten losgeht, und das Gleiche gilt für die rechte Absicht. Dennoch ist

Ihre Chance auf ein besseres Gesamtergebnis größer, wenn Sie sicherstellen, dass Ihre Absicht, Ihr Streben und Ihr Handeln zueinander passen. Rechtes Bewusstsein ist bei rechtem Handeln entscheidend, weil der Geist der kontinuierliche Führer in unseren Verhaltensmustern ist. Rechtes Bewusstsein wird Sie auf jegliche möglichen Rückschläge und Herausforderungen, die sich ergeben können, aufmerksam machen, da es ein jederzeit erhöhtes Maß an Achtsamkeit garantiert. Rechte Konzentration, die als Zwillingsschwester von rechtem Bewusstsein gesehen werden könnte, wird dabei helfen, den Fokus auf die Essenz des Handelns zu stärken. Eine mögliche Erklärung für ihre Synergie ist, dass rechte Konzentration die Erfüllung des Handelns gewährleistet, während rechtes Bewusstsein die Erfüllung der Richtigkeit des Handelns gewährleistet.

Eine mächtige Möglichkeit, die Bedeutung des rechten Handelns zu betrachten, besteht darin, noch einmal auf die in diesem Kapitel beschriebenen Führer zurückzuschauen:

- Ray Anderson hatte sich bereits einen Namen gemacht, als er eine der ersten Teppichfliesenfabriken in den USA gründete und führte, aber als er sich entschied, recht zu handeln und seine Kohlenstoffemissionen zu minimieren, und andere Geschäftsführer dazu ermutigte, ebenfalls recht zu handeln, sicherte er sich ein viel stärkeres Erbe und machte sein Unternehmen zu einem viel geschätzteren Teil der Gesellschaft als je zuvor.
- Jeremiah Kimbugwe hätte vielleicht ein erfolgreicher Aktivist oder sogar Projektentwickler und -umsetzer in seinem Heimatland werden können, aber die Frage bleibt, ob er so viel Anerkennung erhalten hätte, wenn er nur am Geldverdienen interessiert gewesen wäre? Indem er ein Projekt startete, das ein wesentliches grundliegendes Problem in seinem Land löst und einen revolutionären Trend schafft, fühlt er sich nicht nur viel besser bezüglich des Sinns seines Lebens, sondern kann sich auch sicher sein, dass sein Projekt über Jahrzehnte hinweg einen positiven Unterschied in der gesamten Region machen wird.
- Kenton Lee hätte genau den Weg gehen können, den Tom's Shoes gegangen ist, wie zahlreiche Menschen, die versäumen, das eigentliche Handeln hinter einer angeblichen guten Tat zu überprüfen, berühmt werden können. Kenton wollte aber einen lang anhaltenden Unterschied zu einem erschwinglichen Preis schaffen und an einem Schuh arbeiten, der wächst, was ihm seitdem mehr Anerkennung und Wertschätzung eingebracht hat, als er sich je vorgestellt hatte.
- Arpit Dhupar hätte sich nur auf die Reduzierung der Luftverschmutzung seines Geräts konzentrieren können, aber stattdessen hat er dem gesamten Projekt noch eine positivere Wendung gegeben, indem er auch eine ganz andere Industrie unterstützt hat: Werbematerialien, die auf der Konvertierung von Luftverschmutzung in Tinte basieren. Durch Umwandlung schlechter Erfahrungen in Tugenden hat er viel mehr Menschen glücklich gemacht und sogar noch mehr Menschen zu einem sicheren Lebensunterhalt zu geringen Kosten verholfen.

Rechter Lebenswandel 7

Vermeide zukünftige Schmerzen

Schwach, wankelmütig und zerbrechlich
Ist der Weg, den wir gehen
Wenn wir unsere Leidenschaft suchen
Beim Erwerb unseres täglichen Brotes

Die Bedeutung und den Zweck finden
Während wir unseren monatlichen Lohn generieren
Die Auswirkungen unserer Handlungen berücksichtigen
In einer Zukunft – weit jenseits von heute

Es gibt so viel zu reflektieren
In der Definition einer wirklich lohnenden Mission
Was, wie, wer, wo und wann …
Niemals von unserer Zukunftsvision abweichen

Es gibt unendlich mehr Erfüllung
In ehrlichem und erwachtem Gewinn
In der Freundlichkeit und Achtsamkeit
Und das Vermeiden zukünftiger Schmerzen …
~ Joan Marques

Der rechte Lebenswandel ist die Art und Weise, wie wir unseren Lebensunterhalt verdienen. Er erfordert von uns, eine Reihe von reflektierenden Fragen zu stellen: Fördert mein Job das Wohlergehen anderer und ist nicht schädlich für sie? Beteilige ich mich, direkt oder indirekt, an der Produktion, dem Verkauf oder der Förderung von Waffen

© Der/die Autor(en), exklusiv lizenziert an Springer Nature Switzerland AG 2023   87
J. Marques, *Führen mit Herz,* https://doi.org/10.1007/978-3-031-30136-0_7

oder gefährlichen Werkzeugen, die zum Töten oder Zerstören verwendet werden können? Gibt es ein Element des Sklavenhandels oder der Unterdrückung anderer, bei dem einige Menschen nicht bezahlt werden oder stark unterbezahlt sind und andere gnadenlos davon profitieren? Trage ich nicht zur Produktion von alkohol- und drogenbezogenen Produkten bei, die für andere gefährlich oder schädlich sein können? Erfordert mein Job unredliche und ungerechte Praktiken, die sich auf die guten Absichten und Überzeugungen anderer verlassen?

Diese Arten von Fragen können uns helfen zu entdecken, ob unsere Arbeit falschen Lebenswandel bedeutet und ob wir einen Jobwechsel oder sogar einen Karrierewechsel in Erwägung ziehen sollten. Es ist sinnvoll, dass die Überlegungen, die wir anstellen, um den rechten Lebenswandel zu bestimmen, viel mit anderen Teilen des achtfachen Pfades zu tun haben. Der rechte Lebenswandel passt genau zusammen mit rechter Rede und rechtem Handeln als Teil des Abschnitts „moralisches Verhalten" des achtfachen Pfades, der mit den zuvor erwähnten Grundsätzen zusammenhängt, nicht zu töten, nicht zu stehlen, nicht sexuell zu missbrauchen, nicht zu lügen und nicht Drogen zu missbrauchen.[1] Zen-Meister Thich Nhat Hanh schlägt vor, dass wir bei der Ausübung des rechten Lebenswandels einen Weg finden müssen, um unseren Lebensunterhalt zu verdienen, ohne unsere Ideale der Liebe und des Mitgefühls zu untergraben. Unsere tägliche Arbeit sollte eine würdige Ausdrucksform unseres tiefsten Selbst sein und nicht die Quelle von Leid für uns selbst und andere.[2]

Nach alledem wird jedoch deutlich, wie schwierig es wirklich ist, sicherzustellen, dass man sich nicht in falschem Lebenswandel übt. Sie können alles richtig machen, aber Produkte kaufen, die von einer Person oder einem Unternehmen stammen, das andere ausbeutet. Sie können denken, dass Sie anständige Produkte verkaufen, aber Sie können nicht sicher sein, dass Ihre Lieferanten ihre Produkte wirklich durch rechten Lebenswandel erworben oder hergestellt haben. Die globale Geschäftsumgebung von heute, in der wir es mit Stakeholdern aus vielen Nationen und Kulturen zu tun haben, hat dies noch komplizierter gemacht als zuvor. Manchmal können Sie auch Lieferant eines reinen Produkts wie Getreide sein, das von einem Ihrer Kunden verwendet werden kann, um berauschende Getränke zu brauen. Es ist also kompliziert, besonders wenn wir erkennen, dass alles miteinander verbunden ist und alles, was wir tun, letztendlich zu den Auswirkungen führt, die wir um uns herum erleben, die guten und die schlechten. Dies bedeutet, dass wir, ob wir wollen oder nicht, zu guten und schlechten Konsequenzen beitragen und unser rechter Lebenswandel von anderen zu jedem Zeitpunkt in der

---

[1] O'Brien, B. (22. Juni 2018). *Richtiges Leben: Die Ethik des Verdienens.* Abgerufen am https://www.thoughtco.com/right-livelihood-the-ethics-of-earning-a-living-450071.

[2] Nhat Hanh, T. (1998). *The Heart of the Buddha's Teaching.* Parallax Press, Berkeley, CA.

Produktions- oder Dienstleistungskette in falschen Lebenswandel umgewandelt werden kann.[3]

Es könnte auch Fälle geben, in denen eine Person für einen völlig vertrauenswürdigen Arbeitgeber, wie einen Verlag für Bildungs- oder eine Universität, arbeitet, dessen Hauptziel es ist, Bildungsmaterialien oder -praktiken an Kunden zu liefern. Und doch könnten wir auch in diesen Umgebungen auf Vorgesetzte stoßen, die Abkürzungen gehen und uns unethisch gegenüber unseren Kunden handeln lassen wollen, und damit unseren rechten Lebenswandel in falschen Lebenswandel umwandeln. Und dann gibt es das Problem der Zusammenarbeit mit anderen, die die Knöpfe in unserem Kopf auf die negativste Weise drücken wollen. Ist es rechter Lebenswandel, zu bleiben, selbst wenn Sie sich jeden Tag darüber ärgern, dass Ihre Arbeitsumgebung unangenehme Menschen hat? Ein anstrengender Job, unabhängig davon, wie recht er in absoluten oder finanziellen Begriffen ist, wäre für Sie immer noch falscher Lebenswandel, weil er Sie auslaugt. In diesen Fällen kann es sinnvoll sein, einen Wechsel in Erwägung zu ziehen.[4]

Der rechte Lebenswandel könnte auch im größeren Kontext der Gemeinschaft betrachtet werden, in der wir leben und arbeiten. Wie geht es den Menschen allgemein in Ihrer Gemeinschaft? Gibt es eine hohe Arbeitslosigkeit, kaum oder keine Unterstützung für Arbeitslose, Schwache und Alte sowie schlechte Gesundheitsversorgung für diejenigen, die sich das nicht leisten können? Auch das ist eine Schicht des falschen Lebenswandels, auch wenn Sie auf persönlicher Ebene nichts dagegen tun können. Es ist jedoch wichtig, unsere Augen offen zu halten und diese Dinge zu berücksichtigen, weil Gemeinschaften, die versuchen, recht zu leben, nicht nur darauf abzielen, den Menschen eine sinnvolle Beschäftigung zu ermöglichen, sondern auch darauf, Wege zu finden, um denen, die am meisten unter den Folgen leiden, auf die sinnvollste Weise zu helfen Erholung und ein verbessertes kollektives Wohlergehen zu schaffen.[5]

Schließlich sollten wir auch auf andere Auswirkungen unseres Lebenswandels auf uns selbst achten. Wenn Sie so hart und viel arbeiten, dass Ihre Gesundheit darunter leidet, führen Sie keinen rechten Lebenswandel, unabhängig von der ethischen Bedeutung dessen, was Sie tun. Die Anforderungen und Wünsche, die wir von der Gesellschaft aufnehmen, können uns so sehr beeinflussen, dass wir unseren rechten Lebenswandel praktisch missbrauchen, um mehr Geld zu verdienen und damit unseren Reichtum zu erhöhen, in einem Umfang, der weit über das hinausgeht, was wir wirklich brauchen. Es ist nichts falsch daran, Geld zu verdienen, aber wenn es auf Kosten Ihrer Gesundheit oder der Gesundheit der Menschen um Sie herum geschieht, ist etwas falsch mit

---

[3] O'Brien, B. (22. Juni 2018). *Richtiges Leben: Die Ethik des Verdienens*. Abgerufen am https://www.thoughtco.com/right-livelihood-the-ethics-of-earning-a-living-450071.

[4] Ibid.

[5] Richmond, L. (16. März 2011). *Buddhismus und Reichtum:* Definition von ‚richtigem Leben'. Abgerufen von https://www.huffingtonpost.com/lewis-richmond/right-livelihood-is-consc_b_832298.html.

dem Gesamtbild. Zu diesem Zeitpunkt liegt der Schwerpunkt Ihres Lebenswandels nicht mehr darin, was Sie tun, sondern was Sie bekommen, und Sie sollten Ihre Gedanken neu ordnen. Die Kunst besteht darin, das Richtige zu tun, nicht nur in Ihren Praktiken gegenüber anderen, sondern auch gegenüber sich selbst.[6] Sie sollten anständiges Geld verdienen, aber Sie sollten sich nie so unter Druck setzen, dass das Geld zum Hauptfokus Ihres Daseins wird, und leider hat die Gesellschaft uns das sehr gut beigebracht, dass Geld fast für alles ausgegeben werden muss und dass wir Zugang zu Dingen haben, die andere möglicherweise nicht haben. Geld kann uns jedoch Gesundheit, Wohlergehen oder Glück nicht kaufen.

Zusammenfassend lässt sich sagen, dass Sie bei der Ausübung Ihres Lebenswandels drei Bereiche berücksichtigen sollten: 1) die Art der Arbeit, die Sie tun; 2) die Umstände an Ihrem Arbeitsplatz und wie diese Sie beeinflussen; und 3) die Menge der Arbeit, die Sie leisten, um Ihr Einkommen zu erzielen, und wie dies Ihre Gesundheit und die Gesundheit der Menschen um Sie herum beeinflusst.[7]

Betrachten wir nun einige außergewöhnliche Menschen, die recht gelebt haben.

Millard Fullers Traum, anderen Menschen ein Zuhause zu bieten

Leben …

Das Leben ist ein Atemzug
Eine riesiges Atmen
Geteilt in Fragmente
von minütlicher Ausatmung

Das Leben ist ein Atemzug
Von Freude und Schweiß
Ein Versuch, den wir teilen
Mit unterschiedlicher Inspiration

Das Leben ist ein Atemzug
Von Prüfungen und Strapazen
Eine Achterbahnfahrt
Mit Glück und Pflichten

---

[6] Sockolov, M. (21. November 2016). Richtiges Leben im Buddhismus. *Mindfulness.* Abgerufen von https://oneminddharma.com/livelihood/.

[7] Ibid.

Das Leben ist ein Atemzug
Eine kurze Sensation
Die zweifellos zu
Unserem endgültigen Ableben führt
                                            ~Joan Marques

Millard Fuller ist am besten als Gründer von Habitat for Humanity bekannt. In seinen
frühen beruflichen Jahren war er jedoch ein erfolgreicher Anwalt und Unternehmer,
der Millionen verdiente, bevor er 30 Jahre alt war. Die Kehrseite war, dass Fuller sich
in falschem Lebenswandel engagierte, weil er fast Tag und Nacht arbeitete und oft in
seinem Büro schlief, regelmäßig seiner Frau und seinen Kindern fernblieb, um die
Dollar zu verdienen, die er verdiente. Also, während sie in finanzieller Fülle lebten, war
Millards Frau Linda tief unglücklich, und sie fasste schließlich den Mut zusammen, ihm
zu sagen, dass sie vorhatte, ihn zu verlassen. Die Jahre, in denen sie ihre vier Kinder
alleine großgezogen hatte, während Millard all seine Zeit damit verbrachte, Geld zu
verdienen, hatten ihren Tribut gefordert. Lindas Ankündigung stellte sich als wichtiger
Wendepunkt in Fullers Leben heraus. Millard erkannte plötzlich, dass sein rücksichtsloser Ehrgeiz, der sich ausschließlich auf Selbstgefälligkeit und persönliches Wohl-
standsstreben konzentrierte, ihm ein riesiges Bankkonto geliefert hatte, aber kurz
davorstand, ihm die wichtigsten Menschen in seinem Leben zu entfremden.

Nach einem langen und emotionalen Gespräch entschieden sich Fuller und seine
Frau, ihre Ehe noch einmal zu versuchen. Um dies zu tun, würden sie von vorne
beginnen: Sie verkauften ihr Haus und andere Besitztümer, gaben das Geld den Armen
und machten sich auf die Suche nach einem neuen Lebenszweck. Die Familie zog in
eine ländliche Gemeinde in Georgia namens Koinonia Farm, wo ein alter Freund von
ihnen, Clarence Jordan, lebte und arbeitete. Jordans Traum war es, denen zu helfen, die
in Not waren, und seine Ideen sprachen die Fullers an, sodass Millard und seine Frau
Jordans Partner wurden. Sie blieben fünf Jahre lang auf der Koinonia Farm, während sie
mit Freiwilligen einfache Wohnprojekte starteten, die darauf abzielten, den Bedürftigen
ein anständiges Leben zu ermöglichen. 1973 zog Fuller mit seiner Familie nach Zaire
in Afrika, jetzt die Demokratische Republik Kongo, um sein Wohnmodell anzuwenden.
Drei Jahre erfolgreiches Bauen in den ärmsten Dörfern von Zaire überzeugten Fuller,
dass dieses Wohnkonzept Substanz hatte und weltweit funktionieren würde.[8]

1976 kehrte die Fuller-Familie in die USA zurück, und Millard gründete eine kleine
Gemeinde auf der Koinonia Farm, versammelte ein Team von Freiwilligen und setzte
das Wohnkonzept um, das er in Zaire weiterentwickelt hatte: einfache, aber anständige
Häuser für Gemeindemitglieder mit geringem Einkommen zu bauen. Ziel dieses
ambitionierten Projekts war dieses Mal nicht persönlicher Gewinn und egoistische

---

[8]Alexander, A. (2002). 60 s mit einem CEO: Millard Fuller, CEO von Habitat for Humanity International. *The Greater Baton Rouge Business Report, 20*(18), 19.

Bereicherung, sondern Fortschritt für die Gemeinde. Seit seinem Erwachen mit 29 Jahren hatte Fuller gelernt, seinen rücksichtslosen Ehrgeiz, der die Menschen um ihn herum entfremdete, in konstruktiven Ehrgeiz umzuwandeln, der immer größere Menschenmengen anzog, die seine Sache unterstützen wollten.

Die Wohninitiative war so erfolgreich, dass Fuller 1976 seine Arbeit auf Habitat for Humanity International ausweitete.[9] Die Organisation baute Häuser für die Bedürftigen und verlangte nur die Kosten der Materialien zurück, die sie bei 0 % Zinsen erhielt. Das erhaltene Geld wurde dann in neue Bauprojekte investiert. Habitat for Humanity verdiente sich Respekt und Anerkennung von Unterstützern aus allen gesellschaftlichen Schichten. Einer der langjährigen Freiwilligen der Organisation war der ehemalige Präsident Jimmy Carter, der Fuller „eine der außergewöhnlichsten Personen, die ich je kennengelernt habe" nannte.[10]

Als Leiter von Habitat for Humanity baute Fuller weltweit Tausende von Häusern, was ihm mehr Ehren und Auszeichnungen einbrachte, als er jemals mit seiner alten, egoistischen Mentalität verdient hätte. 1996 verlieh ihm Präsident Bill Clinton die Presidential Medal of Freedom, die höchste zivile Auszeichnung der USA. Clinton unterstrich damit, dass Habitat for Humanity das erfolgreichste laufende Gemeinschaftshilfeprojekt in der Geschichte der USA war.[11] Millard Fuller erhielt zahlreiche andere Formen der internationalen Anerkennung wie den Overcoming Obstacles Award der Community for Education Foundation in New York an Millard Fuller 2002; die Bronze Medaille der Points of Light Foundation in Washington, DC, an Millard und Linda Fuller für ihre Pionierarbeit im Dienst 2002; die Nennung von Millard als Executive of the Year 2003 durch die „NonProfit Times" und die Verleihung des T.B. Maston Christian Ethics Award im selben Jahr; und der World Methodist Peace Award des World Methodist Council an Millard Fuller und Habitat for Humanity International 2004. Millard wurde zum Georgian of the Year ernannt und erhielt einen Lifetime Achievement Award von der Auburn University, an der er einen seiner Abschlüsse erwarb. Neben seinen vielen Auszeichnungen erhielt Fuller mehr als 50 Ehrendoktorate und verfasste neun Bücher über sein Leben und seine Bemühungen bei Habitat for Humanity.

Fuller war ein großer Befürworter der Erweiterung seiner Arbeit. Er erklärte oft, dass es auf der Welt etwa 1 Mrd. Menschen gibt, die ein anständiges Zuhause brauchen, und Habitat for Humanity kann pro Jahr nur etwa 23.000 bauen. Daher gibt es Platz für mindestens 1000 andere gemeinnützige Organisationen mit einem ähnlichen Schwerpunkt.

In einem Interview über sein Lebenswerk definierte Fuller Erfolg als die Erkenntnis und Anwendung der Talente, die man erhalten hat, nicht für das eigene Selbstinteresse,

---

[9] Ibid.

[10] Millard Fuller, 1935–2009. (2009). Christian Century, 126(5), 17.

[11] Millard Fuller: Habitat for Humanity International Founder. Abgerufen von 28 Februar 2015 http://www.habitat.org/how/millard.aspx.

sondern für das Interesse der Gesellschaft insgesamt.[12] Als er gefragt wurde, welchen Rat er für Business-Studenten hätte, sagte Fuller, dass er ihnen sagen würde, dass sie davon absehen sollten, all ihre Ressourcen für sich selbst zu verwenden, sondern auch diejenigen um sich herum zu berücksichtigen, die weniger Chancen oder Mittel haben. Er betonte, dass Demut eine Tugend ist und dass alles, was wir erhalten haben, durch Umstände geschehen ist, die außerhalb unserer Kontrolle liegen, einschließlich unseres eigenen Lebens. Dieses Verständnis kann dann eine Richtschnur sein, um die Missgeschicke anderer zu betrachten und einige unserer Segnungen mit ihnen zu teilen.[13] Eine weitere wichtige Lebenslektion, die Fuller geteilt hat, ist, dass Probleme nicht bekämpft, sondern gelöst werden sollten. Der Kampf gegen Probleme führt nur zu mehr Problemen, während das Lösen sie zu ihrer Beseitigung führt.[14]

Trotz seines großen Erfolgs durchlebte Millard Fuller einige schwierige Zeiten. In den 1990er-Jahren und später wieder 2004 beschwerten sich einige der Frauen bei Habitat of Humanity, dass Fullers Verhalten ihnen gegenüber unangemessen gewesen sei. Obwohl dies nie bestätigt wurde, fühlte sich der Vorstand der Organisation besser, Fuller von seinen Pflichten zu entbinden. Mit anderen Worten, er wurde aus der Organisation, die er vor einigen Jahrzehnten gegründet hatte, entlassen. Fuller kommentierte später, dass der aktuelle Vorstand von Habitat of Humanity nicht die gleichen Idealvorstellungen hatte wie er für die Organisation und dass nur wenige Mitglieder dieses Vorstands spirituell verwurzelt waren.[15] Der Sprecher des Vorstands erklärte dagegen, dass sich die Zeiten geändert hätten und die Stärke des Visionärs und Ego, die Habitat wachsen ließ, heute nicht mehr die richtigen Strategien für die Organisation seien.[16]

Der Austritt aus Habitat hat Fuller nicht aufgehalten. Er gründete die Fuller Center for Housing Inc. und setzte seine Fundraising- und Bauaktivitäten bis zum Ende seines Lebens fort.[17] Zum Zeitpunkt seines Todes war das Fuller Center bereits in 25 Ländern aktiv.[18] Millard Fuller starb nach einer kurzen Krankheit im Februar 2009 im Alter von 74 Jahren und wurde auf der Koinonia Farm in Americus, Ga., beigesetzt, dem Ort, an dem Habitat und The Fuller Center gegründet worden waren.[19]

---

[12] Alexander, A. (2002). 60 s mit einem CEO: Millard Fuller, CEO von Habitat for Humanity International. *The Greater Baton Rouge Business Report, 20*(18), 19.

[13] Ibid.

[14] Ibid.

[15] Jewell, J. (2005). New times, new leaders: firing of Millard Fuller the result of longstanding tensions. *Christianity Today, 49*(4), 24.

[16] Ibid.

[17] Clements, B. (7. Oktober 2005). Controversy hasn't stopped habitat for humanity international founder Millard Fuller. *Daily Record and the Kansas City Daily News-Press.*

[18] Fuller, Millard Dean, 1935–2009. (2009). *International Bulletin of Missionary Research, 33*(2), 75.

[19] Millard Fuller. Abgerufen von Februar 28, 2015 http://www.fullercenter.org/millardfuller.

Andy Moons Traum, Energie den Benachteiligten zugänglich zu machen

Die Illusion des ‚Ich'

Ich bin zu dem Schluss gekommen
Dass ‚Ich' vielleicht eine Illusion ist
Weil alles, was es zu sehen gibt
Nicht ganz ich bin
Dieses Erscheinungsbild kann sich ändern
Diese Gedanken können neu angeordnet werden
Diese Organe können ersetzt werden
Diese Identität kann gelöscht werden
Und der Geist oder die Seele …
Ist im Ganzen nicht nachweisbar
Dieser Atem braucht Luft,
die überall ist.
Wenn das alles verblasst
‚Ich' zerfällt einfach
Also bin ‚Ich' eigentlich eine Fusion:
Eine Mischung, eine Massenzusammenarbeit
Was soll „ich" sein:
Ist nichts, was ich sehen kann
Folglich, zum Schluss,
„Ich" muss eine Illusion sein
                                         ~Joan Marques

Andy Moon, zum Zeitpunkt des Verfassens dieses Kapitels noch in den Zwanzigern, hat seine Leidenschaft auf das Gebiet der Entwicklung von Solarenergieprojekten in Entwicklungsländern konzentriert. Dadurch setzt er seine fachlichen Fähigkeiten sowohl für die Umwelt als auch für die internationale Entwicklung ein. Andy ist Absolvent der Stanford University und Alumnus von Y Combinator, einem amerikanischen Seed-Accelerator, der mehrere erfolgreiche Unternehmen hervorgebracht hat und sich kontinuierlich unter den Top-US-Beschleunigern befindet.

Andy startete seine Karriere bei McKinsey & Company's Sustainability and Non-profit Practices in New York, wo er an zitierfähigen Papieren zum Klimawandel und zur öffentlichen Gesundheit mitgewirkt und eng mit großen Stiftungen und multilateralen Organisationen zusammengearbeitet hat.[20] Seine Sommer verbrachte er in Kambodscha und den Philippinen, was zweifellos sein Bewusstsein für die Bedürfnisse in den Ent-

---

[20] Andy Moon (2017). Abgerufen von http://www.sunfarmer.org/new-us-team/andy-moon.

wicklungsländern geprägt hat. Sein Interesse an der Gesundheitsvorsorge wuchs durch sein ehrenamtliches Engagement in der innovativen Non-Profit-Organisation „Possible", für die er als Fundraiser und Energieberater tätig war. Possible hat eine Partnerschaft mit der Regierung Nepals, um Wege zu finden, um in ländlichen Gebieten Nepals hohe Qualität zu gewährleisten und gleichzeitig die Kosten für die Gesundheitsversorgung zu senken.

Im Jahr 2009 wurde Andy zum Projektentwickler bei SunEdison, die sich auf die Errichtung von Mega-Kraftwerken in den USA, Kanada und Europa konzentrierte. Durch diesen Job lernte Andy die Grundlagen der Solarenergiebranche kennen. Unterdessen erfuhr Andy 2011 vom leitenden Arzt von Possible, dass Strom das größte Problem für ihr Krankenhaus sei, weil die Dieseltransporte für die konventionelle Energieerzeugung kostspielig und unregelmäßig seien und nur wenige Stunden Strom pro Tag zur Verfügung stünden. Dies behinderte die Bemühungen erheblich, hohe Qualität zu gewährleisten, und es behinderte die Bemühungen von Possible, die Gesundheitsversorgung durch Erweiterung der Krankenhausinfrastruktur auszuweiten.[21]

Im Jahr 2013 gründete Andy SunFarmer, ein gemeinnütziges soziales Unternehmen, das lokale Solarunternehmen in Entwicklungsländern fördert und startet. Er gründete SunFarmer zusammen mit einem Kollegen, Jason Gray, und konnte dies dank eines Zuschusses von 2 Mio. US$ tun, den er von einer SunEdison-Stiftung erhielt.[22] Um in Nepal mit ihrem Unternehmen einen soliden und verantwortungsvollen Start zu machen, wählten Andy und Jason als erstes Leistungsland den Avishek Malla aus, einen hoch angesehenen nepalesischen Unternehmer und Solar-Ingenieur. Gemeinsam installierten sie die erste Solaranlage. Sobald sie in Betrieb war, trat Avishek vollzeitig ein, und die drei Männer gründeten SunFarmer Nepal, ein nepalesisches Solarunternehmen, das sich der Installation und Wartung von weltweit erstklassigen Solaranlagen in Nepal widmet.[23]

In seinem Blog beschrieb Andy einen Fehler, den Start-ups häufig machen und den auch sein Unternehmen beging, nämlich zu viele Dinge gleichzeitig tun zu wollen. Er erklärt, dass er zwar bei Y Combinator gelernt habe, vorsichtig mit der Verteilung seines Fokus umzugehen, sein Unternehmen in den ersten Jahren jedoch genau das getan habe, vor allem, weil er sah, dass andere dasselbe taten. Wie erwartet lernte SunFarmer Nepal jedoch bald, dass der Verkauf von mehreren Produkten an mehrere Kundensegmente gleichzeitig zu schlechten Leistungen in allen Bereichen führte. Dank einiger guter Ratschläge von erfahrenen Solarunternehmern erkannten Andy und sein Team, dass ihr Produkt, Solar für Bauern, bereits sehr anspruchsvoll war. Jeder weitere Fokus würde nur zu einem verringerten Erfolg führen. Er stieß auf mehrere Beispiele von Solarunter-

[21] SunFarmer: Our Story. Abgerufen von http://www.sunfarmer.org/our-story/.

[22] Pipia, A. (23. März 2016). Diese 24 Amerikaner verändern die Welt – und sie sind alle unter 40 Jahren. Abgerufen am https://www.businessinsider.com/23-americans-who-are-changing-the-world-2016-3#andy-moon-sunfarmer-1.

[23] SunFarmer: Unsere Geschichte. Abgerufen am http://www.sunfarmer.org/our-story/.

nehmern in anderen Entwicklungsländern, die den Ansatz von mehreren Produktlinien versuchten, in der Hoffnung, das Wachstum zu beschleunigen, nur um festzustellen, dass es kein Wachstum gab.

Schließlich nahmen sich Andy und das Team von SunFarmer diese Lehren zu Herzen und begannen einen Prozess der Produktentwicklung, um ein Kundensegment zu identifizieren, auf das sie sich voll und ganz konzentrieren konnten. Ihre Forschung zahlte sich aus: Sie fanden ihre Zielgemeinschaft in der Mittelgebirgsregion Nepals, in der hochwertige Gemüseanbaugebiete ohne Zugang zu Strom für die Bewässerung auf den Feldern betrieben werden, und mit geringen Chancen auf einen Zugang zu konventionellem Strom aufgrund der extrem hohen Kosten für den Bau eines Stromnetzes in einem so abgelegenen Gebiet.

Andy schrieb in seinem Blog, dass sein Team sich erst dann auf eine andere Möglichkeit konzentrieren würde, wenn diese scheitert, aber nicht vorher.[24]

SunFarmer hat mittlerweile mehr als 200 Krankenhäuser, Schulen, Unternehmen und Farmen in zehn Bezirken Nepals mit Solaranlagen ausgestattet. Durch diese Energieprojekte konnten Schulen und Gesundheitskliniken die dringend benötigte Stromversorgung erhalten, während Opfer von Katastrophen mit angemessener Hilfe versorgt werden konnten. Das Ziel von SunFarmer ist es, bis 2020 weltweit 4000 Krankenhäuser, Schulen und Wasserprojekte mit Strom zu versorgen.

Im Jahr 2017 gab Andy seine Position als CEO bei SunFarmer auf, bleibt aber weiterhin als Vorstandsmitglied und Berater aktiv. Auf seiner LinkedIn-Seite beschreibt er sich selbst als Unternehmer, der sich gerne mit großen Problemen wie Energie, Gesundheitswesen und Politik beschäftigt. Derzeit ist er Venture-Partner bei Vas Ventures und konzentriert sich auf die Unterstützung von Gründern in der Frühphase.

Wangari Maathais Traum, die Umwelt zu bewahren

Blatt im Wind

Ein Blatt im Wind
Bin ich,
Schwebend durch Zeit und Raum.
Manchmal ziellos,
Und andere Male zielstrebig.
Als ob ich das Schicksal
meines Fluges ändern könnte.

---

[24] Moon, A. (25. August 2017). Sozialunternehmer ignorieren die Mantra des Fokus auf eigene Gefahr. Next Billion (Blog). Abgerufen am https://nextbillion.net/social-entrepreneurs-ignore-the-mantra-of-focus-at-your-own-peril/.

Getrieben von der Illusion
Die Ego genannt wird,
Die alles übernimmt
An Tagen, an denen ich ihr erlaube,
Mit Gedankenlosigkeit zu herrschen.
Aber dann wache ich auf
Und gewinne Bewusstsein
Der Atem, den ich geliehen habe,
Um diesen Körper in Gang zu bringen
Bis es Zeit ist, es weiterzugeben
Wie eine Fackel
Im Staffellauf des Lebens,
Wenn das Blatt endlich landet
In einem Bett aus fruchtbarem Boden,
In der Hoffnung, beizutragen
Zu einem besseren Morgen
Für diejenigen, die
Den Fluss weiterführen
Nach diesem.

~Joan Marques

Wangari Maathai ist ein weiteres Vorbild für einen rechten Lebenswandel, auch wenn es bedeutete, immer wieder Ärger zu bekommen. Sie wurde 1940 in Nyeri, Kenia, geboren und hatte 1960 die Chance, in den USA zu studieren. Sie erhielt einen Abschluss in Biologischen Wissenschaften vom Mount St. Scholastica College in Atchison, Kansas (1964), einen Master-of-Science-Abschluss von der University of Pittsburgh (1966) und absolvierte Doktorandenstudien in Deutschland und der University of Nairobi, bevor sie 1971 einen Ph.D.-Grad von der University of Nairobi erhielt, an der sie auch Anatomie unterrichtete.[25]

Sie heiratete, unterrichtete an der University of Nairobi und hatte drei Kinder. Wangaris Ehe endete jedoch, als das Ende der 1970er-Jahre näherte. Ihr Mann konnte ihre leidenschaftliches Engagement im politischen Aktivismus nicht ertragen, und es folgte eine bittere Scheidung, in der er sie der Grausamkeit, des Wahnsinns und des Ehebruchs beschuldigte. Je mehr sie sich politisch engagierte, desto weniger war sie mit ihrer Bildungsaffinität verbunden, und schließlich wurde sie aus ihrer Heimatuniversität vertrieben.

Trotz all des Aufruhrs in ihrem Leben war Wangari eine Pionierin in vielerlei Hinsicht: Sie war die erste weibliche Gelehrte aus Ost- und Zentralafrika, die einen Doktor-

---

[25] Wangari Maathai – Biography. Abgerufen von https://www.greenbeltmovement.org/wangari-maathai/biography.

titel erwarb, und die erste Professorin überhaupt in ihrem Heimatland.[26] Professorin Maathai war auch die erste Frau, die Vorsitzende des Lehrstuhls für Veterinäranatomie und Dozentin in ihrem Fachgebiet wurde.[27] Sie spielte eine aktive Rolle beim Kampf um die Demokratie in Kenia und lehnte sich entschieden und lautstark gegen die unterdrückerische Regierung von Daniel arap Moi auf. Im Rückblick schrieb Wangari ihren Mut und ihr Bewusstsein für die Notwendigkeit eines Wandels in Kenia ihren fünfeinhalb Jahren in Amerika zu, wo sie erkannte, dass das Leben anders sein konnte, als sie es bisher gekannt hatte. Ihre amerikanische Erfahrung machte ihr auch bewusst, dass sie eine Pflicht hatte, in ihr Heimatland zurückzukehren und die Menschen über Demokratie, Freizügigkeit, Meinungs- und Vereinigungsfreiheit aufzuklären.[28] Als sie versuchte, sich an der Aufklärungsbewegung zu beteiligen, spotteten Präsident Moi und seine Verbündeten über Maathai, indem sie von ihr als überqualifizierter, männerhassender Dissidentin sprachen. Sie wurde als elitärer Mensch dargestellt, der versuchte, unschuldigen afrikanischen Frauen Wege beizubringen, die von afrikanischen Männern nicht genehmigt wurden. Sie erhielt zahlreiche Morddrohungen, wurde mehr als ein Dutzend Mal festgenommen und von der Polizei bei einer Gelegenheit sogar bewusstlos geschlagen. Einige ihrer Kollegen wurden getötet, und ihr Green Belt Movement stand kurz vor dem Verbot.[29] Doch es waren diese kühnen Formen der Aktion, die auf die anhaltende politische Unterdrückung aufmerksam machten – national und international.

1977 startete Wangari eine Bewegung auf der Basis der Bevölkerung, die ihr Lebenswerk werden sollte. Diese Bewegung, später bekannt als Green Belt Movement, zielte darauf ab, die Rodungen zu bekämpfen, die die Mittel des Überlebens der landwirtschaftlichen Bevölkerung bedrohten. Sie erlebte wiederholte Ablehnung durch die lokale Regierung, fand aber schließlich Unterstützung durch die Norwegian Forestry Society.[30] Ihr Green Belt Movement wurde als Umweltorganisation ohne staatliche Beteiligung definiert, die sich auf das Pflanzen von Bäumen, den Umweltschutz und die Rechte der Frauen konzentrierte. Maathai nutzte ihre formale Ausbildung als mächtigen Verbündeten, als sie Wissenschaft, soziales Engagement und aktive Politik in ihrer Wiederaufforstungskampagne kombinierte, die eine mächtige Wirkung hatte, da sie Frauen dazu ermutigte, Bäume in ihrer lokalen Umgebung zu pflanzen und öko-

---

[26] Wangari Maathai – Fakten. NobelPrize.org. Nobel Media AB 2018. Abgerufen von https://www.nobelprize.org/prizes/peace/2004/maathai/facts/.

[27] Wangari Maathai – Biographie. Abgerufen von https://www.greenbeltmovement.org/wangari-maathai/biography.

[28] Gilson, D. (5. Januar 2005). „Ich werde in den Wald verschwinden": Ein Interview mit Wangari Maathai Die verstorbene Nobelpreisträgerin spricht über das Pflanzen der Samen der Demokratie in Kenia. Abgerufen von https://www.motherjones.com/politics/2005/01/root-causes-interview-wangari-maathai/.

[29] Ibid.

[30] Die Green Belt Movement (2013). „Wangari Maathai." Abgerufen von http://www.greenbeltmovement.org/wangari-maathai.

logisch zu denken. Es wurde ein Herkulesprojekt, und die Grüngürtel-Bewegung breitete sich auf andere afrikanische Länder aus und trug so letztendlich zum Pflanzen von über 30 Mio. Bäumen bei.

Die von der Norwegian Forestry Society erhaltenen Mittel ermöglichten es ihr, die Frauen Kenias dazu zu ermutigen, Gärtnereien zu errichten und im ganzen Land Bäume zu pflanzen und für ihre Bemühungen zu bezahlen. Maathai war eine mutige Frau, die mehrmals während ihres Lebens im Gefängnis saß, sich aber nicht von den Bedrohungen und Rückschlägen davon abhalten ließ, ihre Mission zu erfüllen und das auszuüben, was sie als rechtes Handeln und rechten Lebenswandel betrachtete. Ihre Mobilisierung afrikanischer Frauen beschränkte sich nicht auf die Arbeit für nachhaltige Entwicklung; Sie sah das Pflanzen von Bäumen in einer weiteren Perspektive, die die Demokratie, die Rechte der Frauen und die internationale Solidarität umfasste.[31]

Im Jahr 2003, als sich das politische Klima in Kenia änderte und demokratische Wahlen abgehalten wurden, wurde sie zur stellvertretenden Ministerin im Ministerium für Umwelt und natürliche Ressourcen ernannt, und 2004 wurde sie zur ersten afrikanischen Frau und Umweltaktivistin, die den Friedensnobelpreis gewann. Die Motivation für die Verleihung dieses hochangesehenen Preises basierte auf „ihrem Beitrag zur nachhaltigen Entwicklung, zu Demokratie und Frieden".[32] In der offiziellen Pressemitteilung zur Nominierung von Maathai für den Friedensnobelpreis wies die Organisation darauf hin, dass der Frieden auf der Erde mit unserer Fähigkeit zusammenhängt, unsere Lebensumgebung zu sichern. Das Nobel-Institut meinte, dass Wangari einen ganzheitlichen Ansatz für die nachhaltige Entwicklung verfolgt hat, der die Demokratie, die Menschenrechte und die Rechte der Frauen im Besonderen umfasste. Die Bewegung „Green Belt" beseitigte die Unterschiede zwischen Umweltbewusstsein, Feminismus, Demokratisierung und Menschenrechtsförderung. Maathai konnte einen direkten Zusammenhang zwischen Problemen wie Abholzung und Bodenerosion und dem Versagen des Einparteienstaates in Kenia sehen.[33] In diesem Licht lobte das Nobel-Institut auch ihren Mut und erklärte, dass sie viele Menschen in ihrem Kampf für demokratische Rechte inspiriert und insbesondere Frauen ermutigt habe, ihre Situation zu verbessern.[34]

[31] Ibid.

[32] Wangari Maathai – Fakten. NobelPrize.org. Nobel Media AB 2018. Abgerufen von https://www.nobelprize.org/prizes/peace/2004/maathai/facts/.

[33] Gilson, D. (5. Januar 2005). „Ich werde in den Wald verschwinden": Ein Interview mit Wangari Maathai Die verstorbene Nobelpreisträgerin spricht über das Säen der Samen der Demokratie in Kenia. Abgerufen von https://www.motherjones.com/politics/2005/01/root-causes-interview-wangari-maathai/.

[34] Wangari Maathai – Fakten. NobelPrize.org. Nobel Media AB 2018. Abgerufen von https://www.nobelprize.org/prizes/peace/2004/maathai/facts/.

Im Jahr 2005 wurde Wangari Maathai zur Botschafterin des Kongobecken-Wald-ökosystems durch die 11 Staatsoberhäupter in der Kongoregion ernannt. Im folgenden Jahr, 2006, gründete sie die „Nobel Women's Initiative" zusammen mit ihren Schwester-Laureaten Jody Williams, Shirin Ebadi, Rigoberta Menchú Tum, Betty Williams und Mairead Corrigan. 2007 verlor sie die lokalen Wahlen in Tetu, gerade 3 Jahre, nachdem sie ihrem Land durch den Gewinn des Friedensnobelpreises solch große Anerkennung gebracht hatte. Zum Glück wurde Professor Maathai im selben Jahr eingeladen, Co-Vorsitzender des Congo Basin Fund zu werden, eine Initiative der britischen und der norwegischen Regierung, um die Wälder des Kongo zu schützen.[35]

Wangari Mathaai starb am 25. September 2011 in Nairobi, Kenia, an Komplikationen bei der Behandlung von Eierstockkrebs. Ihr Erbe ist noch immer unklar, da viele jüngere Kenianer sie nicht einmal kennen. Während Gruppen von intellektuellen Frauen, die in Kenia für größere Frauenrechte kämpfen, sie wegen ihres Muts, ihrer Ausdauer und Offenheit verehren, halten andere sie für eine „schlechte" Frau, weil sie den Weg der Unterwerfung und Lethargie ablehnte. In vielen kenianischen Kreisen scheint es heute sogar so, dass der ehemalige Diktator Moi mehr bewundert wird als Maathai, einfach weil Wangaris Lebensstil als gebildete, geschiedene und sehr offene Frau nicht mit dem übereinstimmt, was viele Kenianer heute für die richtigen Verhaltensmuster von Frauen halten.[36]

Die Opfer des rechten Lebenswandels

Ähnlich wie bei der rechten Einsicht, der rechten Absicht, der rechten Rede und dem rechten Handeln hat auch der rechte Lebenswandel seinen Teil an Herausforderungen. Vielleicht sind die Herausforderungen des rechten Lebenswandels sogar größer als die der anderen, weil es das eine Element des achtfachen Pfades ist, das sich auf die Art und Weise bezieht, wie wir unseren täglichen Lebensunterhalt verdienen. Wir können großartige Einsichten und Absichten haben und wunderbare Reden führen, aber wenn es um das Handeln und insbesondere um den Lebenswandel geht, ist größter Mut erforderlich.

Wie wir anhand der drei Beispiele in diesem Kapitel gesehen haben, gingen alle drei Personen große Risiken ein, um das zu tun, was sie für das Richtige hielten. Millard Fuller gab all sein Geld auf und wurde von seinen Freunden für verrückt erklärt, weil er sich erneut dem Risiko aussetzte, arm zu sein, nur um das Richtige zu tun. Andy Moon

---

[35] The Green Belt Movement (2013). „Wangari Maathai". Abgerufen von http://www. greenbeltmovement.org/wangari-maathai.

[36] Nyabola, N. (6. Oktober 2015). Wangari Maathai war keine gute Frau. Kenia braucht mehr davon. Abgerufen von https://africanarguments.org/2015/10/06/wangari-maathai-was-not-a-good-woman-kenya-needs-many-more-of-them/.

lernte aus Erfahrung, dass man sich auf das Richtige konzentrieren und nicht versuchen sollte, mehrere Dinge gleichzeitig zu tun. Wangari Maathai wurde von der Regierung in ihrem Land verleumdet, weil sie Demokratie und Wiederaufforstung in einem Land wollte, in dem der Status quo die Unterwerfung unter Korruption und Bosheit war.

Wenn wir die drei Führer, die in diesem Kapitel besprochen werden, vergleichen, finden wir einige interessante Gemeinsamkeiten zwischen ihnen: Sie waren alle hochgebildet und extrem intelligent, alle Pioniere in dem Lebenswandel, den sie für das Gebiet wählten, in dem sie tätig waren, und alle sehr selbstbewusst und offen über das, was sie taten. Sie waren furchtlos, obwohl jeder von ihnen einige harte Lektionen lernen und Rückschläge erfahren musste. Doch am Ende war ihre Reise lobenswert und ein Vorbild für viele andere.

Während Millard Fuller und Wangari Maathai bereits verstorben sind, ist Andy Moon noch am Anfang dessen, was hoffentlich eine sehr lohnende Karriere sein wird. Er hat bisher durch seinen Beitrag in Bereichen, in denen dies als unmöglich galt, seinen Wert bewiesen. Millard und Maathai haben dasselbe getan.

Der rechte Lebenswandel ist nicht einfach, aber er belohnt unendlich mehr, als weiterhin etwas zu tun, was Ihr Gewissen nicht als erfüllend empfindet.

Sei einfach gut

Ich habe Gründe, mich zu sorgen, aber ich tue es nicht
Früher hätte ich es getan – jetzt nicht mehr
Die Lektionen, die ich in den letzten Jahren gelernt habe, waren großartig
Ich habe gelernt, dass Besorgnis vor der Zeit eine nutzlose Eigenschaft ist

Wir sorgen uns meist, weil wir nicht in die Zukunft sehen können
Aber im Nachhinein erkennen wir die Vergeblichkeit unserer Sorgen
Alle Bemühungen der Welt können keine Garantie bieten
Denn was auch immer sein soll – wird sein

Unser Buch ist mit gewissenhafter Finesse geschrieben worden
Das Ergebnis steht fest – ob wir uns mehr oder weniger anstrengen
Während wir nicht untätig herumsitzen und passiv warten sollten
Wir sollten auf die Güte der Mächte vertrauen, die da sind

Unser Bestes ist das Beste, was wir tun können
Schöne Zeiten werden kommen, wenn grausame Zeiten vorbei sind
Probleme werden auf die unerwartetste Weise gelöst
Segnungen tauchen an dem am wenigsten vorhergesagten Tag auf

Also bin ich nicht besorgt, wenn die Zukunft ein bisschen düster aussieht
Warum sollte ich dieses Problem zulassen, dass es mich schwächt?
Diese Zukunft ist noch nicht da
Also warum sollte ich mich ärgern?

© Der/die Autor(en), exklusiv lizenziert an Springer Nature Switzerland AG 2023
J. Marques, *Führen mit Herz*, https://doi.org/10.1007/978-3-031-30136-0_8

Wer weiß, wofür es gut ist?
Wer weiß, wo ich sein werde?
Wer weiß, was passieren könnte?
Wer weiß, was wir sehen werden?

Gott öffnet Fenster
Wenn er Türen schließt
Sei einfach gut
Und die Güte wird deine sein …
                                    ~ Joan Marques

Das rechte Streben wird manchmal auch als „rechte Anstrengung" aufgeführt. Streben ist eine lobenswerte Praxis, aber wir können es auf konstruktive oder destruktive Aktivitäten richten. Die Menschen, die in der Waffen- oder Drogenindustrie arbeiten, streben zweifellos in ihrem Job, aber leider ist dies nicht das rechte Streben, aufgrund des Leidens, das dieses Streben verursacht.

Wie bei der rechten Einsicht (und allen anderen Aspekten des Pfades) erfordert auch das rechte Streben, dass wir unser Handeln, unsere Gedanken und Absichten sorgfältig unterscheiden, damit unser Streben konstruktiv bleibt.

Das rechte Streben ist eine sehr persönliche Aufgabe, genau wie alle anderen Elemente des Pfades: Es bezieht sich auch darauf, über die Wurzeln unseres Leidens nachzudenken und dann den Versuch zu unternehmen, diese Wurzeln zu lösen.

Das rechte Streben, zusammen mit der rechten Achtsamkeit und der rechten Konzentration, bildet den mentalen Disziplinsektor des edlen achtfachen Pfades.[1] Sein Kern besteht darin, dass wir versuchen sollten, würdige Eigenschaften und Verhaltensweisen zu entwickeln und unwürdige abzuschaffen. Laut Pali Canon unterschied der Buddha vier Aspekte des rechten Strebens.

1. Das Streben, das Auftreten unwürdiger Eigenschaften wie Gier, Wut und Ignoranz zu verhindern
2. Das Streben, unwürdige Eigenschaften, die Sie bereits haben, loszuwerden
3. Das Streben, positive Eigenschaften zu entwickeln, die Sie noch nicht besitzen, wie Großzügigkeit, Liebe und Weisheit (dies sind die Gegensätze von Gier, Wut und Ignoranz)
4. Das Streben, die würdigen Eigenschaften zu stärken, die Sie bereits haben[2]

---

[1] O'Brien, B. (15. April 2018). Right Effort in Buddhism: Part of the Eightfold Path. ThoughtCo. Abgerufen am https://www.thoughtco.com/right-effort-450065.
[2] Ibid.

Es ist wichtig, zu bedenken, dass die Elemente des achtfachen Pfades keine einzelnen Schritte sind, die nacheinander praktiziert werden. Sie sind alle miteinander verbunden und oft gleichzeitig vorhanden. Sie können zum Beispiel nur das rechte Streben üben, wenn Sie Weisheit üben, die zur rechten Einsicht gehört. Auf ähnliche Weise wird das rechte Streben in Ihre Sprache (rechte Rede), Ihr Handeln (rechtes Handeln) und die Art und Weise, wie Sie Ihr Einkommen erzielen (rechter Lebenswandel), umgesetzt.[3]

Darüber hinaus bedeutet das rechte Streben nicht „hartes" Streben, da Sie das tun sollten, was Sie tun möchten. Wenn Ihr Streben anstrengend wird, machen Sie es wahrscheinlich nicht richtig, so der Zen-Meister Thich Nhat Hanh. Gleichzeitig ist es immer noch ein Streben, was bedeutet, dass es Hindernisse geben kann, die Sie daran hindern können, Ihre Ziele zu erreichen. Eine Sutta des Pali Canon nennt fünf Aspekte, die das rechte Streben behindern können. Dies sind 1) sinnliches Verlangen; 2) Feindseligkeit; 3) Trägheit, Faulheit oder Lethargie; 4) Ungeduld und Angst; und 5) Ambiguität oder Skepsis.

Betrachten wir nun einige Personen, die sich im rechten Streben üben.

Vandana Shivas Bemühungen um Gerechtigkeit in der Globalisierung

Über Globalisierung

Was für ein wunderschöner Trend ist die Globalisierung
Wenn sie Fortschritt für jede Nation bedeutet
Wenn sie die Ungleichheit beseitigt
Und ein Gleichgewicht der Qualität fördert
Aber, leider, es gibt hässlichen Egoismus
Angeheizt und gepflegt durch Ethnozentrismus
Wo Menschen ihre wichtigste Berufung vergessen
Und stattdessen dort aufsteigen wollen, wo andere fallen
Auf der einen Seite Wohlstand – unentschuldbare Gier
Auf der anderen Seite Hunger – verheerende Not
Reich sagt zu arm: „Öffne dich! Lass mich rein!"
Und indem sie das tun, wer ist der Einzige, der gewinnt?
Nur sehr wenige fragen sich, wie diese Ungleichheit begann
Nur sehr wenige denken darüber nach, wie Reichtum einmal aufgeteilt wurde
Es ist nicht nötig, zurückzublicken – die Zukunft steht auf dem Spiel
Globalisierung kann alles werden, was wir machen:
Eine noch größere Lücke durch grenzenlose Vergewaltigung

---

[3] Ibid.

Oder ein schönes Dorf in ehrenwerter Form
Ein Rattennest der Teilung und unendlichen Hass
Oder eine vereinigte Welt, bevor es zu spät ist …
                                                        ~ Joan Marques

Dr. Vandana Shiva ist Umweltaktivistin und eine der Führerinnen des Internationalen Forums für Globalisierung. Sie kämpft unermüdlich weltweit gegen die Manipulation und Monopolisierung der globalen Lebensmittelproduktion durch räuberische globale Konzerne und setzt sich für die Biodiversität und das indigene Wissen ein.

Dr. Vandana Shiva hat sich seit den 1970er- und 1980er-Jahren dafür eingesetzt und die Stimme der Stummen in Bezug auf nachhaltige Entwicklung und menschliches Wohlergehen, wie sie es wahrnimmt, laut geäußert. Shiva nimmt eine kritische Haltung gegenüber den Bemühungen der westlichen Konzerne zur Gewinnung von Erkenntnissen aus der indigenen Bevölkerung ein und setzt sich für soziale Aktivitäten ein, um Gemeinden vor Ausbeutung zu schützen.[4] Sie hat klare Ansichten zu den wichtigsten Problemen der heutigen Welt. Sie verknüpft Armut mit der aktuellen Weltanschauung, die, so fühlt sie, einen Teufelskreis aus Technologien ermöglicht, um die Knappheit, die Umweltzerstörung, die Störung der Ökosysteme und die menschliche Armut auszugleichen.[5]

Vandana Shiva erhielt die ersten Anzeichen ihrer Bestimmung, als sie sich Chipko anschloss, eine Bewegung auf Grassroots-Ebene, die hauptsächlich von Frauen initiiert wurde, um das Bewusstsein für die illegalen, massiven Fällungen von Bäumen in der Himalaya-Region zu schärfen, die zu einer großen ökologischen Zerstörung führten. Durch ihr Engagement in diesem Programm wurde Shiva sich der Bedeutung von natürlichen Ressourcen, Umwelt und Ökologie für die Armen bewusst. In den vergangenen Jahrzehnten beobachtete sie, wie Regierungen mit großen Unternehmen unter einer Decke steckten, um die Ressourcen zu erschöpfen, und sah unverantwortliche und nicht nachhaltige Trends in der Agrarwirtschaft und den Freihandelsabkommen, die die Monopolisierung der globalen Lebensmittelproduktion durch neue Technologien unterstützten, sodass sie für kleine Bauern unzugänglich wurden. Die Wahrnehmung dieser betrügerischen globalen Entwicklungen entfachte den Kampfgeist von Dr. Shiva, der sie dazu veranlasste, „Navdanya" (auf Deutsch „neun Samen") zu gründen, um Samen anzubauen und die Biodiversität zu fördern.[6] Dr. Shiva erklärt: „Ich glaube, es gibt einen

---

[4] Orozco, D., & Poonamallee, L. (2014). Die Rolle der Ethik bei der Kommerzialisierung indigenen Wissens. *Journal of Business Ethics, 119*(2), 275–286.

[5] Reason, P. (2014). Gerechtigkeit, Nachhaltigkeit und Beteiligung. *International Journal of Action Research, 10,* 284–309.

[6] Manikutty, S. (2006). Ein Interview mit Vandana Shiva. Vikalpa: *The Journal for Decision Makers, 31*(2), 89–97.

Weg, wie wir vorankommen können, und ich versuche, in diese Richtung zu gehen."[7]
Als eine der Führerinnen des Internationalen Forums für Globalisierung behauptet Shiva:
„Das Problem der aktuellen Globalisierung besteht nicht in der Integration – weil wir
uns vorher integriert haben und uns später integrieren werden –, sondern unter anderen
Bedingungen als den aktuellen Bedingungen. Die aktuellen Bedingungen der Integration
werden von den globalen Unternehmensschichten bestimmt."[8] Sie fährt fort:

> Was ernsthaft mit der Globalisierung schiefgelaufen ist, ist die Illusion eines globalen
> Dorfes. Die Realität ist ein globaler Supermarkt, der nach dem Vorbild von Walmart
> betrieben wird. Walmart ist hervorragend darin, seine Gewinnspannen zu maximieren,
> bekommt die billigste Produktion von überall, wo es sie bekommen kann, die billigsten
> Verkäufe in seinen Einzelhandelsketten, die höchste Stufe der Monopolisierung durch
> Skalierungseffekte und ist in der Lage, dann die Arbeiter und die ursprünglichen
> Produzenten auszubeuten.[9]Dr. Vandana Shiva führt weiterhin Kreuzzüge, nimmt an Foren
> teil, schreibt und spricht über die raubgierige Manipulation der Globalisierung und ins-
> besondere über die Verwendung von gentechnisch veränderten Pflanzen, die von vielen als
> eine der größten Bedrohungen für die menschliche Gesundheit und das Wohlergehen der
> ländlichen Bevölkerung weltweit angesehen werden.[10] Im Jahr 2014 leitete sie eine Pilger-
> reise durch Südeuropa, um auf den Ruf derjenigen aufmerksam zu machen, die ihre Land-
> wirtschaft frei von Gift und GVO (gentechnisch veränderten Organismen) haben wollen.
> Shivas Pilgerreise begann in Griechenland, wo das internationale Pan-Hellenic Exchange of
> Local Seed Varieties Festival stattfand, und überquerte dann die Adria und fuhr anschließend
> mit dem Bus durch Italien bis nach Florenz, wo sie am Seed, Food and Earth Democracy
> Festival teilnahm. Die Pilger bewegten sich dann in den Süden Frankreichs, wo sie die
> Internationalen Tage der Saat feierten. Bei all diesen Aktivitäten richten sich Shivas laut-
> starke Einwände in erster Linie gegen multinationale Konzerne, die Produkte der Agrarbio-
> technologie herstellen wie Monsanto, ein Unternehmen, das sie der Versuchung bezichtigt,
> der Welt „Nahrungstotalitarismus" aufzuzwingen. In ihren Reden erklärt sie immer wieder,
> dass sich die Riesensaatgutunternehmen wie Monsanto listig im Prozess der Konstruktion,
> Patentierung und Transformation von Samen in teure Pakete geistigen Eigentums
> engagieren. Shiva stellt fest, dass sie dabei Hilfe von großen Akteuren wie der Weltbank,
> der Welthandelsorganisation, der US-Regierung und sogar von Stiftungen wie der Bill-und-
> Melinda-Gates-Stiftung erhalten. Durch ihre Strategien, so klärt Shiva auf, versuchen diese
> großen multinationalen Konzerne der Welt ihren „Nahrungstotalitarismus" aufzuzwingen
> und beabsichtigen, alle Bauern von ihren unverantwortlichen und ungesunden Produkten
> abhängig zu machen. In ihren Reden stellt Shiva zwei Welten dar: eine mit Vielfalt, Demo-
> kratie, Freiheit, Freude und Kultur, in der die Menschen ihr Leben feiern, und eine andere,

---

[7]Manikutty, S. (2006). Ein Interview mit Vandana Shiva. Vikalpa: *The Journal for Decision Makers, 31*(2), 92.

[8]Manikutty, S. (2006). Ein Interview mit Vandana Shiva. Vikalpa: *The Journal for Decision Makers, 31*(2), 94.

[9]Ibid.

[10]Specter, M. (2014). Seeds of Doubt: An activist's controversial crusade against genetically modified crops. *The NewYorker, Annals of Science,* Iss. August 25 2015. Abgerufen von März 31 2016 http://www.newyorker.com/magazine/2014/08/25/seeds-of-doubt.

die mit Monokulturen und Depressionen angefüllt ist. Sie betont die Bedeutung, dass die kleinen Bauern auf der ganzen Welt ihre Autonomie und ihre Ländereien bewahren, anstatt Marionetten eines globalen Konsortiums von Samenmanipulatoren und Zerrstörern der Erde zu werden.[11]

Während Dr. Vandana Shiva von der Richtigkeit ihres Vorhabens überzeugt ist, stimmen nicht alle mit ihren Ansichten überein. Diejenigen, die die globale Bevölkerung beobachten, die mit ihrem derzeitigen Tempo wächst, fürchten, dass am Ende des 21. Jahrhunderts die Einwohnerzahl von zwei weiteren Indien in unserer menschlichen Bevölkerung erreicht sein wird, was es unmöglich machen wird, dass unser Planet genug Nahrung produziert, um alle Lebewesen auf natürliche Weise zu ernähren. Wenn die Menschheit weiterwächst wie in den vergangenen Jahrzehnten, behaupten diese besorgten Kreise, dass die Notwendigkeit für GVO die einzige Möglichkeit sein wird, die Bevölkerung zu ernähren. Die Befürworter von GVO behaupten, dass heute fast die Hälfte der weltweiten Sojabohnen und ein Drittel der Maisproduktion GVO sind. Die Befürworter von GVO behaupten, dass die genetische Modifikation ein so normaler Trend in der menschlichen Entwicklung ist wie alle anderen Verbesserungen bisher. Ihre Haltung ist, dass praktisch alle Pflanzen, die wir anbauen, Mais, Weizen, Reis, Rosen und wer weiß was im Laufe der Zeit durch Züchtung genetisch verändert wurden, um länger zu halten, besser auszusehen, süßer zu schmecken oder reichlicher zu wachsen.[12]

Dennoch warnt Vandana Shiva immer wieder davor, dass jegliches Saatgut, das für den Verzehr bestimmt ist und in einem Labor gezüchtet wird, unannehmbar ist. Für Vandana Shiva ist Saatgut heilig. Auf Hindi heißt Saatgut bija oder „Lebenshaltung“. Sie sagt: „Saatgut wird geschaffen, um zu erneuern, sich zu vervielfältigen, es zu teilen und zu verbreiten. Saatgut ist das Leben selbst.“[13] Dennoch wird Shiva manchmal sogar von indischen Genetikern kritisiert, die behaupten, dass einige ihrer Ideen unbegründet oder falsch interpretiert sind. Die Wissenschaftler behaupten, dass Indien erst in den vergangenen Jahrzehnten von einer Importnation zur führenden Exportnation für Getreide durch Düngemittel und Pestizide werden konnte, was Shiva ablehnt.[14]

Gentechnik ist natürlich mehrere Schritte weiter als die Verwendung von Düngemitteln und Pestiziden. Sie beinhaltet die Manipulation der Gene eines Samens, sodass er aufgrund seines eigenen eingebauten Pestizids seine Schädlinge bekämpft. Vandana Shiva fürchtet, dass die weitverbreitete Verwendung von GVO zur Kontamination aller

---

[11] Ibid.

[12] Ibid.

[13] *Vandana Shiva und die Heiligkeit des Saatguts* (April 2009). The Organic and Non-GMO Report. Abgerufen   von   http://www.non-gmoreport.com/articles/apr09/vandana_shiva_the_ sacradness_of_seed.php.

[14] Specter, M. (2014). Seeds of Doubt: An activist's controversial crusade against genetically modified crops. *The NewYorker, Annals of Science,* Iss. August 25 2015. Abgerufen am 31. März 2016 von http://www.newyorker.com/magazine/2014/08/25/seeds-of-doubt.

Vegetation, selbst in der Wildnis, führen wird und damit die Gesundheit von Lebewesen auf massiver Ebene beeinträchtigt wird.[15] Sie bekennt sich leidenschaftlich dazu, Düngemittel in der Landwirtschaft niemals zuzulassen. Sie hält die genetische Manipulation für eine Grausamkeit gegenüber dem Samen und verabscheut die von Unternehmen wie Monsanto auferlegten Regeln, die es Bauern verbieten, ihr Saatgut zu erneuern. Das ist es, was sie als Verlust der Demokratie und eine Diktatur über Samen bezeichnet.[16] Sie ist auch dafür bekannt, eine andere Interpretation von GVO zu geben, indem sie es in einem Wortspiel God Move Over nennt: Wir sind die Schöpfer.[17]

Der Krieg gegen GVO hat sich dank der von Vandana Shiva weltweit geschaffenen Aufklärung über die Agenda von multinationalen Unternehmen wie Monsanto ausgebreitet. Und ob die genetische Manipulation von Getreide in Zukunft ein Muss wird oder nicht, Shiva glaubt fest an die Richtigkeit ihrer Bemühungen, zusammen mit der Tatsache, dass in diesem Prozess die Reichen reicher und die Armen ärmer werden.

In Bezug auf den Trend, dass die Armen immer ärmer werden, hat sie der Weltbank und dem Internationalen Währungsfonds (IWF) häufig vorgeworfen, Zahlen zu manipulieren, um die globale Gemeinschaft davon zu überzeugen, dass die indischen Menschen in den vergangenen Jahrzehnten massiv aus der Armut herausgekommen sind. Sie weist dies zurück und erklärt, dass Armut, ihrer Ansicht nach, dann existiert, wenn Menschen sich nicht selbst versorgen können, ihre grundlegenden Bedürfnisse nicht mit Würde befriedigen können und nicht die Freiheit einer wirtschaftlichen Demokratie haben. Shiva ist der Ansicht, dass seit der Gründung der Welthandelsorganisation 1995 der Pro-Kopf-Lebensmittelverbrauch der Inder von 177 Kilokalorien auf weniger als 150 gesunken ist, was zu massiven Ausmaßen von Hunger und Unterernährung im ganzen Land führte.[18] Ein von ihr in Indien durchgeführter Vergleich zwischen wohlhabenden Gebieten, die Subventionen genießen und „Dumping" praktizieren, zeigt, wie viel die ärmeren Gebiete verlieren. Dumping, in wirtschaftlicher Hinsicht, ist, wenn ein Land oder eine Firma ein Produkt zu einem Preis exportiert, der im ausländischen Importgebiet niedriger ist als der Preis in ihrem eigenen Markt.

Shiva verurteilt daher die bisherige Art und Weise, wie Globalisierung umgesetzt wurde, da sie hauptsächlich den Wohlhabenden zugutekommt und die Massen in den Entwicklungsländern weiterhin daran hindert, sich auf irgendeine konstruktive Weise zu entwickeln.

---

[15] Ibid.

[16] *Vandana Shiva und die Heiligkeit des Saatguts* (April 2009). The Organic and Non-GMO Report. Abgerufen von http://www.non-gmoreport.com/articles/apr09/vandana_shiva_the_sacradness_of_seed.php.

[17] Specter, M. (2014). Seeds of Doubt: An activist's controversial crusade against genetically modified crops. *The NewYorker, Annals of Science,* Iss. August 25 2015. Abgerufen am 31. März 2016 von http://www.newyorker.com/magazine/2014/08/25/seeds-of-doubt.

[18] *Vandana Shiva.* (2014). Canadian Dimension, 48(4), 16–21.

Ob man den Bemühungen von Dr. Vandana Shiva zustimmt oder nicht, sollte festgestellt werden, dass sie sich mit der Sorge vieler Intellektueller beschäftigt, was durch ihre weltweite Anhängerschaft, ihre vielen Einladungen, an Universitäten in den USA und anderswo zu sprechen, und die vielen Auszeichnungen, die sie weltweit erhält, demonstriert wird. So wurde zum Beispiel Dr. Shiva 2003 von der Zeitschrift *Time* als „Umweltheldin" bezeichnet. *Asia Week* nannte sie eine der fünf mächtigsten Kommunikatoren Asiens. Zu ihren vielen Auszeichnungen gehören der Order of the Golden Ark, der Global 500 Award der UN, der Earth Day International Award, der Lennon Ono Grant for Peace und der Sydney Peace Prize 2010.[19] Diese Fakten zeigen, dass Vandana Shiva viele Menschen mit ihren Bemühungen berührt hat und dies auch weiterhin tun wird.

Luis Cruz' Bemühungen, Menschen mit eingeschränkter Mobilität zu helfen

Die Geschenke von heute

Was auch immer für Geschenke du heute genießt
Und wie viele es auch sein mögen
Benutze sie auf positive Weise
Und teile sie auch – kostenlos

Denk daran, jedes Geschenk, das du teilst
Wird vom Kosmos registriert
Es zeigt, wie sehr du dich kümmerst
Es sollte nicht als Verlust gesehen werden

Die Geschenke, die du heute großzügig gibst
Werden morgen dein Segen sein
Sie werden irgendwie bezahlt
Sie werden dir nie Kummer bereiten

Liebe geben, Frieden geben, Glück geben
Gerne geben – ohne Widerstand
Jedes Geschenk, das du gibst, ist dein Erfolg
Deine Spende an das Dasein
                                               ~Joan Marques

---

[19] *Vandana Shiva: Biography* (The Right Livelihood Award). Cultivating and conserving diversity is no luxury in our times: it is a survival imperative. Abgerufen von https://www.rightlivelihoodaward.org/laureates/vandana-shiva/.

Als Luis Cruz 17 Jahre alt war (2010) und ein Schüler an einer High School in Honduras, hatte er einen Klassenkameraden, der querschnittgelähmt war. Die begrenzte Mobilität dieses Mitschülers inspirierte Cruz, der eine Leidenschaft für Elektronik und Programmieren hat, sein Streben darauf zu verwenden, ein Gerät zu entwickeln, das Menschen wie seinem Klassenkameraden helfen würde. Luis verbrachte ein Jahr damit, das Eyeboard-System zu entwickeln, ein Lowtech-Gerät zur Augenbewegungserfassung, mit dem Benutzer mit motorischen Beeinträchtigungen Text in einen Computer eingeben können, indem sie Augenbewegungen anstelle einer physischen Schnittstelle verwenden.[20]

Das menschliche Auge ist polarisiert, wobei der vordere Teil eine positive Ladung trägt und der hintere Teil eine Gruppe von negativ geladenen Nerven hat, die an die Netzhaut angeschlossen sind. Wenn Sie Ihre Augen bewegen, können Sie mithilfe von Elektroden die Änderung des Dipolpotenzials des Auges durch die Haut messen.[21]

Obwohl das Eyeboard-System keine neue Idee ist, liegt Luis' Genie darin, dass er etwas geschaffen hat, das normalerweise mehrere Tausend Dollar kostet. Das Eyeboard-System von Cruz besteht aus einer Brille, die weniger als 300,00 US$ kostet, was einen großen Durchbruch für die Menschheit bedeutet, da eine Technologie, die normalerweise eine sorgfältige Messung direkter Beobachtungen und raffinierte Kontaktlinsen erfordert, jetzt allen Menschen mit schlechten motorischen Fähigkeiten zugänglich ist – selbst denen mit sehr wenig Geld. Die Kreation von Cruz ist lo-fi und hat nicht die Präzision eines Hightech-Tracking-Systems, kann aber die Makroaugenbewegungen verfolgen und kann daher in die Schnittstellensoftware der Computerinterfacestufe übergehen.[22]

Luis, ein Einheimischer von La Ceiba, Honduras, einer karibischen Hafenstadt 252 Meilen nördlich von Tegucigalpa, sieht es als sein Hauptziel als Entwickler und Programmierer an, Technologie als Hilfe für die Menschheit einzusetzen. Sein Heimatland Honduras ist das zweitärmste Land Mittelamerikas. Fast 65 % der Bevölkerung lebt in Armut, und noch viel mehr Menschen sind unterbeschäftigt. Luis hat in seiner Kindheit gesehen, wie viele Gesundheitsprobleme unter seinen Klassenkameraden auftraten.[23] Indem er Menschen mit Behinderungen als Entwickler des Eyeboard hilft, glaubt er, einen positiven Wandel in den Leben vieler Menschen bewirkt zu haben. Diejenigen, die das Eyeboard verwendet haben, sagen, dass sie dies hauptsächlich getan

[20] *Luis Cruz hat das Eyeboard erfunden* (21. Juni 2017). Nunnovation. Abgerufen von https://www. nunnovation.com/2017/06/21/luis-cruz-invented-the-eyeboard/.

[21] Blain, L. (14. November 2011). Teenager aus Honduras baut eine offene Schnittstelle für Computeraugensteuerung für Behinderte. Gut denken. Abgerufen von https://newatlas.com/luis-cruz-eyeboard-eye-tracking-computer-interface/20500/.

[22] *Luis Cruz hat das Eyeboard erfunden* (21. Juni 2017). Nunnovation. Abgerufen von https://www. nunnovation.com/2017/06/21/luis-cruz-invented-the-eyeboard/.

[23] Mooney, L. (2016). Luis Fernando Cruz, US Activist for Differently Abled People. *Activists under 30* DOI: https://doi.org/10.1163/9789004377189_004. Abgerufen von https://brill.com/ abstract/book/edcoll/9789004377189/BP000013.xml.

haben, um einem behinderten Familienmitglied zu helfen, mit anderen Menschen in Kontakt zu treten und so ihren Alltag zu verbessern. So weiß Luis, dass er erfolgreich dazu beiträgt, die Gesellschaft voranzutreiben. Als junger Philanthrop spürt er jedoch, dass seine Reise gerade erst begonnen hat.[24]

Obwohl das Eyeboard ein voll funktionsfähiges System ist, plant Luis, das Eyeboard weiter zu verbessern und so günstig wie möglich zu gestalten. Weil er in seinem Heimatland nicht über ausreichende Ressourcen verfügt, entschied Cruz, die Software als Open Source zu veröffentlichen, um die Entwicklung zu beschleunigen. Dies bedeutet, dass jeder weltweit auf den Quellcode des Produkts und den Bauleitfaden kostenlos zugreifen kann. Luis verkauft auf seiner Website auch Bausätze und hofft, dass interessierte Entwickler auf den Open-Source-Code zugreifen und das Eyeboard verbessern.[25]

Das Eyeboard ist nicht Luis' einzige Anstrengung, um die Dinge richtig zu machen. Er fing mit dem Erfinden mit 14 Jahren an, und ihm kann bereits eine Reihe von Erfindungen, die positiv zur Gemeinschaft beigetragen haben, wie das erste Videospielsystem in Honduras, genannt Embedded Entertainment System, zugeschrieben werden. Luis war auch maßgeblich an der Schaffung von SmartBike beteiligt, einem interaktiven Trainingsvideospiel. Jede dieser Erfindungen war nützlich für den Fortschritt der Gesellschaft. Dies ist ein großer Erfolg für einen so jungen Geist, und Luis spürt, dass seine Arbeit gerade erst begonnen hat. Luis sieht Unternehmertum als Grundlage seines Handelns, um seine Gemeinschaft zu verbessern. Er betrachtet das Geschäft als Medium, mit anderen in Kontakt zu treten, um ihre Ressourcen für alle in seiner oder ihrer Gemeinschaft zu nutzen.[26]

Glücklicherweise sind Luis' Anstrengungen nicht unbemerkt geblieben. Er wurde in Youth Service America's Liste der 25 mächtigsten und einflussreichsten jungen Menschen der Welt aufgenommen. Er erhielt eine Reihe an Auszeichnungen auf verschiedenen internationalen Wissenschaftsmessen, darunter den ersten Platz in der Kategorie Engineering / Mathematik der Colorado Springs Science Fair, die von der AFCEA ausgerichtet wurde.[27]

Luis hat eine Einstellung, die wir bei der kommenden Generation immer häufiger beobachten: Statt darüber nachzudenken, wie er persönlich von dem, was er tut, profitieren kann, fragt er sich, wie er die Gesellschaft mit seinen Innovationen verbessern kann. Er meint zu Recht, dass diese Einstellung nicht nur zu einem wirtschaftlichen Plus

---

[24] *Luis Fernando Cruz* (2018). Huffpost. Abgerufen von https://www.huffingtonpost.com/author/luis-fernando-cruz.

[25] Mooney, L. (2016). Luis Fernando Cruz, US Activist for Differently Abled People. *Activists under 30* DOI: https://doi.org/10.1163/9789004377189_004. Abgerufen von https://brill.com/abstract/book/edcoll/9789004377189/BP000013.xml.

[26] *Luis Fernando Cruz*. Die Extraordinary.org. Abgerufen von https://www.thextraordinary.org/luis-fernando-cruz.

[27] Ibid.

für eine Person führt, sondern ganze Gemeinschaften besser abschneiden können. Er versucht, anderen Mitgliedern seiner Generation diese konstruktive Einstellung zu vermitteln. Sein Ansatz ist es, einen Bedarf zu erkennen und dann herauszufinden, wie Ihre Fähigkeiten dazu beitragen können, diesen Bedarf zu lindern.

Während er nicht wirklich in Armut geboren wurde, begegnete Luis in Honduras, als er aufwuchs, vielen armen Familien und stellte fest, dass es in der lokalen Gemeinschaft kaum Fortschritte gab. Es gab kein allgemeines Gefühl des kollektiven Fortschritts unter den Mitgliedern der Gesellschaft, eine Kultur, die durch den Mangel an staatlicher Unterstützung verstärkt wurde. Mit der Ermutigung, die er von seinen Eltern, Lehrern und Mitschülern erhielt – er war immer sehr fleißig und kreativ –, begann er, seine unternehmerischen Fähigkeiten zu testen, indem er sich umsah, um herauszufinden, wo er eine positive Veränderung bewirken konnte. Während er beobachtete, lernte er viel über das, was möglicherweise das größte Problem in Entwicklungsländern ist: Mangel an Willenskraft und Unterstützung innerhalb der Gemeinschaft, um lokale Probleme gemeinsam zu lösen. Er begann mit 13 Jahren mit Technologie zu experimentieren, und mit 16 Jahren baute er ein eingebettetes Unterhaltungssystem, das am Ende das erste in Honduras entwickelte Spielsystem wurde. Er zog in die USA, als er in die Oberstufe kam, und traf dort einen Mitschüler, der querschnittsgelähmt war. Dies war der Wendepunkt seines Interesses und der Beginn der Entwicklung des Eyeboards. Als er mehr über die Unzugänglichkeit bestehender Eyeball-Tracking-Projekte erfuhr, setzte er sich dafür ein, eine erschwingliche Version für den Durchschnittsmenschen zu schaffen.

Dank einiger Hilfe, die er erhielt, konnte Luis sein Eyeboard-Projekt schließlich patentieren lassen und es der Öffentlichkeit zugänglich machen. 2012 wurde er vom Youth Service America in dessen Liste der 25 mächtigsten und einflussreichsten jungen Menschen der Welt aufgenommen.[28]

Maria Mayanja und ihre Bemühungen, biologisch nicht abbaubare Abfälle nützlich zu machen

Nur eins …

Ein Wort
kann einen Tag zerstören oder
Absurd machen
Ein Lächeln

kann eine Seele erfrieren lassen oder
großzügig erwärmen

---

[28] Ibid.

Ein Schuss
kann eine Beute töten oder retten

... oder nicht
Ein Herz
kann einen Menschen verletzen oder erheben
Neuer Anfang

Ein Universum
kann Leben erhalten oder zerstören
Kein Zurück
            ~Joan Marques

Ein vielversprechender Trend unserer Zeit ist, dass immer mehr junge Unternehmerinnen und Unternehmer Führungspositionen übernehmen, die wirtschaftliches Wachstum mit sozialem Wohlergehen verbinden. In Ruanda hat eine junge Frau namens Maria Mayanja die Angaza Ltd. mitgegründet, ein Unternehmen, das biologisch nicht abbaubare Abfälle in Modeaccessoires wie Taschen, Geldbörsen und Gadget-Hüllen verwandelt und dabei grüne Arbeitsplätze schafft.[29] Während sie dabei helfen, die Umwelt wiederherzustellen, arbeiten diese jungen Menschen auch an den Bewusstseinsstufen der kommenden Jugend in ihrem Land, indem sie Schülerinnen und Schüler in interessanten, praktischen Aktivitäten wie Baumpflanzungen, Wettbewerben und Upcycling engagieren, um eine bewusstere Generation von Afrikanern zu schaffen, die in nachhaltigen Praktiken verwurzelt ist.

Angaza wurde 2012 gegründet und betrachtet seine Branche als „ethische Mode". Mit dieser lobenswerten Initiative drückte Maria ihre Leidenschaft für Umweltschutz und ihren Ehrgeiz aus, Menschen auf eine einfachere Weise besser zu verstehen. Auf der Website des Unternehmens wird Angaza als die swahilischen Wörter für „beleuchten" oder „aufhellen" erklärt.[30] Durch das Angaza-Projekt wollen Maria und ihre Partnerinnen und Partner in Ruanda in Sachen Umweltlösungen voranschreiten und durch innovative Kreationen und Community-Engagement Licht auf neuere Konzepte werfen. Und natürlich geht es nicht nur um die Produkte, sondern auch um die gesamte soziale Förderung, die hinter dieser Initiative steckt: Bildung für Jugendliche, damit sie nachhaltig verantwortungsvolle Dinge tun, grüne Arbeitsplätze für beschäftigungsfähige Bürgerinnen und Bürger und die Umwelt zu schaffen, durch die Sensibilisierung von Menschen für die Notwendigkeit, nicht abbaubare Materialien zu entsorgen. Angaza

---

[29] Conscious Company Magazine (1. Juni 2016). 17 Young Social Entrepreneurs Who Are Making the World a Better Place. *EcoWatch.* Abgerufen von https://www.ecowatch.com/17-young-social-entrepreneurs-who-are-making-the-world-a-better-place-1891147411.html.

[30] Angaza (2018). Our Story: Beautiful is Different. https://angazarwanda.com/story-en.

verwendet biologisch nicht abbaubare Abfälle wie Vinyl-Werbebanner und Jute-Reis-beutel und verwandelt sie in einzigartige Accessoires wie Geldbörsen, Brieftaschen und verschiedene Taschen und Tüten. Die Produzentinnen und Produzenten füllen diese Produkte mit einem speziellen Stoff, der in Ostafrika Kitenge und in Westafrika Ankarain genannt wird. Aufgrund der Natur der verwendeten Produkte ist jedes Teil ein-zigartig auf dem Markt. Dies hat einen hohen Reiz für Modefreaks.

Marias unternehmerische Bemühungen endeten nicht mit Angaza. Von Juni 2015 bis November 2016 war sie auch maßgeblich an der Gründung von Impact Hub Kigali beteiligt, einer Organisation, die darauf abzielt, die lokale Gemeinschaft zu bedienen, die Zusammenarbeit zu fördern und positive und nachhaltige Veränderungen herbeizuführen. Wie bei Luis Cruz' Projekten scheint auch Maria Mayanjas Initiative darauf abzuzielen, die lokale Gesellschaft zu ermutigen, ihre Bemühungen zur Verbesserung der Gemein-schaft zu verstärken. Impact Hub Kigali konzentriert sich auf die Förderung sozialer Innovationen. Die Organisation sieht sich selbst als globale Gemeinschaft, Beratungs- und Kreativraum, der an der Schnittstelle von Innovation und Gesellschaft arbeitet, um gemeinsam mit einer unternehmerischen Einstellung Einfluss zu nehmen.[31]

Auf Maria Mayanjas LinkedIn-Seite steht, dass sie ihre Tätigkeit bei Angaza und Impact Hub Kigali im November 2016 beendet hat. Als dieses Kapitel geschrieben wurde, war sie als Studentenrekrutierungs- und Marketingbeauftragte für die Carnegie Mellon University Africa tätig. Die aktuelle Geschäftsführerin ist Monica Umwari.

Herausforderungen und Vorteile des rechten Strebens

Eine wichtige gemeinsame Qualität der in diesem Kapitel beschriebenen drei Personen ist, dass sie alle aus Ländern stammen, die weiterhin sehr darum kämpfen, auf der globalen Bühne Fortschritte zu erzielen. Jeder dieser Leute ist außerdem außergewöhnlich intelligent und verfügt über die Fähigkeit, über das Offensichtliche hinauszusehen. Vandana Shiva, die am längsten tätige und am besten bekannte in diesem Trio, setzt ihre unermüdliche Aufklärungskampagne gegen multinationale Konzerne fort, die sie als Opportunisten wahrnimmt, die gnadenlos von den wirtschaftlich Schwächeren profitieren. Luis Cruz, der junge Erfinder, hat auch verstanden, dass die Reise zu Ver-besserungen nie zu Ende ist. Seine Bemühungen haben sich immer zumindest verdoppelt gelohnt, und wir erwarten weitere Neuigkeiten von diesem jungen und brillanten Geist. Maria Mayanja scheint im Moment ihr Studium mit einer Karriere im gleichen Gebiet zu kombinieren, hat aber bereits durch die Projekte, die sie mitbegründet hat und die sich alle auf soziales Bewusstsein und Gemeinschaftsfortentwicklung konzentrieren, ein immenses Erbe hinterlassen.

---

[31] Willkommen bei Impact Hub Kigali. Abgerufen von https://kigali.impacthub.net/.

Es gibt Tausende von jüngeren und älteren Menschen auf der Welt, die sich für das rechte Streben einsetzen, die derzeit unbekannte Helden sind, aber unermüdlich versuchen, in ihren Gemeinschaften einen positiven Beitrag zu leisten. Die Hervorhebung der drei in diesem Kapitel ist eine indirekte Art, diese unbekannten Helden zu ehren. Das rechte Streben wird nicht immer verstanden oder geschätzt, vor allem, weil Menschen Dinge aus unterschiedlichen Perspektiven wahrnehmen. Doch solange die Absichten richtig sind und das Bewusstsein erhöht wird, gibt es Grund für Stolz und Dankbarkeit für diese Individuen.

Wie die drei Geschichten in diesem Kapitel auch gezeigt haben, kann das rechte Streben nicht als alleinstehende Aktivität betrachtet werden: Es ist eng mit der rechten Einsicht, der rechten Absicht, der rechten Rede, dem rechten Handeln, dem rechten Lebenswandel, der rechten Achtsamkeit und der rechten Konzentration verwoben.

Rechte Achtsamkeit

9

Verloren in der Existenz

Unverzeihlich ist das Gefühl der Sinnlosigkeit
Das Bewusstsein manchmal bringt
Wir kommen – wir gehen
Wir tun, was wir denken, wozu wir bestimmt sind
Aber wer kann sagen, ob es wirklich Sinn ergibt?

Wir kämpfen – wir bemühen uns
Wir versuchen, die Besten zu sein, die wir sein können
Wir lernen, beobachten, drängen ab, erstechen und machen Politik
Nur um herauszufinden, dass es nichts bedeutet hat
In der ganzen Existenz
Außer einem Moment des Erfolgsgefühls
Das vom rückblickenden Erwachen zerstört wurde
Und von der Rückkehr zum Kern des Seins

Wer sind wir? Warum sind wir? Was tun wir hier?
Wir kratzen zusammen, bauen, zerstören, bauen um
Wir entdecken und erfinden und ändern den Status quo
Wir machen Fortschritte, die zu Rückschritten führen
Und erleiden Rückschritte, die zu Fortschritten führen
In einem unendlichen Kreislauf von Leben und Sterben
Vereinigend, sich scheidend, lachend und weinend
Herumhüpfend mit riesig aufgeblasenen Egos

J. Marques, *Führen mit Herz und Verstand,* https://doi.org/10.1007/978-3-031-30136-0_9

Die wirklich am Ende nichts bedeuten
Eine sinnlose Schar von suchenden Kreaturen
Verloren in der Existenz.
~Joan Marques

Wenn wir achtsam sind, üben wir auch die rechte Einsicht, die rechte Absicht, die rechte Rede, das rechte Handeln, den rechten Lebenswandel, das rechte Streben und die rechte Konzentration aus. In Sanskrit wird das Wort „smriti" für Achtsamkeit verwendet und bedeutet wörtlich „sich erinnern". Erinnern bedeutet hier, in den gegenwärtigen Moment zurückzukehren, wenn wir erkennen, dass unsere Gedanken eine Tendenz haben, abzuschweifen. Wenn wir achtsam sind, sehen wir Dinge, die wir normalerweise für selbstverständlich halten: das Gras, die Bäume, unseren Partner, unsere Kollegen und unsere Haustiere, und wir erkennen voll und ganz, dass sie jetzt hier sind. Dank unserer Achtsamkeit können wir das, was wir sehen, wirklich zu schätzen wissen, und wo es ein reagierendes Wesen gibt (eine Person oder ein Haustier), können wir unsere Dankbarkeit für ihre Anwesenheit zum Ausdruck bringen, damit auch sie den Moment bewusst wahrnehmen können. Die Wertschätzung, die Teil einer solchen Achtsamkeit ist, kann das Leiden unserer üblichen Gedankenlosigkeit lindern und uns dazu ermutigen, einen Schritt weiter zu gehen, damit wir uns auf den Anderen konzentrieren, ihn oder sie besser verstehen und unsere eigene Leidenschaft und die des anderen in Freude verwandeln.[1]

Wir können Achtsamkeit auf mehrere Arten erreichen. Eine häufig praktizierte Art ist die Meditation. Eine der bekanntesten Formen der Meditation ist Vipassana oder Einsichtsmeditation, die Meditation, die Siddhartha Gautama, allgemein als „der Buddha" bekannt, bei seiner Erleuchtung praktiziert hat. Vipassana wird jetzt in verschiedenen Schulen des Buddhismus eingesetzt, um Aufmerksamkeit, Bewusstsein und Achtsamkeit zu fördern. Vipassana ist zu einer globalen Bewegung geworden und ist sogar noch westlicher als zum Beispiel Zen, weil es keine traditionellen Techniken erfordert. Es gibt Vipassanameditationszentren in allen Teilen der Welt. Weil es auf nichtreligiöse Weise praktiziert werden kann, ist es für Buddhisten und Nichtbuddhisten gleichermaßen attraktiv.[2]

Vipassana bedeutet wörtlich „besondere Sicht" oder Einsicht. Da es sich um eine Achtsamkeitsmethode handelt, lenkt Vipassana die Aufmerksamkeit auf Ihren Atem und auf jedes Objekt des Bewusstseins. Geschäftsleute, Akademiker, aber auch Gefangene scheinen große Veränderungen zu erfahren, wenn sie sich dieser Meditationspraxis widmen. Seit Jahrzehnten schreiben beliebte US-Quellen wie Publishers Weekly und

---

[1] Marques, J. (2015). *Business and Buddhism*. Routledge, New York, NY.
[2] Ibid.

The Philadelphia Inquirer über die Nützlichkeit von Vipassana für Gefangene und stellen fest, dass es ihnen geholfen habe, ihre Kreisläufe von Wut und Rache zu durchbrechen. Vipassana ist ein nützliches Instrument zur Erweiterung des persönlichen Bewusstseins und spricht Menschen aller Religionen, Kulturen und Herkunft an, weil es nur Konzentration des Geistes durch Beobachtung Ihres natürlichen, normalen Atems erfordert, ohne dass Lieder, Phrasen, Visualisierungen oder Vorstellungen hinzugefügt werden.[3]

Ihr Geist kann während des Atmens anfangen, umherzuwandern. Seien Sie nicht enttäuscht oder deprimiert. Es dauert seine Zeit, die Kontrolle über diesen immer plappernden, sich bewegenden, beschäftigten Körper zu erlangen. Sobald Sie sich des Umherwanderns bewusst werden, bringen Sie Ihren Geist einfach sanft zurück in den Moment und konzentrieren sich wieder auf Ihren Atem. Machen Sie sich keine Sorgen über die Natur oder den Inhalt Ihrer Gedanken. Sehen Sie sie einfach als „Gedanken", ob gut oder schlecht. Betrachten Sie sie als Außenstehende und lenken Sie Ihre Aufmerksamkeit wieder auf Ihren Atem. Um Ihren Fokus zu erhöhen, können Sie an die Bewegung denken, die Ihr Atem macht, und die Wörter in Ihrem Geist aussprechen: „steigend, fallend, steigend, fallend" oder „einatmend, ausatmend, einatmend, ausatmend". Dabei sollten Sie sicherstellen, dass Sie Ihren Atem nicht in einem bestimmten Muster oder Tempo erzwingen. Lassen Sie es natürlich geschehen, wie es immer der Fall ist. Während Ihrer Meditation werden Sie das Gefühl von Juckreiz, Kribbeln oder Kitzeln bemerken. Es ist etwas, mit dem wir uns die ganze Zeit auseinandersetzen, aber normalerweise nicht viel Aufmerksamkeit darauf verwenden. Während der Meditation werden diese körperlichen Empfindungen jedoch offensichtlich und können sogar als störend empfunden werden. Seien Sie nicht enttäuscht. Beobachten Sie Ihre körperlichen Empfindungen mit einer ruhigen Perspektive als Außenstehender und Sie werden feststellen, dass sie nachlassen. Genau wie Ihr Atem auf- und absteigt, werden Sie feststellen, dass Ihre körperlichen Empfindungen entstehen und vergehen. Tatsächlich ist die Beobachtung des Entstehens und Vergehens Ihrer körperlichen (z. B. Juckreiz) und mentalen (Gedanken) Empfindungen sehr hilfreich bei der Erkenntnis, dass alles im Leben entsteht und vergeht: schwierige Situationen und Menschen, aber auch gute, sie entstehen und vergehen. Das Bewusstsein des Entstehens und Vergehens ist entscheidend für das Verständnis der Sinnlosigkeit vieler der Dinge, mit denen wir uns selbst frustrieren.

---

[3] Ibid.

Im Geschäft mit Menschen Kaffee servieren: Howard Schultz

Friedliches Wohnen

Neblige Berge oder liebliche Flüsse
Morgenglöckchen oder Abendzittern
Wellige Ozeane mit sandigen Schlitzen
Alle sind Beispiele für Friedensstifter

Stille Nächte zwischen den Laken
Ruhige Parks mit hölzernen Bänken
Raschelnder Wind durch leere Straßen
Das sind auch friedliche Wohltaten

Doch diese Orte, in all ihrer Pracht
Können früher oder später untergehen
Was für ein besserer Ort kann Frieden bieten
Als das Herz, das in dir schlägt?
                                                    ~Joan Marques

Ein Wirtschaftsführer, der Achtsamkeit in mehreren Facetten gezeigt hat, ist Howard Schultz, ehemaliger CEO der Starbucks Corporation. Als Geschäftsmann gelang es Schultz, sich des großen Ganzen bewusst zu bleiben und immer wieder Entscheidungen zu treffen, die nicht unbedingt mit einem harten Fokus auf die Gewinn- und Verlustrechnung in Einklang standen.

Als junger Mann studierte Howard Schultz Kommunikation an der Northern Michigan University. Er arbeitete zum ersten Mal 1982 bei Starbucks und kaufte das Unternehmen 1987. Seine „weichen" Fähigkeiten und Werte halfen dem Unternehmen, als die Umsätze und der Aktienkurs des Kaffeeriesen einbrachen. Schultz kehrte 2008 nach einer achtjährigen Auszeit (er hatte 2000 die Position des CEO aufgegeben) in seine Rolle als CEO zurück und entfachte das Branding durch eine standhafte Mischung aus Leidenschaft, Liebe und Inspiration. Er war allmählich sehr besorgt über den übermäßigen Gewinnfokus, der Starbucks von seinen Kernaktivitäten entfremden könnte, und blieb diesmal bis 2017 CEO. Schultz kehrte auch aus dem Grund zurück, weil er das Gefühl hatte, dass das Wachstum zu einem Selbstzweck geworden war und nicht mehr zu einem Mittel. Die Starbucks Corporation war zu einer Hochleistungsmaschine geworden, in der die Aktienkurse an der Wall Street mehr zählten als die menschliche Erfahrung: Die Meinungen der Kunden waren nicht mehr wichtig, und auch die Auswahl der Standorte der Geschäfte nicht.[4] Für Schultz war diese Entwicklung im

---

[4] Hess, E. D. (2010). Thinking differently about growth. *Financial Executive, 26*(8), 22–25.

krassen Gegensatz zu seiner häufig wiederholten Vorstellung, „Menschen zu verbinden und sie in schönen Momenten auf der ganzen Welt persönlich zu bereichern, eine Tasse nach der anderen".[5]

In der Oprah Winfrey Show erklärte Schultz rückblickend: „Wir haben uns verloren. Die Jagd nach Gewinnen wurde zu unserem Existenzzweck, und das ist nicht der Grund, warum Starbucks im Geschäft ist … Wir sind im Geschäft, die Erwartungen unserer Kunden zu übertreffen."[6] Schultz' erster Schritt war es, 10.000 Starbucks-Manager auf eine 4-tägige Konferenz nach New Orleans zusammenzubringen. Sein Ziel? Inspirieren, engagieren und herausfordern. Innerhalb von 4 Jahren erlebte das Unternehmen Rekordgewinne, -umsätze und -aktienkurse.

Für Schultz ist das Geheimrezept nicht Kaffee, sondern Menschen und Beziehungen. Laut Schultz „ist Starbucks die typische Erlebnismarke, und das Erlebnis wird durch unsere Menschen zum Leben erweckt. Unser einziger Wettbewerbsvorteil sind die Beziehungen, die wir zu unseren Mitarbeitern haben, und die Beziehungen, die sie zu unseren Kunden aufgebaut haben."[7]

In seinem Buch *Pour Your Heart into It* enthüllt Schultz seine Seite als Geschichtenerzähler und einen tiefen Glauben an die Würde der harten Arbeit und der Arbeitenden. Er manifestiert sich als Geschäftsführer, der motiviert ist, eine Organisation auf den Werten der Fairness, des Respekts und der Würde aufzubauen, die erst an zweiter Stelle großartigen Kaffee anbietet.[8]

Schultz' Gabe, Mitarbeiter zu inspirieren, entspringt seiner unverblümten Menschlichkeit und einer Leidenschaft, die durch klare, konsistente und aufrichtige Werte angetrieben wird. Seine Fähigkeit, sich emotional mit Baristas und Führungskräften gleichermaßen zu verbinden, wird immer wieder als Kern seiner außergewöhnlichen Führungsqualität genannt.

Bei seiner Rückkehr als Starbucks-Chef im Jahr 2008 schloss Schultz etwa 900 weniger gut laufende Geschäfte[9] und eröffnete nur neue Läden in Gebieten, in denen es Raum für ein verantwortungsvolles Wachstum gab. Schultz hatte wertvolle Lehren aus Fehlern gezogen und diese Erfahrungen ab diesem Zeitpunkt zum Vorteil des Unternehmens genutzt. Zum Beispiel, als Starbucks anfing, Frühstück anzubieten, überlagerte der Geruch von gebratenen Eiern den bekannten Starbucks-Kaffeeduft, was viele der Kunden abschreckte, die Kaffee haben wollten. Daraufhin wurde Schultz bei der Ein-

---

[5] Schultz, H. & Jones Yang, D. (1997). *Pour your heart into it: How Starbucks built a company one cup at a time*. New York: Hyperion.

[6] Gallo, C. (2013), What Starbucks CEO Howard Schultz Taught Me About Communication and Success, *Forbes*, 19. Feb.

[7] Ibid.

[8] Schultz, H. & Jones Yang, D. (1997). *Pour your heart into it: How Starbucks built a company one cup at a time*. New York: Hyperion.

[9] Saporito, B. (2012). Starbucks 'große Tasse. *Time, 179*(25), 51-54.

führung neuer Getränke und anderer Produkte in sein Dienstleistungsangebot vorsichtiger. Auch in der internationalen Performance setzte Schultz seine Erfahrungen ein: Er versuchte nicht mehr, Starbucks-Produkte in neue Märkte zu bringen. Stattdessen passte er sich den lokalen Wünschen und kulturellen Ausrichtungen an. Dies führte allmählich zu immer mehr Kaffeetrinkern in Teeländern, wie z. B. in Peking und Bangkok.[10]

Was Schultz zu einem besonders guten Vorbild für eine bewusste Führungskraft macht, ist jedoch sein Verantwortungsgefühl jenseits des Kaffeegeschäfts. Die weltweit etwa 160.000 Starbucks-Mitarbeiter gelten als „Partner", selbst wenn sie nur in Teilzeit arbeiten. Im Gegensatz zu den meisten großen Arbeitgebern erhalten Starbucks-Teilzeitkräfte angemessene Bezahlung, Krankenvollversicherung und Aktien als Prämien,[11] was auf Schultz' persönliche Erfahrungen in seiner frühen Jugend zurückzuführen ist, als sein Vater nach einem Unfall als Teilzeitkraft entlassen wurde, ohne Krankenversicherung. Schultz hat auch Rückzahlungsprogramme für Studenten eingeführt, die mindestens 20 Stunden pro Woche arbeiten. Zu diesem Zweck hat er Partnerschaften mit mehreren US-Universitäten geschlossen. Er versteht, dass ein College-Abschluss in der Zukunft zu einem Abgang dieser Mitarbeiter führen kann, aber sein Ziel ist es, diesen Mitarbeitern zu erweiterten Zukunftsmöglichkeiten zu verhelfen.[12]

Schultz hat auch dabei geholfen, die Arbeitslosigkeit nach der großen Rezession zu bekämpfen. Unter seiner Führung hat die Starbucks-Stiftung die Kampagne „Create Jobs for USA" unterstützt, die sich auf die Förderung der Beschäftigung in benachteiligten Gebieten konzentrierte.[13] Darüber hinaus hat die Starbucks Corporation Fortschritte bei ihrer Aufnahme als Fair-Trade-Unternehmen (FT) erzielt und so die Aufmerksamkeit für diese Bewegung verstärkt. Schultz hat sich für die Beschäftigung von Menschen mit Behinderungen ausgesprochen.[14] Auf seinen vielen Reisen in den USA und darüber hinaus spricht und hört Schultz immer noch viele Menschen und engagiert sich in Initiativen, die deutlich von seinem Willen zeugen, einen entscheidenden Beitrag für das Leben anderer zu leisten. Er ist dafür bekannt, behinderten Veteranen, die er auf seinen

---

[10] Lin, E. (2012). Starbucks als der dritte Ort: Einblicke in die taiwanesische Konsumkultur und Lebensstile. *Journal of International Consumer Marketing, 24*(1/2), 119-128.

[11] Goetz, S. J. & Shrestha, S. S. (2009). Erklärung des Erfolgs und Misserfolgs von Selbständigen: Wal-Mart gegen Starbucks oder Schumpeter gegen Putnam. *Social Science Quarterly, 90*(1), 22-38.

[12] Choi, C. (2014, Jun 16). Starbucks beseitigt den Weg zum College-Abschluss für Arbeitnehmer. *Spartanburg Herald Journal.*

[13] Saporito, B. (2012). Starbucks' große Tasse. *Time, 179* (25), 51-54.

[14] Marques, J., Camillo, A. A. und Holt, S. (2014). Die Starbucks-Kultur: Verantwortungsvolle, radikale Innovation in einer unverantwortlichen, inkrementellen Welt. Fallstudie in Palmer, D. E. (Hrsg.). (2014). *Handbuch der Forschung zu Geschäftsethik und Unternehmensverantwortung.* Hershey, PA: IGI Global.

Reisen traf, zu helfen, wieder einen Sinn im Leben zu geben.[15] Er half persönlich beim Wiederaufbau von Häusern in Louisiana nach Hurricane Katrina. Howard Schultz und seine Frau gründeten die Schultz Family Foundation, durch die viele seiner sozialen Vorhaben gesponsert werden, die sich hauptsächlich auf die Wiedereingliederung von Veteranen in die US-Wirtschaft und die Unterstützung von Jugendlichen mit geringen Chancen auf eine Arbeitsstelle konzentrieren.[16]

Die „weiche" Essenz des bemerkenswerten Erfolgs von Starbucks wird in Howard Behars Buch von 2009, *It's Not About the Coffee: Lessons on Putting People First from a Life at Starbucks*, gut beschrieben. Behar, ein 20-jähriger Senior Executive von Starbucks, nennt die zehn Kernprinzipien der Führung, die den Erfolg des Unternehmens antreiben. Keines davon dreht sich um Kaffee. Auch die Liste enthält keine „harten" Prinzipien im Zusammenhang mit traditionellem Kommando- und Kontrollmanagement. Stattdessen lobt Behar die Tugenden des Aufbaus einer Kultur gegenseitigen Vertrauens und der Definition des Erfolgs durch die Entwicklung der Mitarbeiter des Unternehmens. Behar zufolge ist der Erfolg von Starbucks auf dessen echtes Engagement für Zuhören, Empathie und „die Kommunikation mit dem Herzen" zurückzuführen.[17]

William Kamkwamba: Der Junge, der den Wind einfing

Dieser eine Traum

Träume. Wie lange sollten wir an ihnen festhalten?
Und wann sollten wir sie wegwerfen?
Ich glaube, das weiß wirklich niemand.
Manche Menschen sind in der Lage,
Den alten Traum, den sie hegten,
Sobald ein neuer auftaucht,
Loszulassen
Und vielleicht ist das richtig,
Wer bin ich, das zu beurteilen?
Alles, was ich sagen kann, ist,
Dass vielleicht ihr alter Traum nicht viel bedeutete …

---

[15] Marques, J. (2017). Ein achtsamer moralischer Kompass für das 21. Jahrhundert: Der edle Achtfache Pfad. *The Journal of Values Based Leadership 10* (1), Artikel 7.

[16] Anders, G. (1. März 2016). Howard Schultz' stürmische Kreuzzüge: Der Starbucks-Boss öffnet sich. *Forbes*. Abgerufen am 28. Dezember 2018 unter http://www.forbes.com/sites/georgeanders/2016/03/01/howard-schultzs-stormy-crusades-the-starbucks-boss-opens-up/#543c1d45129e.

[17] Behar, H. und Goldstein, J. (2009), *It's Not about the Coffee: Lessons on Putting People First from a Life at Starbucks*. New York: Portfolio.

Aber was, wenn du nur einen einzigen Traum hast
Den du mehr als alles andere verwirklichen möchtest
Der deinen Geist erstrahlen lässt
Und deine Seele singen lässt
Der unermüdlich weiter schlägt
Wie ein Herzschlag: Jahr für Jahr
Unabhängig von deiner Reife
Oder der Tatsache, dass das Alter naht?

Ist das der Traum, den sie als „das echte Ding" bezeichnen?
Der eine, der die Hauptaufgabe erfüllt
Dich mit einem Funken Hoffnung am Leben zu erhalten
Um dir die Kraft zu geben, die Maske aufzusetzen
Die du brauchst, wenn du versuchst, Mittelmäßigkeit zu ertragen
Und gewöhnliches Gesabbel zu feiern
Während du heimlich diese einzigartige Chance verfolgst
Diesen riesigen Fisch an deinem emotionalen Haken

Ich glaube, das ist ein Traum, dem du nachgehen solltest:
Der ewige, hoffnungsvolle, erneuernde
Ein Traum, den du nur aufgeben solltest, wenn das Leben vorbei ist
Wenn du weißt, dass alle deine Bemühungen endlich abgeschlossen sind.

~Joan Marques

Ein junger Mensch, der Achtsamkeit verwendete, um sein Handeln zu steuern, ist William Kamkwamba, ein Erfinder, Ingenieur und Autor, der 1987 in Kasungu, Malawi, geboren wurde. Er wuchs in Armut auf, so sehr, dass er während einer Hungersnot, die das ganze Dorf betraf, die Schule abbrechen musste. Seine Familie konnte die 80 US-Dollar an jährlichem Schulgeld nicht mehr bezahlen,[18] aber William wollte händeringend seine Ausbildung fortsetzen und entdeckte die Dorfbibliothek als Quelle für die Weiterbildung. Durch seine Lektüre wurde er sich seiner Liebe zur Elektronik bewusst. Dann las William ein Buch mit dem Titel *Using Energy*, studierte die Illustrationen im Buch sorgfältig und entschied sich, 2006 eine provisorische Windmühle zu erstellen, um die Nöte in seiner Gemeinde zu lindern. Zunächst machte er eine Miniaturversion mit einem billigen Dynamo, und als er feststellte, dass sie funktionierte, verwendete er Elemente vom Blaugummibaum, Fahrradteile und andere Materialien von einem Schrottplatz, um eine funktionierende Windmühle zu erstellen, die mehrere elektrische Geräte im Zuhause seiner Familie antrieb. In den Monaten, in denen er den Schrottplatz

---

[18] Wulff, J. (Sept-Oct 2011). The Power of One. Dartmouth Alumni Magazine. Retrieved from https://dartmouthalumnimagazine.com/articles/power-one

auf der anderen Seite der Straße von seiner früheren Schule durchforstete, machten sich viele Jugendliche über ihn lustig, und selbst seine Mutter begann, an seinem Verstand zu zweifeln. Aber William wusste, was er tat, und grub unermüdlich weiter und sammelte Büchsenverschlüsse, Fahrrad- und Traktorteile und Flip-Flop-Gummis. Sobald er seine Fähigkeit demonstrierte, erstarrte das ganze Dorf in Ehrfurcht! Er verkabelte bald sein ganzes Haus, und die Nachbarn fragten, ob sie ihre Handys bei den Kamkwambas aufladen könnten.[19] Seinen eigenen Strom zu erzeugen, war eine riesige Leistung in einem Dorf, in dem nur die Häuser der sehr Wohlhabenden, nur 2 % der lokalen Bevölkerung, ihren eigenen Strom hatten.[20]

Die lokale Zeitung erfuhr von Williams Leistung und schrieb einen Artikel darüber. Dies brachte eine Medienwelle ins Rollen, und William stieg langsam in die Prominenz auf. Ein Fernsehregisseur erfuhr von dem jungen Mann und lud ihn 2007 zu einem globalen Event in Tansania ein. Da wurde William wirklich zu einer Berühmtheit. Das Publikum nahm ihn begeistert auf, und der Regisseur fuhr mit William nach Hause, um die Windmühle mit eigenen Augen zu sehen. Er war so von der Sorgfalt, mit der William gearbeitet hatte, beeindruckt, dass er sich an Ort und Stelle verpflichtete, alles in seiner Macht Stehende zu tun, um diesem Jungen zu helfen, die Schule zu beenden und eine College-Ausbildung zu erhalten. *The Wall Street Journal* schrieb auch über seine Bemühungen, und William bekam die lange ersehnte Chance, aufs College zu gehen. Viele Medienvertreter interviewten ihn, und er war Gastredner auf mehreren globalen Veranstaltungen. Ingenieurprofessoren bezeichneten ihn als „Naturtalent", da er in der Lage gewesen war, ein so kompliziertes Gerät mit nichts anderem als ein paar Nägeln zu bauen.

Die Nachricht verbreitete sich wie ein Lauffeuer, als William seine Bemühungen fortsetzte: Er baute eine solarbetriebene Wasserpumpe, um Trinkwasser in seinem Dorf und in zwei anderen Windmühlen zur Verfügung zu stellen. 2013 ernannte das Magazin *Time* William zu einer der 30 Personen unter 30 Jahren, die die Welt verändern. Unterdessen hatte William 2009 ein Buch über seine Geschichte geschrieben, das den Titel *The Boy Who Harnessed the Wind* trug.[21] Nachdem das Buch von öffentlichen Bibliothekssystemen ausgewählt wurde, um ganze Gemeinden damit abzudecken, und an viele Jugendliche durch Geschenkfonds gespendet wurde, hatte William bald einen Bestseller in der Hand! *The Boy Who Harnessed the Wind* gelang es, 5 Wochen lang auf der Bestsellerliste der *New York Times* zu bleiben![22] 2014 schloss William Kamkwamba das Dartmouth College in Hanover, New Hampshire, ab.

Dank seinem großen Streben, seiner achtsamen Praxis, aber auch seiner bewundernswerten und angenehmen Manieren hat Kamkwamba nun ein ganzes Team von Experten,

---

[19] Ibid.

[20] Ibid.

[21] Ibid.

[22] Ibid.

an die er sich wenden kann. Sein Ruhm hat jedoch seinen nüchternen Blick auf das Leben nicht geändert. Während das Leben in reichen Gesellschaften angenehm war, hat er nicht vergessen, woher er kam und dass er und seine Familie einmal am Tag vier Löffel Porridge gegessen haben, um eine schreckliche Hungersnot zu überleben. Er hat eine gemeinnützige Organisation namens „Moving Windmills" gegründet, die jetzt die lokale Fußballmannschaft sponsert, um Jugendliche daran zu hindern, Drogen zu nehmen und herumzulungern. Er hilft seinen Schwestern, die Schule zu besuchen, indem er ihre Studiengebühren aus eigener Tasche bezahlt. Er arbeitet weiterhin in seinem Dorf und untersucht Bereiche, in denen er seine Fähigkeiten verbessern kann. Er hat einen Tiefbrunnen mit einer solarbetriebenen Pumpe gebaut, auf den sein ganzes Dorf zugreifen kann. Dank dieses Projekts müssen die Frauen im Dorf nicht mehr 2 Stunden zu einem öffentlichen Brunnen laufen. William hat gerade eine Maismühle eröffnet, die ein regelmäßiges Einkommen für seine Familie garantiert. Er baut auch die örtliche Grundschule wieder auf, um allen Kindern im Dorf die Möglichkeit zu geben, eine Ausbildung zu erhalten. Darüber hinaus hat er ein Abendalphabetisierungsprogramm für Erwachsene gestartet, um auch älteren Einwohnern des Ortes Bildung zu bieten.[23]

Gisela Solymos: Inklusive Wege finden, um Unterernährung zu beenden

Verunreinigung

Wenn das schmutzige Wasser versickert
Aus dem „Raum der Leichtigkeit" im Freien,
Bildet es eine muffige Pfütze, zusammen
Mit trockenen Blättern, verrottenden Oliven,
und zahlreichen Scharen von Bakterien;
Ahnungslose Kinder, von eins bis acht,
Stecken ihre kleinen nackten Füße in das nasse Chaos
Und genießen das Gefühl von Schlamm zwischen ihren Zehen
Sich nicht bewusst der Gefahr, in der sie sich befinden
Oder der anstehenden Hysterie
Der Mütter, die, einmal mehr, Zeuge sein werden
Der Ansteckung eines weiteren Kleinen
Welches langsam aus ihren schwachen Händen gleitet
In einer schädlichen Umgebung:
Die Quintessenz archaischer Delirien
Während, in anderen Teilen derselben Welt,

---

[23] Ibid.

Schuhe, Kleidung, Sanitäranlagen im Haus und Nahrung
Zu den Normalitäten des täglichen Lebens gehören
Und nicht – wie in ihrem Universum –
Teil eines unerreichbaren Lebens sind.

~Joan Marques

Als sie gerade 5 Jahre alt war, sah Gisela Solymos einen untergewichtigen, obdachlosen Mann. Der Anblick berührte sie so sehr, dass sie ab diesem Zeitpunkt darüber nachdachte, wie sie das Problem der Unterernährung lösen könnte.[24] Gisela, Tochter eines ungarischen Vaters und einer brasilianischen Mutter, lernte von ihrem Vater, wie man Spitzenergebnisse erreicht. Sie erbte seine natürliche Neugier und Intelligenz und wuchs zu einer neugierigen Jugendlichen heran, die ein hohes Maß an Sensibilität und Mitgefühl für andere entwickelte. In ihren Teenager-Jahren schloss sie sich einer Gruppe von Jugendlichen an, die in einer Favela, einer brasilianischen Slum-Gegend, arbeiteten. Diese Erfahrung hatte einen tiefgreifenden Einfluss auf sie und prägte ihren Fokus auf eine zukünftige berufliche Richtung noch mehr: Sie wollte etwas tun, um die schrecklichen Umstände, die sie sah, zu verbessern.[25]

Sie war eine intelligente Dame und konzentrierte ihre Ausbildung auf die Psychologie, die sie 1987 mit einem Bachelor abschloss. Sie begann ihre Karriere als klinische Psychologin, die mit Kindern mit Lernbehinderungen arbeitete, während sie auch erforschte, wie sie ihr Projekt zur besseren Ernährung der Armen und Benachteiligten finanzieren könnte.[26] Sie eröffnete eine private Klinik, um Kinder mit Lernbehinderungen zu behandeln, wurde aber durch die lokale Finanzkrise gezwungen, ihr Büro zu schließen und nach anderer Arbeit zu suchen. Das Leben führte sie noch näher an ihre Berufung, als sie Feldforscherin wurde, die die sozioökonomischen und ernährungsphysiologischen Bedingungen der Bewohner der Favela Vila Mariana untersuchte.[27] Zusammen mit ihrem Team begann Gisela damit, an einer Struktur für Gesundheitsmaßnahmen in dieser Gemeinde zu arbeiten. Sie tat dies, indem sie Hausbesuche machte und untersuchte, welche Gesundheits- und Unterstützungsbedürfnisse bei diesen armen Familien bestanden.[28]

---

[24] Gisela Maria Bernardes Solymos (2013). Visionaris. Abgerufen von http://ubs-visionaris.com.br/finalistas-2013/179-gisela-maria-bernardes-solymos.

[25] Gisela Solymos (2018). Ashoka Fondation. Abgerufen von https://www.ashoka.org/en-US/fellow/gisela-solymos#intro.

[26] Gisela Maria Bernardes Solymos (2013). Visionaris. Abgerufen von http://ubs-visionaris.com.br/finalistas-2013/179-gisela-maria-bernardes-solymos.

[27] Gisela Solymos (2018). Ashoka Fondation. Abgerufen von https://www.ashoka.org/en-US/fellow/gisela-solymos#intro.

[28] Ibid.

Im Jahr 1993 wurde Gisela Maria Bernardes Solymos zur Mitbegründerin des Centro de Recuperação e Educação Nutricional (CREN), dem Zentrum für Ernährungsaufbau und -bildung, einer brasilianischen gemeinnützigen Organisation, die sich auf die Prävention und Behandlung von Unterernährung bei Kindern konzentriert. Unterernährung ist ein entscheidendes Element der extremen Armut. Allein in der brasilianischen Stadt São Paulo leben etwa 1,7 Mio. Menschen in Slums, in denen die Familien sehr wenig Schulbildung haben und entweder unterbeschäftigt oder arbeitslos sind. Die ungesunden Wohnbedingungen führen zu Gesundheitsproblemen der Familien, die durch ungesunde Wohnbedingungen verstärkt werden, die Kinder wiederholten Infektionen aussetzen. Die meisten Menschen in diesen Slums sind uninformiert; ganze Familien leben ein isoliertes Leben, bei dem mehrere Mitglieder Drogen und andere Substanzen missbrauchen. Familiengewalt und sexueller Missbrauch sind auch Teil der ungesunden Zustände in diesen Slums. Angesichts der Vielzahl der Kämpfe, die das Leben in diesen Slums mit sich bringt, ist es nicht verwunderlich, dass Unterernährung in Form von Mangelernährung oder Fettleibigkeit ein wiederkehrendes Problem ist. Im Falle der Fettleibigkeit ist das Problem, dass die Menschen unzureichende und ungepflegte Beziehungen durch Essen ersetzen. Also ist Unterernährung auf die eine oder andere Weise ein familiäres psychologisches Problem.[29] Gisela, dank ihrer Ausbildung in Psychologie, erkannte das und war maßgeblich an der Schaffung eines multidisziplinären, umfassenden Ansatzes beim CREN beteiligt, der fachliche Ausbildungsprogramme, Ernährungsbildung, Prävention und Bekämpfung von Unterernährung bei Kindern, Kurse für Teams des Familiengesundheitsprogramms, Partnerschaften mit Universitäten und technische Unterstützung für nationale und internationale Programme in den Bereichen Gesundheit und Ernährung umfasst.[30]

Tatsächlich hat Gisela von Anfang an unermüdlich dafür gearbeitet, dass das CREN sich von anderen Organisationen, die mit unterernährten Kindern arbeiten, abhebt und ihre Ziele auf die konstruktivste Weise erreicht. Der Unterschied, den Gisela und ihre Teammitglieder zwischen dem CREN und anderen Organisationen ausmachen, die mit unterernährten Kindern arbeiten, besteht darin, dass das CREN die gesamte Familie in den Heilungsprozess einbezieht und das Kind daher nicht von seiner Familie trennt. Darüber hinaus versucht das CREN, das Problem an der Wurzel anzugehen, wie oben beschrieben, durch Bildung. In diesem Zusammenhang arbeitet die Organisation mit Schulen zusammen, um die Gemeinschaften über Ernährung aufzuklären. Die Aktivitäten des CREN sind derzeit mehr als 50.000 Kindern in ganz Brasilien zugutege-

---

[29] Gisela Solymos (2018). Ashoka Fondation. Abgerufen von https://www.ashoka.org/en-US/fellow/gisela-solymos#intro.

[30] Ibid.

kommen.[31] Betrachtet man die Angelegenheit aus einem größeren Blickwinkel und schließt die von der Arbeit dieser Organisation betroffenen Familien mit ein, so ist das CREN fast 3,5 Mio. Menschen in Brasilien, Lateinamerika und Afrika zugutegekommen.

In den letzten Jahren hat sich Gisela mit viel Energie darum bemüht, die Neuordnung der Governance des Unternehmens abzuschließen. Zu diesem Zweck wurde sie Mitglied des Verwaltungsrats des CREN. Nachdem sie sichergestellt hatte, dass das CREN gut gemanagt wird, engagierte sie sich in einer Partnerschaft mit dem Netzwerk iCeNSA (University of Notre Dame) und GAF, um eine neue Initiative zu starten, die darauf abzielt, verschiedene Arten von Wissen und Technologie zu integrieren, um eine genauere Vorstellung von den Ursachen von Unterernährung und Fettleibigkeit bei Kindern und von erfolgreichen und skalierbaren Lösungen zu erhalten. Als Psychologin hat Gisela einen einzigartigen Blick auf Unterernährung und untersucht das immense Leid, das damit verbunden ist, um sowohl den Patienten als auch ihren Angehörigen zu helfen. Sie ging auch einen Schritt weiter und machte einen Master in Psychologie und Human Development (USP, Brasilien) sowie einen Ph.D. in Sozialpsychiatrie (UNIFESP, Brasilien). Sie ist auch Schwab Foundation Social Entrepreneur, Ashoka Fellow und Mitglied des Steuerungskomitees der NCDs Dialogue Series des World Economic Forum.[32]

Gisela ist immer noch ein lebhafter und kreativer Geist und sieht das CREN als eine sich immer weiterentwickelnde Einheit, die stets auf die Bedürfnisse von Kindern in Armut und die Herausforderungen, die ihre Umgebungen mit sich bringen, abgestimmt ist.[33]

Der goldene Pfad der rechten Achtsamkeit

Wenn Sie recht achtsam sind, stellen Sie sicher, dass die Schritte, die Sie unternehmen, um etwas zu planen, gut überlegt und verantwortungsbewusst sind. Meistens führt rechte Achtsamkeit zu positiven langfristigen Ergebnissen, weil Achtsamkeit eine Praxis ist, die mehr berücksichtigt als nur diesen einen Moment. Die drei in diesem Kapitel beschriebenen Personen sind nur Beispiele dafür, wie achtsames Verhalten den Verlauf eines Lebens bestimmen kann.

---

[31] Schwab, H. (18. April 2012). Die sozialen Unternehmer Lateinamerikas des Jahres. Abgerufen von https://www.huffingtonpost.com/hilde-schwab/latin-america-social-entrepreneurs_b_1435423. html.

[32] Schwab Foundation for Social Entrepreneurship in Partnerschaft mit dem World Economic Forum (2018). Preisträger: Gisela Maria Bernardes Solymos. Abgerufen von https://www. schwabfound.org/awardees/gisela-maria-bernardes-solymos.

[33] Ibid.

Im Fall von Howard Schultz hatte er als junger Mann Rückschläge und Enttäuschungen erlebt, aber auch gelernt, dass er in Zukunft recht handeln musste, basierend
auf dem Unglück, das er in der Karriere seines Vaters beobachtet hatte. Um recht zu
handeln, musste er bei den Schritten, die er in der Zukunft unternehmen würde, achtsam
sein. Als er Europa besuchte und das Modell sah, das später Starbucks werden sollte,
wusste er, dass dies in den USA funktionieren könnte, aber er verstand auch, dass er
Hilfe von anderen benötigen würde, um dieses Projekt zu starten und zum Erfolg zu
führen. Der Schlüssel lag darin, die Menschen von Anfang an richtig zu behandeln.
Starbucks hat sich in den vergangenen Jahrzehnten einen Ruf für die gute Behandlung
von allen Beteiligten erarbeitet. Dies ist Achtsamkeit in Aktion im Fall eines Unternehmens mit Gewinnabsichten.

Im Fall von William Kamkwamba war die Achtsamkeit bereits in einem sehr frühen
Alter erwacht und wurde auch durch Schwierigkeiten hervorgerufen. Die Erlebn-
nisse einer schrecklichen Hungersnot, das Sterben vieler Menschen und die Erkenntnis, dass Bildung ein Privileg war, das nicht mehr in Reichweite lag, machten William
entschlossen, sein Ziel zu erreichen und sicherzustellen, dass er so viele Menschen
wie möglich auf diesem Weg unterstützen würde. Als er an dem Windmühlenprojekt
arbeitete, war er sich bewusst, dass dies zur Entwicklung in seinem Dorf beitragen
würde, und für jedes Projekt danach blieb der Blick für das große Ganze Teil der achtsamen Leistung von William.

Im Fall von Gisela Solymos war es auch die Konfrontation mit Schwierigkeiten
und dem massiven Leid großer Menschengruppen, die sie dazu veranlasste, Psychologie zu studieren und sich auf eine umfassende Behandlung von Unterernährung zu
konzentrieren. Gisela verstand, dass Probleme dieses Ausmaßes nicht nur durch eine
Behandlung des Problems auf individueller Ebene gelöst werden können. Dies musste
systematisch angegangen werden, durch Bewusstseinsbildung aller beteiligten Parteien.
Gisela traf bewusste Entscheidungen im Leben und ist immer noch auf einem Weg, achtsame Praktiken zu üben, die weiterhin den Bedürftigen zugutekommen.

Wie die Geschichten in diesem Kapitel auch demonstrierten, ist rechte Achtsamkeit
keine alleinstehende Praxis. Sie erfordert rechte Einsichten, um den Grund für den Weg
zu sehen. Sie erfordert rechte Absichten, um an den richtigen Stellen nach Unterstützung
zu suchen und die richtigen Dinge zu tun, um zum Erfolg zu gelangen. Sie erfordert
rechte Rede, um verschiedene Menschen und Institutionen davon zu überzeugen, warum
Ihre Einsichten und Absichten es wert sind. Sie erfordert rechtes Handeln, weil Sie ohne
einen ausgewogenen und sorgfältig überlegten Aktionsplan nichts erreichen können.
Sie erfordert rechten Lebenswandel, weil Ihre achtsame Praxis es Ihnen nicht erlauben
wird, etwas zu tun, das für das allgemeine Wertesystem unannehmbar ist. Sie erfordert
rechten Einsatz, um Zeit, Erkenntnisse, Wissen, Überzeugungskraft und vieles mehr in
die Umsetzung des Projekts zu investieren. Sie erfordert auch rechte Konzentration, um
sich trotz der Ablenkungen, die das Leben mit sich bringt, zu konzentrieren.

Rechte Konzentration

Verloren in Details

... ist es, wo wir sind
von Tag zu Tag
wenn wir kämpfen und streben
und mit Herausforderungen konfrontiert werden
die winzig sind im Ganzen
des Daseins,
aber die unser ganzer Mittelpunkt des Augenblicks werden ...
wenn wir uns beweisen wollen
beliebt, schön, gewollt, gebraucht ...
wenn wir Gelegenheiten jagen
die so flüchtig sind wie Luft
weil sie im nächsten Moment verschwunden sein werden ...
Verloren in Details
während das Ganze
an uns vorbeizieht
                    ~Joan Marques

Die rechte Konzentration hat alles mit dem Fokussieren auf das Wichtige zu tun. Manchmal ist es wichtig, sich auf eine bestimmte Sache zu konzentrieren, wie zum Beispiel unseren Atem, wenn wir Vipassana-Meditation (wie im vorherigen Kapitel erläutert) praktizieren. In anderen Momenten ist es wichtig, sich aktiver auf eine Reihe von Aktivitäten zu konzentrieren. Ein Beispiel hierfür ist das Autofahren: Wenn wir fahren, konzentrieren wir uns auf unsere Fahrt, aber auch auf die Lichter, die anderen Fahrzeuge auf der Straße, die Menschen, die die Straße überqueren, unsere

J. Marques, *Führen mit Herz und Verstand*,
https://doi.org/10.1007/978-3-031-30136-0_10

Geschwindigkeit, den Zustand der Straße, die Richtung, in die wir fahren, möglicherweise auch auf den Regen und so weiter.

Wir müssen uns konzentrieren, um mental anwesend zu sein, und wenn wir das tun, erleben wir jeden Moment in vollen Zügen. Wenn wir uns voll und ganz auf jeden Moment konzentrieren, anstatt ständig an die Vergangenheit und die Zukunft zu denken, können wir vielleicht wunderschöne Details im Hier und Jetzt entdecken, die uns entgangen wären, wenn wir uns nicht konzentriert hätten. Die rechte Konzentration kann uns daher im aktuellen Moment mehr Glück bringen, weil wir uns mehr auf das konzentrieren, was jetzt wichtig ist. Auch die rechte Konzentration kann uns mehr als alles andere darüber aufklären, dass alles vergänglich ist. Unsere Gefühle der Verärgerung oder Wut und unsere Gefühle der Euphorie: Sie verschwinden irgendwann wieder. Dank unserer Konzentration können wir lernen, sie in ihrem richtigen Kontext zu sehen: als flüchtige Sinneseindrücke, die wir freilassen können, wenn wir möchten.[1]

Die rechte Konzentration steht in Beziehung zu den anderen Elementen des edlen achtfachen Pfades.

Die rechte Konzentration wird manchmal auch als rechte Meditation bezeichnet. Die rechte Achtsamkeit und Konzentration sind beides Werkzeuge, um den Geist zu schärfen.[2]

Es ist nicht unmöglich, einen Anführer zu identifizieren, der die rechte Konzentration vorlebt, aber es ist etwas komplizierter, aufgrund des spezifischen Fokus in der Konzentration. Gleichzeitig ist es wichtig, noch einmal zu betonen, dass die in diesem Buch bisher vorgestellten Personen austauschbar sind, weil jedes Element des edlen achtfachen Pfades in die anderen eingewoben ist.

Abdel Alzorgans Traum von einer motivierten Jugend

Ein neues Du

Es wird nie ein anderes Du geben
Nicht einmal nach dem nächsten Blinzeln
Dieser Moment ist dein einziger
Er ist wertvoller, als du denkst.

Sogar während du dies liest, änderst du dich
Durch Bewusstsein und natürliches Reifen

---

[1] Thich, N. H. (1998). *The heart of the Buddha's teaching: Transforming suffering into peace, joy, and liberation*. New York: Broadway Books.

[2] Nouri, D. (May 3, 2013). What is the Eightfold Path? *Secular Buddhist Association*. Retrieved from http://secularbuddhism.org/2013/05/03/what-is-the-eightfold-path/.

Deine Zellen, Gedanken, Einsichten, Fähigkeiten
Entwickeln sich immer weiter – sie sind nicht dauerhaft

Die Person, die in der Vergangenheit gehandelt hat
Hat sich längst verwandelt – und sich nicht gehalten
Diejenige, die morgen handeln wird
Wird durch zukünftige Freude und Leid geprägt

Aber du bist jetzt hier – wo du sein solltest
Es ist wichtig, auch wenn du es noch nicht sehen kannst
Es ist die Grundlage eines neuen „Du"
Um geboren zu werden, wenn dieser Moment vorbei ist

~Joan Marques

Abdel Alzorgan wurde 1990 geboren und arbeitete von jungem Alter an gemeinsam mit seinem Vater, einem ehemaligen lokalen Bauern in Talifa, Jordanien. Sein Vater war ein freundlicher und ermutigender Vater, der in der lokalen Gemeinschaft aufgrund seiner hilfsbereiten Haltung sehr geschätzt wurde. Die Familie hatte jedoch wenig Geld und lebte ein bescheidenes, sparsames Leben. Bald lernte er ein strukturelles Problem kennen, mit dem alle lokalen Bauern kämpften: Es gab nicht genug Wasser und keinen Frostschutz für ihre Ernte während des Winters. Dies führte dazu, dass jedes Jahr ein großer Teil der Ernte austrocknete, schimmelte oder verdarb. So begann Abdel zusammen mit seinem Bruder Mohammad, Möglichkeiten zu studieren, um ein System zu entwickeln, das eine verantwortungsvollere und nachhaltigere Nutzung von Wasser sowie den Schutz der Ernte während des Winters gewährleisten würde.[3]

Die Brüder machten mit ihrem Wissenschaftsprojekt Fortschritte, aber sie stießen auf ein Problem: Sie benötigten Geld, um ihre Forschung auf die nächste Stufe zu heben, auf der sie die erforderliche Ausrüstung kaufen und das System testen konnten. Also begannen die Jungen, nach Möglichkeiten zu suchen, um Sponsoren zu finden. Sie erfuhren von einer lokalen Wissenschaftsausstellung und reichten ihr Projekt dort ein. Sie gewannen, und dies war der erste Schritt, um ihren Namen bekannt zu machen und in der lokalen Gemeinschaft einige Anerkennung zu erlangen. Als nächster Schritt traten Abdel und Mohammad mit ihrem Projekt in einem größeren Forum, der INTEL International Science and Engineering Fair, an. Sie taten dies 2006 und 2008, und bei der

---

[3] Horsfield, P. (2018). Abdel Rahman Alzorgan. *TheExtraordinary.org*. Abgerufen von https://www.thextraordinary.org/abdel-rahman-alzorgan.

letzten Einreichung gewannen sie den vierten Platz, was den Jungen die Möglichkeit gab, in die USA zu reisen.[4] Dieser Besuch in den USA war eine Erfahrung für Abdel und seinen Bruder, die ihr Leben veränderte. Zunächst mussten sie Englisch lernen, was sie durch das Anschauen vieler englischer Programme im Fernsehen taten. Sie mussten auch ihre Präsentation sehr gut üben. Interessanterweise fand Abdel heraus, dass Sie, wenn Sie Ihren Traum verwirklichen wollen, weniger schlafen müssen.[5]

Während dieser Gelegenheiten entwickelten Abdel und Mohammad ein einzigartiges Bewässerungs- und Wassersparsystem, das nicht nur die Felder bewässerte, sondern sie auch während des Winters vor Frost schützte. Das neue System von Abdel und Mohammad war nicht nur für ihre Familie nützlich: Alle lokalen Bauern konnten es verwenden und davon profitieren. Die Sprinklerinitiative pflanzte in Abdel einen Samen der Leidenschaft, und er wollte mehr für seine Gemeinschaft und vor allem für seine Altersgenossen tun. Er hatte bis dahin herausgefunden, dass viele seiner lokalen Altersgenossen nicht so leidenschaftlich waren wie er, um großartige Dinge für ihre Gemeinschaft zu tun. Abdel begriff, dass die Inspiration, die er von seinem Vater erhalten hatte, entscheidend für die Art und Weise war, wie er Bildung wahrnahm, aber dass dies nicht unbedingt auf die Art und Weise geschah, wie jeder Jugendliche sie sah. Wo er dachte, dass der Wunsch, Bildung zu erwerben, jedem Jugendlichen den Traum erfüllen würde, stellte er fest, dass dies nicht der Fall war. Er wusste, dass er etwas tun musste, um die Dinge zu ändern, und was wäre besser, als ein Vorbild zu sein?[6]

Als er die Gelegenheit bekam, als Vierter der Intel International Science and Engineering Fair die USA zu besuchen, lernte Abdel einige wichtige Unterschiede zwischen diesem Land und seinem eigenen kennen: Zunächst einmal hatten die Jugendlichen sofortigen Zugang zu Informationen und konnten sich auf sehr einfache Weise jegliche erwünschte Ausbildung aneignen. Dies war für die Jugend in Jordanien viel schwieriger. Er begriff, dass dieser Besuch vielleicht ein Zeichen für ihn war, einen Weg zu gehen, den noch kein Jugendlicher zuvor gegangen war: ein Vorbild für seine jungen jordanischen Mitbürger zu werden.[7] Nach seiner Rückkehr nach Jordanien begann Abdel, seine Vision zu verwirklichen. Er ergriff Gelegenheiten, vor Publikum von Jugendlichen zu sprechen und sie mit seiner Geschichte und seinen Erkenntnissen zu inspirieren. Gleichzeitig verstand er auch, dass er sein Wort halten musste, also stellte er sicher, dass er das Abitur machte, gefolgt von einem Abschluss an der Talifa Technical University, wo er Mechatronik studierte, und dass seine Noten hervorragend waren.

---

[4] Hannah, J. (2018). Incredible Humans: Abdel Alzorgan is a dreamer we can all get behind. *Six Two*. Abgerufen von https://sixtwo.ctk.io/six-two/abdel-alzorgan/.

[5] Horsfield, P. (2018). Abdel Rahman Alzorgan. *TheExtraordinary.org*. Abgerufen von https://www.thextraordinary.org/abdel-rahman-alzorgan.

[6] Abdel Alzorgan (2019). *Oath Inc. - Huffpost News*. Abgerufen von https://www.huffingtonpost.com/author/abdel-alzorgan.

[7] Ibid.

Dann bekam er eine Einladung, an einer TEDx-Veranstaltung teilzunehmen. Er sah dies als großes Privileg und eine großartige Gelegenheit, ein noch größeres Publikum zu erreichen und mehr Jugendliche zu ermutigen, dass sie die Macht einer besseren Zukunft in ihren Händen hatten.[8]

Eins führte zum anderen, und Abdel, jetzt ein bekanntes junges Vorbild in Jordanien, wurde zum Botschafter von One Young World ernannt, einer Organisation, die sich auf die Förderung und Bildung von Jugendlichen auf der ganzen Welt konzentriert. One Young World bringt die größten jungen Köpfe der Welt zusammen und schafft Wege, damit sie ihr Potenzial optimal nutzen und beispielhafte Mitglieder ihrer Gesellschaften werden. Jetzt eingeladen, in internationalen Foren zu diskutieren, wurde Abdel bald als einer der 25 mächtigsten und einflussreichsten jungen Menschen der Welt im Jahr 2012 identifiziert. Die Augen der internationalen Gemeinschaft waren jetzt voll auf Abdel und seine großartige Förderungsarbeit für Jugendliche gerichtet.

Der oben beschriebene Erfolgsweg sollte nicht als ununterbrochene Kette von Glücksfällen gesehen werden. Abdel erlebte – und erlebt immer noch – seine Rückschläge. Aber während er sich von ihnen erholen kann, stellt er sicher, dass er nicht missmutig bleibt. Er steht immer wieder auf, bewertet sein Missgeschick, fragt sich, was er daraus lernen kann, und nutzt es, um andere zu ermutigen. Er stellt auch sicher, dass er den tieferen Sinn des Erwerbs von Bildung immer den jungen Menschen erklärt, die er erreicht. Dank seiner rechten Konzentration erkennt er, dass es einen großen Unterschied zwischen Atmen und Leben gibt. So viele Menschen existieren nur, weil sie nicht motiviert sind, und das raubt ihnen die Möglichkeit, ein wirklich erfülltes Leben zu genießen. Motivationsmangel ist eine Gefahr für die Qualität des Lebens eines jeden. Auf der anderen Seite ist Inspiration der wichtigste Weg, um das Leben von jemand zum Besseren zu verändern, und damit die Zukunft für sich selbst und die Gemeinschaft zu verändern. Abdel, der jetzt als Erfinder, Wasserversorger und Aktivist bezeichnet wird, hat ein Mantra, das lautet: Die Jugend zu inspirieren, bedeutet, die Welt zu verändern. Er glaubt stark an die Kraft der Träume und ermutigt sein Publikum, sich zu trauen, für eine bessere Zukunft zu träumen.[9]

Kendall Ciesemiers Mitgefühl für Kinder

Verzweiflung

Manchmal kann ich nicht atmen
Wegen all des Leidens,

---

[8] Horsfield, P. (2018). Abdel Rahman Alzorgan. *TheExtraordinary.org*. Abgerufen von https://www.thextraordinary.org/abdel-rahman-alzorgan.

[9] Ibid.

Das ich in der Welt sehe,
Kinder, die vor Hunger sterben,
Und Tiere, die von ignoranten Menschen
Misshandelt werden,
Die ihren Verstand oder ihre Menschlichkeit verloren haben
Manchmal habe ich Schwierigkeiten

Den Zweck meiner Arbeit zu sehen
Weil, während ich dazu beitrage
Es so viele Bedürfnisse gibt
Die ich nicht erfüllen kann
Bedürfnisse, direkter und dringender
Die einen moralischen Kodex erfordern
In einem massiven kollektiven Modus
Manchmal scheint alles hoffnungslos

Weil die Welt so ist
Im Kern, ein chaotisches Durcheinander
Selbstsüchtige Wesen:
Menschen, Städte, Nationen …
Die ein paar erkennen
Und einfach den Rest ignorieren
Oh, was für eine abscheuliche Plage …
                                                ~Joan Marques

Als Kendall Ciesemier 11 Jahre alt war, sah sie eine Oprah Winfrey Show, in der AIDS-Waisen in Afrika vorgestellt wurden. Kendall hatte selbst im Leben bereits einige Krankheiten durchgemacht und konnte sich lebhaft vorstellen, wie verzweifelt so viele dieser Waisen waren. Sie mussten sich um ihre jüngeren Geschwister kümmern, hatten aber selbst keine Sicherheit für ihre Zukunft. Gleichzeitig war sie von dem unbeirrbaren Geist der Hoffnung beeindruckt, den diese jungen Kinder, viele in ihrem Alter oder jünger, in ihrem Kampf um das Leben an den Tag legten. Dies wurde ein entscheidender Moment in Ciesemiers Leben.[10]

Kendall wurde 1993 in Wheaton, Illinois, geboren und litt an einer seltenen Leber-erkrankung namens Gallengangsatresie, einem Defekt, bei dem der Gallengang – der normalerweise zwischen Leber und Dünndarm vorhanden sein soll – entweder

---

[10] Ciesemier, K. (2013). My Name is Kendall: This is My Story… *MyNameMyStory*. Retrieved from http://mynamemystory.org/kendall-ciesemier.html.

blockiert ist oder fehlt. In Kendalls Fall war ihr Gallengang blockiert, was bedeutete, dass sie bei allem, was sie zu sich nahm, sehr vorsichtig sein musste.[11] Kendall hatte liebevolle Eltern, die in der Lage waren, sie ausreichend zu unterstützen, und die viele Opfer gebracht haben, um ihre Tochter zu trösten, eine Tatsache, an die sie heute dankbar zurückdenkt. Letztendlich führte das Gesundheitsproblem jedoch dazu, dass Kendall zwei Lebertransplantationen durchführen lassen musste, als andere Jugendliche nur über ihre nächste technische Spielerei oder ihren nächsten Social-Media-Beitrag besorgt oder aufgeregt waren. Die erste Hälfte ihrer Leber bekam sie von ihrem Vater, die andere von einem Spender, aber sie musste den ganzen Sommer über im Krankenhaus bleiben, um sicherzustellen, dass ihr Körper die neue Leber nicht abstieß.[12]

Das Programm über die AIDS-Waisen in Afrika hat Kendall dazu gebracht, nach anderen Kindern auf der Welt zu suchen, die kämpften, aber nicht die Mittel hatten, um Fortschritte zu machen. Ihr erstes Geschenk war eine Spende in Höhe von 360 US-Dollar an ein damals 8-jähriges Mädchen aus Mauretanien ohne Eltern, die Benite hieß, die sich dank Kendalls Unterstützung endlich darauf vorbereiten konnte, sich eine Zukunft zu erträumen und eine Schule zu besuchen. Die Verbindung zu einem anderen Jugendlichen, der ebenfalls große Herausforderungen im Leben meistern musste, gab Kendall ein starkes Gefühl, was ihre Bestimmung war, und sie entschied, dass ihr Weg darin bestehen würde, alles zu tun, um anderen Kindern in Not zu helfen. Sie machte „Dienen ist meine Kraft" zu ihrem Mantra und begann, Geld von Familie, Freunden, aber auch von anderen Kindern zu sammeln, die von Kendalls Bemühungen erfuhren und helfen wollten. Im Sommer 2004 hatte Kendall mithilfe all dieser bekannten und unbekannten „Engel-Investoren" die Summe von 15.000 US-Dollar gesammelt und konnte so ein ganzes Dorf in Sambia, Musele, unterstützen.[13]

Im Jahr 2005, als Kendall gerade 12 Jahre alt war, erhielt sie Hilfe bei der Umwandlung ihres Projekts Kids Caring 4 Kids (KC4K) in eine gemeinnützige Organisation nach § 501 (c) 3. Ihr Zweck mit dieser Organisation war es, die Kinder in den USA dazu zu inspirieren, sich um die Bedürftigen zu kümmern und sie zu unterstützen. Kendalls Hauptaugenmerk lag darauf, Empathie bei Kindern zu wecken, die unter besseren Umständen lebten, für diejenigen, die weitaus größere Herausforderungen und weniger Möglichkeiten hatten, wie die AIDS-Waisen in Afrika. Kendall fühlte sich dazu berufen, diesen Kindern ein besseres Leben zu ermöglichen, einschließlich Bildung, Nahrung, sauberem Wasser, Unterkunft, Transport und Hygiene.[14]

---

[11] Horsfield, P. (2018). Kendall Ciesemier. *TheExtraordinary.org*. Retrieved from https://www.thextraordinary.org/kendall-ciesemier.

[12] Ibid.

[13] Ciesemier, K. (2013). My Name is Kendall: This is My Story… *MyNameMyStory*. Retrieved from http://mynamemystory.org/kendall-ciesemier.html.

[14] Ibid.

Um ihre Botschaft zu verbreiten, besuchte Kendall Schulen, Jugendgruppen und Dienstleistungsorganisationen und lud sie ein, sich zu beteiligen. Zum Glück taten viele von ihnen genau das, und mehrere organisierten Turniere und andere Veranstaltungen als Fundraising-Aktivitäten, um die Arbeit von KC4K zu unterstützen. Es ist erstaunlich, was ein konzentriertes und engagiertes Streben mit einer rechten Einstellung und Konzentration erreichen kann. Seit sie ihre gemeinnützige Organisation gegründet hat, konnte Kendall acht Projekte in vier afrikanischen Ländern sponsern. Zu diesen Projekten gehören der Bau eines Wohnheims und zweier Waisenhäuser sowie die Bereitstellung von 400 speziell gebauten Fahrrädern, Schulbedarf, medizinischer Versorgung, sanitären Einrichtungen, gesunden Mahlzeiten und Wasserlöchern, um die Lebensqualität dieser afrikanischen Kinder zu verbessern. Ihre engagierte Arbeit erregte die Aufmerksamkeit von bekannten Prominenten in der US-Gesellschaft, wie Oprah Winfrey und Präsident Clinton. Kendall ist besonders stolz darauf, dass ihre Arbeit ein konzertiertes Streben von Kindern darstellt, anderen Kindern zu helfen. Alles begann damit, dass Kendall, das kranke Mädchen, zu Kendall, dem Mädchen, das anderen Kindern hilft, wurde, aber es wuchs zu etwas viel Größerem als das. Kendall inspiriert bis heute junge Menschen, sich weiterhin auf die Suche nach einem guten Zweck zu begeben, da es sich so sehr lohnt, jemandem in Not zu helfen. Kendall Ciesemier wurde für ihre philanthropischen Arbeiten mehrfach ausgezeichnet. Prudential und die National Association of Secondary School Principals haben sie zu einer der zehn besten Jugendfreiwilligen Amerikas ernannt. Sie wurde auch als Nummer 1 der 20 Amazing Young Women der Zeitschrift Glamour gelistet und bekam den Woman of the Year Reader's Choice Award verliehen.[15]

Kendall stellte sicher, dass sie auch für die jungen Menschen eine Inspiration blieb, indem sie die Schule sehr gut abschloss und danach einige wichtige Karriereentwicklungen neben ihrem Freiwilligendienst erreichte. Nachdem sie früh im Leben von der Macht der Medien erfahren hatte, entwickelte sie sich zu einer talentierten Journalistin und arbeitete als Korrespondentin für mehrere große Nachrichtenquellen wie The Daily Beast und Newsweek.[16] Sie nutzt die Medien geschickt für ihre beiden Leidenschaften: ihre journalistische Karriere und ihre Freiwilligenprojekte.

Was Kendall zu so einer geachteten und geschätzten jungen Frau macht, ist die Tatsache, dass sie nicht unbeschadet von den Wendungen des Lebens geblieben ist. Als Kind musste sie feststellen, dass sie möglicherweise nicht mehr lange leben würde, da sie an einer Lebererkrankung litt, und dies half ihr, die Vergänglichkeit der Dinge sehr früh zu erfahren und zu erkennen; dass die beste Möglichkeit, für die Chance, die sie im Leben erhalten hatte, dankbar zu sein, darin bestand, anderen Kindern diese Chance zu ermöglichen. Ihre Jugendkrankheit machte sie mutig in ihrem Streben, die Dinge zu tun,

---

[15] Horsfield, P. (2018). Kendall Ciesemier. *TheExtraordinary.org*. Retrieved from https://www.thextraordinary.org/kendall-ciesemier.

[16] Ibid.

die sie am meisten im Leben liebte, und heute fühlt sie sich dazu berufen, diese leidenschaftliche Botschaft mit anderen zu teilen.

Heute wird Kendall Ciesemier als Aktivistin, Journalistin, Schriftstellerin und Sozialunternehmerin beschrieben.[17] Sie hat ihr Studium an der Georgetown University erfolgreich abgeschlossen, hat es geschafft, ihren hektischen Studienplan mit der Verwaltung von KC4K zu koordinieren, und hat gleichzeitig OWN IT mitgegründet, eine Führungsinitiative für Frauen, um Hochschulabsolventinnen zu ermutigen, sich mit weiblichen Führungskräften zu beschäftigen.[18] Als dieses Kapitel geschrieben wurde, war Kendall Producerin bei der digitalen Nachrichtenfirma Mic, wobei ihr Schwerpunkt von der Kriminalreform und der Rassengerechtigkeit zur #MeToo-Bewegung und mehr reicht.[19]

Der Lohn der rechten Konzentration

Sei jetzt glücklich

Sei jetzt glücklich
Denn die Maßstäbe können sich morgen geändert haben
Und die Faktoren, die heute zu deinem Glück beitragen
Können sich geändert haben
Und die Wahrnehmungen, die du jetzt heiligst
Können sich verschoben haben
Und die Lebenden, mit denen du dich umgeben hast
Können nicht mehr da oder verändert sein
Und die Umgebung, die Werte oder die Umstände
Können sich in eine Form, Richtung oder Größe verwandelt haben
Die du nicht vorhergesehen hast
Und die dich zu neuen Definitionen von Glück führen werden ... dann.

~Joan Marques

---

[17] Harrison, C. (Nov 7, 2018). New York Film Academy (NYFA) Documentary Alum Kendall Ciesemier Talks Activism, Social Causes. *New York Film Academy*. Retrieved from https://www. nyfa.edu/film-school-blog/nyfa-alum-kendall-ciesemier-talks-activism/.

[18] Ibid.

[19] Ibid.

Leben und Führen mit dem achtfachen Pfad

Den Wind berühren

Mein Geist berührte heute den Wind
Als ich die Freude meines Anblicks genoss
Ein Trio von fröhlichen Blättern wirbelte herab
Und legte sich ganz leicht zu meinen Füßen
Eine müde Frau ging langsam vorbei

Kissenfalten noch in ihrem Gesicht sichtbar
Diese trostlose Melodie tauchte wieder auf
Die mein Herz zu erfassen versuchte
Wie kann man eine nackte Melodie einfangen

Ohne Worte, die sie umhüllen?
Oh geistiger Irrgarten – oh endlose Prüfung
Die diese arme Seele gefangen hält!
Eine riesige graue Katze spähte in die Welt
Als mein geistiges Auge meine Seele musterte

Dieser schöne, unbeständige Moment:
Würde er im Ganzen etwas bedeuten?
Wie viele Runden muss ich noch drehen
In diesem scheinbar ewigen Karussell?

© Der/die Autor(en), exklusiv lizenziert an Springer Nature Switzerland AG 2023   141
J. Marques, *Führen mit Herz und Verstand*,
https://doi.org/10.1007/978-3-031-30136-0_11

Bekannte Gesichter und Namen – hin und her
Zu einem Ziel, das niemand benennen könnte
Und plötzlich gab es einen Blick
Auf stille Traurigkeit ohne Trost

Ein Lächeln, für immer verloren, erschien schwach
Bevor mein Autopilot die Kontrolle wiedererlangte
Mein Geist berührte heute den Wind
Und ging in einen emotionalen Sturzflug

Er erinnerte sich an alles, was gekommen und gegangen ist
In diesem, meinem jetzigen Leben
                                          ~Joan Marques

Führen ist eine persönliche Wahl

Führen ist letztendlich eine sehr persönliche Sache. Sie können so viele Theorien lesen und so viele Geschichten hören, wie Sie wollen, aber am Ende werden Sie selbst die Entscheidung treffen, welchen Weg Sie einschlagen, wie Sie mit anderen umgehen und wie Sie sich in verschiedenen Situationen verhalten.

Es ist immer eine gute Idee, den edlen achtfachen Pfad im Auge zu behalten. Und, wie in diesem Buch immer wieder betont, sind die acht Elemente dieses Pfades miteinander verwandt. Rechte Absichten ergeben sich aus rechten Einsichten und fördern rechtes Streben und rechtes Handeln. Ein Hinweis auf Vorsicht ist angebracht: Genau wie die richtigen Interpretationen aller Elemente des Pfades miteinander verwandt sind und sich gegenseitig unterstützen, so sind auch heimtückische Umsetzungen und Interpretationen miteinander verwandt und unterstützen sich gegenseitig. Mit anderen Worten, Sie können in falschen Absichten, falschen Einsichten, falschem Streben, falschem Handeln usw. gefangen sein und vielleicht sogar glauben, dass sie recht sind, weil die menschliche Psyche ein wunderbares Ding ist: Wir stehen auf verschiedenen Seiten der Realität, und was einige von uns als recht erachten, können andere als völlig falsch betrachten.

Weil es so persönlich ist, wird Ihr einziger wahrer Leitfaden … Sie selbst sein! Versuchen Sie, Einsichtsmeditation zu praktizieren, selbst wenn es anfangs schwer zu sein scheint. Wir leben in erstaunlichen Zeiten, in denen selbst fünf ruhige Minuten wie eine Ewigkeit erscheinen, sodass das Einlassen auf 20 oder 30 Minuten Meditation wie eine unmögliche Aufgabe erscheinen mag. Aber Übung macht den Meister, und wenn Sie es zulassen, Ihrem Atem zu folgen und sich darauf einlassen, dass Ihr Geist wandert, können Sie es letztendlich selbst herausfinden – ganz alleine.

Die große Gruppe von Individuen, denen Sie in diesem Buch ausgesetzt waren, wurde bewusst aus verschiedenen Umgebungen und mehreren Teilen der Welt „rekrutiert". Viele von ihnen waren noch jung, als dieses Buch geschrieben wurde, und vielleicht erklärt das, was einige als „ihre idealistische Sicht der Welt" betrachten könnten. Dennoch gibt es keinen Zweifel, dass sie durch das, was sie taten, Zufriedenheit, Anerkennung und große Wertschätzung fanden. Und als Menschen, die sie sind, wurden sie durch das Feedback, das sie von ihren Gemeinschaften erhielten, ermutigt.

Die tiefere Absicht, Sie all diesen Menschen auszusetzen, ist es, sich zu identifizieren. Hoffentlich hat Sie einer oder mehrere der vorgestellten „Führer" an etwas erinnert, was Sie getan, geglaubt oder angestrebt haben. Sie müssen nicht berühmt sein, um ein guter Führer Ihres Lebens zu sein.

Lassen Sie uns zunächst kurz zusammenfassen, was die meisten der in diesem Buch vorgestellten Menschen gemeinsam hatten:

1. Sie waren alle sehr ehrgeizig in der Verfolgung ihres „Traums". Von Elon Musk bis Malala und von William Kamkwamba bis Ayah Bdeir hat jeder dieser Menschen „Hartnäckigkeit" demonstriert, die einzige Eigenschaft, die Ihnen niemand beibringen kann. Sie waren entschlossen, ihre Ziele zu erreichen, weil sie überzeugt waren, dass sie die richtige Sicht darstellten. Sie fanden Ermutigung auf die erfindungsreichste Weise, um auf die nächste Stufe ihrer Leistung zu gelangen. Viele von ihnen kamen aus extrem bescheidenen Verhältnissen, aber sie ließen sich nicht von ihrer anfänglichen Misere zurückhalten. Im Gegenteil, sie nutzten es als Wind unter ihren Flügeln! Wenn sie es können, können Sie es auch!

2. Sie waren überwiegend Menschen aus bescheidenen Verhältnissen (wie gerade erwähnt). Dies ist es wert, als einen separaten Punkt hervorzuheben, weil es eine tiefere Absicht hinter ihrer Auswahl gibt. Sehr wenige der in diesem Buch besprochenen Menschen wurden unter günstigen Umständen geboren. Während einige von ihnen finanziell ein ziemlich komfortables Leben hatten, war keiner von ihnen übermäßig wohlhabend, um mit dem zu beginnen, was sie hatten. Dies erhöht die Chance für Sie als Leser, sich mit ihnen zu identifizieren. Es gibt keine Ausreden, auf der Tribüne zu sitzen und zu klagen, weil dieses Buch voller Vorbilder ist, die es gewagt haben, aufzustehen und zu gehen, und es führte sie weiter, als sie je geträumt hatten. Wenn sie es können, können Sie es auch!

3. Sie glaubten an Bildung. Vor allem die jüngeren Personen, die wir beschrieben haben, stellten sicher, dass sie eine Hochschulbildung erhielten, wissend, dass sie später nur dann überzeugen können, wenn sie zeigen können, dass sie dasselbe getan haben. Also arbeiteten sie hart, nicht nur an den Projekten, die sie bekannt gemacht haben, sondern auch an ihrer persönlichen Entwicklung, in dem Wissen, dass das Leben launisch ist und sich die Umstände jeden Tag ändern können. Dennoch hat ein gebildeter Geist mehr Möglichkeiten als nur die, mit der er sich derzeit auseinandersetzt. Ein gebildeter Geist ist in der Lage, Dinge zu sehen und zu verstehen, die andere nicht zu analysieren gelernt haben. Wenn sie es können, können Sie es auch!

4. Sie spürten, dass demografische Aspekte keine Hindernisse für ihren Fortschritt sein sollten. Wir haben in diesem Buch Männer und Frauen, jüngere und ältere Menschen sowie finanziell sichere und extrem arme Menschen besprochen: Die Vielfalt spricht für sich. Dies soll Ihnen helfen, zu verstehen, dass es nie zu spät ist, eine Veränderung in Ihrem Leben einzuleiten. Es ist nie zu spät, um mit dem Rechten zu beginnen, um sich auf die rechte Einsicht, die rechte Absicht, die rechte Rede, das rechte Handeln, den rechten Lebenswandel, das rechte Streben, die rechte Achtsamkeit und die rechte Konzentration einzulassen. Wenn sie es können, können Sie es auch!

5. Sie haben ihre Ziele nicht über Nacht erreicht. So viele Menschen werden entmutigt, wenn ihre Initiativen nicht sofort an Fahrt aufnehmen. Beim ersten Rückschlag wollen sie das Handtuch werfen und sich einem anderen Plan zuwenden. Doch während das Weiterziehen zu anderen Plänen auch Teil des Lebens ist, werden Sie keinen Erfolg haben, wenn Sie nicht beharrlich sind. Viele Menschen fragen mich: Wie weißt du, dass du an etwas festhalten solltest, an dem du beteiligt bist? Die Antwort ist einfach: Du bist dein bester Berater. Niemand sonst kann einem sagen, wann der rechte Zeitpunkt ist, aufzugeben. Aber solange Sie sich für etwas begeistern und erkennen, dass es einen Bedarf dafür gibt, sollten Sie versuchen, es durchzusetzen, egal was andere sagen werden. Wenn Wangari Maathai auf alle Leute gehört hätte, die ihre Bemühungen um die Greenbelt-Bewegung kritisierten, hätte sie den Friedensnobelpreis nicht gewonnen. Wenn Millard Fuller entmutigt geworden wäre von all den Menschen, die über ihn gelacht haben, als er sagte, er wolle Häuser für die Armen ohne Geld bauen, hätten wir heute kein Habitat for Humanity. Wenn Howard Schultz auf alle Leute gehört hätte, die zweifellos sagten, dass die Investition in die Kaffeehaus-Idee in Amerika ein Desaster werden würde, hätten wir heute kein Starbucks Coffee. Wenn Muhammad Yunus auf die konventionellen Banken gehört hätte, als sie ihm sagten, er sollte den Armen nicht vertrauen, weil sie nicht in der Lage waren, Geschäfte zu machen, hätten wir nie Mikrokredite in der Welt gehabt. Und wir können diese Argumentationslinie ad infinitum fortsetzen. Aber hier ist die Botschaft: Sie haben sich nicht von anderen entmutigen lassen. Wenn sie es konnten, können Sie es auch!

Die Rolle der Freundlichkeit

Ein wesentlicher gemeinsamer Punkt, der hier separat anzusprechen ist, ist Freundlichkeit: Die meisten der in diesem Buch beschriebenen Menschen wurden von einer tief verwurzelten Freundlichkeit zu ihrem Handeln angetrieben. Sie wurden nicht von Selbstsucht angetrieben, obwohl einige von ihnen durch ihr Handeln sehr reich geworden sind. Doch ihr Hauptantrieb war immer, entweder etwas in ihrer Gemeinde zu etablieren, was sie für notwendig hielten, oder ein Unrecht in ihrer Gesellschaft zu korrigieren, oder etwas, was richtig war, auf die nächste Stufe zu heben.

Ich sah kürzlich ein Zitat, das sagte: „Du wirst nie bereuen, freundlich zu sein." Direkt unter dem Zitat gab es einige interessante Reaktionen. Einer der Reagierenden meinte, dass man für „falsch freundlich sein" bestraft werden kann, und eine andere unterstrich dies, indem sie auf eine bittere Scheidung zurückblickte, die sie aufgrund von falschen Freundlichkeiten erlitten hatte.

Ich glaube, wir alle könnten Beispiele dafür finden, wo Freundlichkeit aus unserer Sicht falsch war. Sie haben wahrscheinlich auch den Ausdruck „Keine gute Tat bleibt ungestraft" gehört. Es ist einfach, jede Enttäuschung, die wir bei der Interaktion mit einem anderen lebenden Wesen erleben, als missbrauchte Freundlichkeit zu betrachten.

Doch ich denke, das Problem liegt in der *Erwartung*, die wir in Bezug auf unsere Freundlichkeit haben: Dies ist es, was mehr Enttäuschung verursacht als alles andere. Allzu oft erwarten wir von dem, zu dem wir freundlich waren, dass er uns in gleicher Weise behandelt. Mit anderen Worten, wenn ich dir gegenüber freundlich war, dann solltest du auch mir gegenüber freundlich sein. Und während das natürlich schön wäre, gibt es genauso wenig eine Garantie dafür, dass es passieren wird, wie für die Tatsache, dass wir den nächsten Tag sehen werden.

Was wir oft vergessen, zu berücksichtigen, ist Folgendes:

1. Freundlichkeit ist eine Tat für sich. Sie sollte bewusst sein, aber nicht kalkulierend, sodass sie nicht mit Erwartungen verknüpft ist.
2. Die Belohnung für unsere Freundlichkeit kommt aus unerwarteten Quellen, zu unerwarteten Zeiten und in unerwarteten Formen. Wenn wir es am wenigsten erwarten, werden wir irgendeine Art von Segen erhalten. Die Geschichten der in diesem Buch beschriebenen Personen bezeugen das ausreichend.

Es ist jedoch interessant, dass wenige von uns fragen, wenn wir am Empfang von Lebensfreundlichkeit sind, was wir getan haben, um diese zu verdienen. Wir akzeptieren sie einfach und, wenn wir religiös sind, danken wir dem Herrn oder der Existenz, aber dann gehen wir weiter.

Eine vernünftigere Betrachtung von Freundlichkeit ist als menschliche Pflicht: eine ungeschriebene Regel für wertvolles und erfreuliches Dasein. Die Befriedigung beginnt, wenn wir aufhören, Freundlichkeit im Gegenzug von denen zu erwarten, denen gegenüber wir freundlich waren. Es gibt keine ungerechte Freundlichkeit. Freundlichkeit ist freundlich für sich selbst. Es ist eine Tugend, und die Welt kann viel mehr davon brauchen.

Es gibt einen größeren Umfang, den wir berücksichtigen sollten, wenn wir über Freundlichkeit nachdenken: Wo auch immer wir helfen können, sollten wir es tun. Das ist allgemein bekannt, und doch so schwer, es konsequent zu tun. Wir sind alle so beschäftigt, uns voranzutreiben. Nichts Falsches, solange wir im Hinterkopf behalten, dass wir, wo auch immer wir können, freundlich sein sollten – ohne Erwartungen – und uns daran hindern sollten, anderen zu schaden, und das betrifft nicht nur Menschen …

Das erinnert mich an eine Zen-Geschichte über zwei Mönche und einen Skorpion. Die beiden Mönche gingen bei Regen und sahen einen Skorpion, der fast in einer Wasserschüssel ertrank. Einer der Mönche griff in die Schüssel, um das Tier zu retten, aber es stach ihn jedes Mal schmerzhaft, wenn er es versuchte. Nachdem er das mehrere Male beobachtet hatte, fragte der andere Mönch seinen Freund, warum er immer wieder versuchte, das stechende Geschöpf zu retten. Als er schließlich ein Blatt nahm und den Skorpion so freiließ, lächelte der erste Mönch und sagte: „Zu stechen ist die Natur des Skorpions. Zu retten ist meine. Meine Freundlichkeit und mein Mitgefühl werden so leicht nicht entmutigt."[1]

Ob in beruflichen, sozialen oder privaten Umgebungen werden wir sowohl erwiderten als auch fahrlässigen Reaktionen auf unsere Freundlichkeit begegnen. Die beste Art, mit einem dieser Umstände umzugehen, ist zu verstehen, dass uns niemand etwas schuldet und dass wir unseren Anteil an Freundlichkeit zur rechten Zeit erhalten werden. Nicht früher, nicht später.

Herz und Verstand verbinden

Wir sind von Geburt an Führer. Jeder und jede von uns, die derzeit leben. Wir sind Führer durch die Tugend, derjenige zu sein, der erschaffen wurde, und es bis hierher geschafft hat.

Wir sind mit einer Mischung aus scheinbar widersprüchlichen Qualitäten angefüllt, wie Kampfgeist und dem Wunsch, in Frieden zu leben, der Fähigkeit, getrieben zu sein, aber geduldig, den Drang zu konkurrieren, aber zu umarmen, usw.

Wir verwenden diese Qualitäten in Momenten, die wir für angemessen halten. Die Einsicht und Sensibilität, die rechte Fähigkeit zur rechten Zeit anzuwenden, ist ein Beispiel für unsere Führung.

Als Führer finden wir unseren Weg durch das unbekannte Territorium, das das Leben ist. Manchmal fühlen wir uns wohl und manchmal unsicher. Es ist Teil unseres Wachstums.

Jeder Moment, jeder Tag, jede Woche, jeder Monat oder jedes Jahr in unserem Leben bieten uns Juwelen, die Bausteine zu dem Führer werden, welcher wir werden. Ob unverhoffter Erfolg oder Rückschlag, der Zweck wird immer in der Rückschau klar: Alles ist ein Element des Bauens hin zu unserer Führung.

Der Prozess der Führungsentwicklung endet nicht während unseres Lebens. Er geht weiter, bis zu dem Tag, an dem wir uns von dieser Bühne des Seins bewegen. Und dieser gesamte Prozess wird als „Gedankenstrich" eingefangen, sobald unser letzter Atemzug getan wurde.

---

[1] Mönch und Skorpion. Abgerufen von http://buddhistreflections.blogspot.com/2011/01/monk-and-scorpion.html.

Das Beste, was wir tun können, ist, uns so oft wie möglich bewusst zu sein und zu lernen, jede Erfahrung als eine Chance zu sehen, den Führer in uns zu kultivieren. Einige wichtige, Herz und Verstand verbindende Fähigkeiten, die dabei erworben werden:

- *Beharrlichkeit*
  Verstehen Sie, dass aus dem Aufgeben ohne wiederholte Versuche nichts resultiert. Ihre größten Erfolge sind meist die, die unablässigen Bemühungen und das Gehen einer zusätzlichen Meile nach dem Aufgeben anderer erfordern.
- *Mut*
  Initiative zu ergreifen, ist keine leichte Aufgabe. Sie werden sich viele Male ängstlich und zweifelnd fühlen. Dennoch wird wenig erreicht, wenn Sie lethargisch sind. Wenn Sie den Mut haben, zu handeln, werden Sie später mit einem Gefühl der Erfüllung zurückschauen. Führen bedeutet, mutig zu sein.
- *Ermutigung*
  Wenn Sie im Leben weiterkommen, werden Sie feststellen, dass es eine enorme intrinsische Erfüllung ist, anderen eine helfende Hand (oder ein offenes Ohr) zu bieten. Ihren Fortschritt zu beobachten und zu sehen, wie sie Erfolg haben, wird Ihrem Leben einen dauerhaften Sinn geben.
- *Zusammenarbeit*
  Wir sind keine Inseln, sondern miteinander verbundene Teilchen, die am besten funktionieren, wenn wir andere in unsere Bemühungen einbeziehen. Ich finde, dass dieser Aspekt, obwohl verstanden, einer ist, den wir immer wieder auffrischen müssen, insbesondere wenn wir die Tendenz haben, Dinge alleine zu tun.
- *Mitgefühl*
  Viele Menschen betrachten Mitgefühl als unangemessen in der Führung, aber es stellt sich heraus, dass das Versuchen, andere zu verstehen, ein sehr nützliches und lohnendes Werkzeug für erhöhtes Vertrauen und Zusammenarbeit ist, solange Sie Ihr Mitgefühl mit Sorgfalt behandeln.
- *Ehrgeiz*
  Während Ehrgeiz eine Qualität ist, die mit Bedacht behandelt werden muss, bleibt sie von hohem Nutzen, um die Führung zu übernehmen und erfolgreich zu sein. Eine anständige Dosis Ehrgeiz kann den Unterschied ausmachen, egal ob Sie ein Trendsetter oder ein Trendfolger sind.

Lassen Sie diese Verhaltensbestandteile in Ihre täglichen Praktiken einfließen, und Sie können sich stolz als einen erwachten Führer bezeichnen.

Das Hier und Jetzt verstehen

Dieser Moment

Dieser Moment ist kostbar
weil ich in Stimmung bin
ihn für nichts zu verwenden
was ein seltenes Gut ist
in diesen überfüllten Tagen
wo drei Jobs angehäuft werden
für den Preis von einem

Dieser Moment ist kostbar
weil ich ihn respektiere
den Atem, der mich antreibt –
den ich selten erkenne
beim Gehen – Tag für Tag
während er mich intakt hält
und meine Arbeit erledigt

Dieser Moment ist kostbar
also nenne ich ihn „Frieden"
wegen dem, was er bringt:
ein Gefühl von Ruhe und Leichtigkeit
auch wenn ich weiß, dass
auch dies bald ein Ende nehmen wird
denn das Leben geht weiter

Dieser Moment ist kostbar
weil er nicht von Dauer sein wird
bald wird er
ein Fragment der Vergangenheit sein
und ich werde mich fragen
warum es so schnell ging
                    ~Joan Marques

Das Leben (und das Leben anderer Menschen) zu führen, kann eine Herausforderung sein, besonders an den Tagen, an denen Sie weniger fröhlich sind. Unabhängig davon, wie positiv Sie von Natur aus sind, gibt es Tage, an denen Sie sich fühlen, als würde eine Wolke über Ihrem Kopf hängen, und sie will einfach nicht weggeschüttelt werden. Hier sind fünf „rechte" Gedanken, mit denen Sie sich in fast jeder Situation besser fühlen könnten:

1. *Wo ich auch gerade bin, ist genau dort, wo ich sein sollte.*

   Viel Unzufriedenheit entsteht aus einem Gefühl der Angst, dass Sie einen falschen Schritt gemacht haben und in einer Situation gefangen sind, aus der Sie aussteigen sollten. Während es definitiv gesund ist, nach vorne zu schauen und an der Verbesserung Ihrer Umstände zu arbeiten, ist es ebenso wichtig, zu wissen, dass jede Erfahrung wertvoll ist und diese Phase, unabhängig davon, wie langweilig, reizbar oder schrecklich sie manchmal erscheinen mag, einen Zweck in Ihrem Leben erfüllt. Wenn Sie es am wenigsten erwarten, werden Sie erkennen, welchen Wert das Erleben dieses Augenblicks hatte.

2. *Viele meiner alten Probleme sind gelöst, also wird mich das, was mich heute stört, auch nicht mehr lange beschäftigen.*

   In Momenten des Zweifels kann es nützlich sein, auf vergangene Missgeschicke zurückzublicken, nicht weil Sie sich in ihnen suhlen möchten, sondern weil sie für Ihr Verständnis und Ihre Bewusstheit, dass alles eine vorübergehende Phase ist, von Bedeutung sein können. Ehemalige Probleme sind die besten Bestätigungen dieses Stücks Realität und können ein Gefühl der Erleichterung sowie neue Energie für die zukünftige Verbesserung wecken.

3. *Ich muss niemanden beneiden, weil ich die Probleme nicht kenne, die sich unter der Oberfläche seines Glanzes verbergen, und ich möchte sie auch nicht kennen.*

   Eine der größten Enttäuschungen ist die Angewohnheit, sich mit anderen zu vergleichen. Es wird immer jemanden mit einem besser bezahlten Job, mehr Popularität, einem schöneren Auto, einem teureren Outfit oder besseren Looks geben. Sollte das ein Grund sein, sich selbst zu bemitleiden? Absolut nicht! Schließlich tragen wir alle unsere eigenen Segnungen und Probleme. Denken Sie nur an das alte Sprichwort, dass, wenn jeder seine Probleme auf einen Haufen werfen und diejenigen der anderen wählen könnte, er wahrscheinlich seine eigene Tasche mit Problemen wieder nach Hause bringen würde.

4. *Mein Leben ist für zumindest eine andere Person eine Inspiration, auch wenn sie anonym bleibt.*

   Sie können sich heute vielleicht selbst nicht leiden, aber im Laufe Ihres Lebens haben Sie sicherlich das Herz einer anderen Person berührt. Ob diese Person jemals den Mut hatte, das mit Ihnen zu teilen, ist unwichtig. Aber so ist die Schönheit des Lebens: Wir interagieren, teilen und absorbieren. Und genau wie Sie von anderen gelernt haben, haben sie auch von Ihnen gelernt.

5. *Ich bin mir meiner Umstände heute bewusst und kann jederzeit entscheiden, morgen meine Geschichte zu schreiben.*

   Sie sind der Einzige, der den ersten Schritt in Richtung einer Veränderung Ihrer Umstände machen kann. Alles, was Sie dafür benötigen, ist Achtsamkeit. Wenn Sie Selbstmitleid, Lethargie und Angst ablegen können, können Sie anfangen, neue Richtungen in Ihrem Leben zu erkunden. Nichts bleibt für immer gleich. Heute ist genauso flüchtig wie gestern. Also fangen Sie an, Ihre Zukunft zu schreiben. Jetzt ist ein großartiger Zeitpunkt!

Umgang mit Reue

Es gibt ein wunderschönes Lied von Adele mit dem Titel „Million Years Ago". In diesem Lied, das Sie über alle Medienkanäle anhören können, beklagt die Sängerin ihr Leben, als es ihr durch die Finger zu rinnen schien und sie mit Reue über die vielen verpassten Gelegenheiten und Fehler, die sie gemacht hat, füllte. Sie beklagt sich in einer emotional aufgeladenen Weise, dass sie erkennt, dass sie nicht die Einzige ist, die das Gefühl hat, eine Versagerin zu sein, weil sie nicht das erreicht hat, was sie erreichen wollte: ein wirklich schönes Lied, das tiefe Emotionen und noch tiefere Gedanken hervorruft. Und hier ist mein Gedanke:

> Wir können uns tatsächlich über die vielen verpassten Chancen in unserem Leben ärgern und über unsere zahlreichen Enttäuschungen grübeln – viele von uns tun das auch –, aber dadurch wird die Realität von heute nur etwas düster. Es gibt eine andere Seite – es gibt sie immer – und in diesem Fall ist es die Wahl, die wir haben, uns alle unsere Erfahrungen, die Höhen und Tiefen, die Siege und Niederlagen, die Begeisterung und die Verwüstungen anzusehen und zu erwägen, welche Weisheit, Sensibilität und Resilienz sie uns heute gebracht haben. Es ist nichts Neues, dass wir hauptsächlich das Produkt unserer vergangenen Entscheidungen sind, da die Person, die wir in diesem Moment sind, nur so weit gekommen ist *wegen* all dem, was in der Vergangenheit richtig und falsch gelaufen ist.

> Nichtsdestoweniger erkenne ich auch, dass es nicht einfach ist, über ein schreckliches Erlebnis hinwegzukommen. Manchmal schlagen wir uns selbst jahrelang damit herum, einen der größten Fehler in unserem Leben gemacht zu haben. Aber wenn wir endlich den nächsten Jackpot erreichen, vergessen wir schnell, zurückzuschauen und zu erkennen, dass unsere vergangenen Schwierigkeiten uns auf diesen glorreichen Moment vorbereitet haben. Auf ähnliche Weise scheinen viele von uns die Neigung zu haben, sich selbst zu verunglimpfen, indem wir unsere Erfolge herunterspielen. Ich habe gerade mit einer Kollegin kommuniziert, die in der nicht allzu fernen Vergangenheit eine prestigeträchtige Führungsposition in einer hoch angesehenen Organisation innehatte, und ich habe ihr aufgezeigt, was für ein großartiger Erfolg das war ... woraufhin sie antwortete, dass es nichts bedeutete, weil sie die Position nur bekam, weil jemand anderes zurücktrat. Ich fühlte mich verpflichtet, meine liebe Kollegin einzuladen, die Situation aus einer anderen Perspektive zu betrachten: Die Zeit war gekommen, dass sie die Zügel dieser Organisation übernahm, weshalb die andere Person zurücktreten musste!
> Ich predige hier keine Arroganz. Ganz im Gegenteil! Wofür ich werbe, ist Einsicht und Dankbarkeit für alles, was auf unserem Weg kommt: die Dinge, die wunderbar erscheinen und die, die sinnlos erscheinen oder uns sogar sauer aufstoßen lassen. Am Ende werden sie alle ihren Zweck erfüllen, selbst wenn wir ihn heute nicht sehen – oder schätzen – können.
> Oh, ich stimme zu, dass wir alle Situationen erleben, die uns wütend, traurig, enttäuscht oder sogar verwüstet machen. Wenn ich zurückdenke, kann ich nicht anders, als an das alte Lied „My Way" mit den berühmten Worten zu denken: „Bedauern? Hatte ich ein paar Mal. Aber dann wieder, zu selten, um es zu erwähnen." Je mehr ich im Leben reife, desto weniger Bedauern habe ich, weil ich gelernt habe, den Grund und den Wert jeder Situation zu sehen, die ich einmal bereut habe.

Keiner von uns erreicht die Reife ohne ein paar Federn, die wir gelassen haben. Aber wenn wir uns selbst dafür öffnen, dass sogar die bedauernswertesten Momente aus einem Grund geschehen, können wir lernen, damit besser umzugehen, und wenn wir uns heute selbst bewerten, finden wir vielleicht, dass einige neue, noch farbenfrohere Federn hinzugekommen sind.

Also, hier ist meine letzte Notiz:

Niemals eine Niederlage als Endpunkt betrachten: Es gibt immer etwas Besseres, das kommt.

Offen soll Ihr Geist für Chancen werden – lassen Sie keinen Tunnelblick Ihren mentalen Becher entleeren.

Reifen die Vorteile des Lebens zu kostenlosen Lektionen: Jede Erfahrung stellt eine dar.

Energie zuführen, wenn die Dinge schwierig sind. Nur Sie können das tun.

Geben Sie mehr, als Sie nehmen. Sie werden am Ende belohnt werden.

Realisieren Sie, dass es Auf und Ab in jedem gut verbrachten Leben gibt.

Einmal mehr positive Selbstgespräche: Die besten Boosts kommen von innen.

Trauen Sie Ihrem inneren Kompass: Es ist der einzige verantwortungsvolle Weg, um zu gewinnen.

Stoppen Sie negative Emotionen: Dies ist ein großartiger Moment, um damit zu beginnen!

Die Aufrechterhaltung der rechten Absichten

Als Führer in unserem Leben (und anderer), ist es auch wichtig zu wissen, dass jedes Verhalten ein Vorteil oder eine Falle sein kann, je nach der Intensität, die wir in sie investieren. Ausdauer, die normalerweise als eine starke Qualität betrachtet wird, könnte sich in nervige Hartnäckigkeit verwandeln, lange nachdem das Gefühl, unser Ziel zu erreichen, verblasst ist. Der Wunsch, Wachstum und Rentabilität durch unsere Leistung zu erreichen, könnte sich in egoistische Gier verwandeln; das Ziel, Prominenz zu erlangen könnte sich in schädlichen Stolz verwandeln; die Motivation über das Erreichen eines Ziels könnte zu einem übertriebenen End-Fokus degenerieren; der Drang, eine potentiell edle Initiative zu starten, könnte zur Rechtfertigung von inakzeptablem Handeln führen; und die Qualität der Geduld, Toleranz oder Verständnis könnte sich zu Apathie verdünnen.

Lassen Sie uns kurz einige der Fallen, die dazu führen können, dass Führer den Blick auf ihren moralischen Weg verlieren und zu Opfern einiger der häufigsten Nachteile der Leistungsorientierung werden.

Gier

Wenn wir am Fuß der Karriereleiter stehen, sind wir immer voll von guten Absichten. In meinen vielen Jahren als Seminarleiterin für angehende Führungskräfte habe ich noch niemanden getroffen, der sagte, er werde ein gieriger, rücksichtsloser Manager. Die

Gier wächst in uns, wenn wir versäumen, unsere Motive genau zu überwachen. Es ist ein berüchtigtes Nebenprodukt des Siegeswillens. Konzernführer, aber auch solche mit Kampfgeist in anderen Bereichen, können sich das vorstellen: Wenn Sie sich den Weg nach oben bahnen, konzentrieren Sie sich so sehr auf Ihren eigenen Sieg, dass Sie möglicherweise blind für die Bedürfnisse anderer und ignorant für die Art und Weise werden, wie Sie wahrgenommen werden. Wenn Sie erkennen, was passiert ist, finden Sie sich möglicherweise zu tief in dem Verhalten des egoistischen Gewinnens verankert wieder, um einen Ausweg zu finden.

Stolz

Stolz kann eine Kehrseite vieler Faktoren sein. Er kann auftreten, wenn eine Führungskraft an ihrem Selbstvertrauen arbeitet und dabei so gut ist, dass sie letztendlich denkt, sie sei im Besitz aller Weisheiten. Diese Art von Stolz wird häufig als „Arroganz" bezeichnet. Stolz kann sich auch in dem Sinne äußern, dass man sich nicht die Blöße geben will, dass man falsch lag. Manche Führungskräfte haben so große Schwierigkeiten damit, zuzugeben, dass sie sich geirrt haben, dass sie Daten manipulieren, Menschen kontaminieren und wertvolle Beziehungen aufs Spiel setzen würden, nur um zu beweisen, dass sie Recht hatten. Stolz ist ein einfacher Weg zu Selbstüberheblichkeit, wenn man anfängt, zu denken, man stehe über dem Gesetz und man könne daher Dinge tun, die für andere unannehmbar sind.

Übertriebener Endzweck

Diese moralische Schwäche hat die besten Chancen, sich zu zeigen, wenn wichtige und dringende Ziele erreicht werden müssen. In solchen Situationen ist es leicht, in die Denkweise zu verfallen, dass die Erreichung der Zahlen alles rechtfertigt, auch einige unethische Handlungen. Das ist es, wenn wir sehen können, wie Führungskräfte ihre Mitarbeiter durch ständiges Verlangen nach mehr Output ohne zusätzliche Belohnungen verraten; rücksichtslos die Work-Life-Balance ihrer Mitarbeiter im Interesse der Sitzung oder der Überschreitung von Fristen missachten; und sogar minderwertige oder beschädigte Produkte versenden, um die Quote zu schaffen.

Dinge wegdiskutieren

Das ist noch eine weitere Qualität, die wirklich gut klingt, aber auch ihre dunklen Seiten haben kann. In brenzligen Zeiten können Führungskräfte anfangen, zu erklären, warum unmoralische Handlungen gerechtfertigt sein könnten. Seit Jahren stelle ich nun Business-Studenten ein Dilemma vor, das sich auf folgendes reduzieren lässt: Sollten

Sie illegal erworbene Daten eines Konkurrenten verwenden, um eine Ausschreibung zu gewinnen, oder sollten Sie die Chance ausschlagen und riskieren, pleite zu gehen? Bisher waren die Antworten ausgeglichen: Die Hälfte der Teilnehmer gab an, dass sie die Daten nicht verwenden würden, da sie offensichtlich unmoralisch seien, und die Hälfte kam mit allen möglichen Erklärungen, warum sie die Informationen verwenden würden, obwohl sie wussten, dass sie unethisch erlangt waren. Einige der häufigsten Rationalisierungen unmoralischer Handlungen sind, dass es jeder tut, dass es mein gutes Recht in einer ungerechten Welt ist oder dass es Teil meiner Verantwortung ist.

Gleichgültigkeit

Zu wissen, dass andere an etwas Unmoralischem beteiligt sind und nichts dagegen zu unternehmen, selbst wenn man es kann, ist so unmoralisch wie vollständig beteiligt zu sein. Gleichgültigkeit ist die hässliche Seite der Akzeptanz, aber während die Akzeptanz normalerweise eine positive Qualität ist, können wir sie genauso weit übertreiben wie jede andere gute Qualität und uns mit dem Status quo zufriedengeben, selbst wenn er unerwünscht ist. Gleichgültigkeit ist in der Führung unentschuldbar, weil Führungskräfte wissen sollten, was in ihrer Umgebung vor sich geht.

Diese eben besprochenen moralischen Fallen im Auge zu behalten kann uns zu geachteten Führungskräften machen und uns dabei helfen, die Vorbilder zu werden, die wir für kommende Generationen anstreben.

Nutzen Sie Ihre Chancen

Die Zeiten, in denen wir heute leben, sind auf vielerlei Art herausfordernd: Die Veränderungen finden mit ununterbrochener und atemberaubender Geschwindigkeit statt, die Berufe, auf denen unsere Gesellschaft seit langem aufgebaut ist, verschwinden, der Arbeitsmarkt verändert sich ständig, und viele Chancen bewegen sich in andere Teile der Welt, das Lernen selbst wird zunehmend unklar, weil die Zukunft unvorhersehbar ist und man nicht wissen kann, wofür man sich wirklich vorbereitet.

Und doch sind dies Zeiten großer Chancen. Was immer Sie auch wissen wollen, ist im Grunde genommen nur einen Mausklick entfernt. Viele von uns, die älter sind, erinnern sich an die Zeit vor dem Internet, als Wissen aus Bibliotheken, Nachrichtenprogrammen oder teuren Enzyklopädien herbeigesucht werden musste. Es war also begrenzt im Hinblick auf Zeit, Zugänglichkeit und Mittel. Nichts war so unmittelbar wie heute. Es war schon einige Mühe erforderlich, um an die Quelle jeder gewünschten Information zu gelangen. Die Leichtigkeit, mit der wir derzeit auf globale Datenbanken und Nachrichtenquellen zugreifen oder einfach Antworten auf allgemeine – oder spezifische – Fragen erhalten können, ist erstaunlich, obwohl es zur neuen „Normalität" geworden ist und sehr wenige Menschen darüber nachdenken, welchen Segen dieser Status quo darstellt.

Wenn Sie irgendein Talent haben, benötigen Sie nicht viel Geld oder Verbindungen zu mächtigen Menschen, um zu zeigen, was Sie können: Die sozialen Netzwerke bieten zahlreiche Möglichkeiten, Ihre Fähigkeiten zu teilen, und viele der Erfolge der heutigen Zeit haben ihren Ursprung im Netz.

Introvertiert zu sein, ist keine Barriere mehr, um Menschen zu treffen und erfolgreiche Beziehungen aufzubauen. Große Freundschaften und wundervolle langfristige Beziehungen – ja sogar Ehen – wurden durch dasselbe Medium geschlossen und gepflegt, das für die zwei zuvor genannten Vorteile verantwortlich war, das Internet.

Grenzen sind keine Barrieren mehr, weil Menschen heutzutage durch zahlreiche Kanäle auf der ganzen Welt miteinander kommunizieren, als würden sie nebeneinandersitzen. Auch die Kosten sind keine Barriere mehr, weil die Internet- und Telefonverbindungen ihre teuersten Tage hinter sich haben. Wir bewegen uns auf eine Welt ohne Grenzen zu, und damit auch auf eine mit größerer gegenseitiger Akzeptanz und Verständigung.

Träumen war noch nie so attraktiv wie heute, weil die Chance, Ihre Träume zu verwirklichen, noch nie so reichlich vorhanden war. Also, warum sollte die Wende des Lebens vieler Menschen unbekannten Personen vorbehalten sein? Mehr denn je haben wir es selbst in der Hand, zu bestimmen, wer und was wir sein wollen.

Mit Wissen, Beziehungen, Erkenntnissen und Erkundungswerkzeugen an der Hand haben wir wirklich kaum eine Ausrede dafür, zurückgelassen zu werden. Das Einzige, was wir von uns selbst brauchen, ist Willenskraft und Mut. Diese Eigenschaften sind nicht zu kaufen und können nicht per se vermittelt werden. Aber sie können mobilisiert und gepflegt werden, weil sie in jedem von uns stecken.

Mit all den Möglichkeiten in Reichweite ist es praktisch zu einer Nicht-Option geworden, zurückzubleiben. Also, was sind Ihre Pläne?

Abschließende Bemerkung

Die Welt ist ein faszinierender, ärgerlicher, herzerwärmender, beängstigender, hoffnungsvoller, erschütternder, berührender Ort. Ambivalent, faszinierend, unvorhersehbar. Ich frage mich, ob jemals jemand versucht hat, das Verhältnis zwischen den guten und schlechten Dingen, die täglich passieren, zu bewerten. Ich denke nicht, weil es praktisch unmöglich wäre, angesichts so vieler Ereignisse, die nicht aufgezeichnet oder einfach nicht beobachtet werden. Aber unabhängig davon, wie wir unseren weltlichen Lebensraum gerade wahrnehmen, bleibt er das, was er ist: der Ort, an dem das Boot unseres Lebens ablegt und segelt, bis es sinkt. Und dies ist der Punkt, der mir in letzter Zeit wieder in den Sinn gekommen ist. Ich habe dieses Zitat von Shunryu Suzuki gelesen: „Das Leben ist wie der Schritt auf ein Boot, das gerade dabei ist, aufs Meer hinauszufahren und zu sinken." Es ist eine ziemlich düstere, aber sehr wahre Aussage. Wir alle steigen bei der Geburt in unser kleines Boot und segeln darin, bis zu jenem unbekannten Tag, an dem wir untergehen werden. Es gibt nichts Sichereres als das.

Und doch geraten wir in ein geistiges Labyrinth, das uns zu Handlungen verleitet, die im Moment so wichtig erscheinen, die sich aber zweifellos irgendwann in der Zukunft auflösen werden, weil alles kommt und geht. Auch hier gibt es keine Ausnahmen. Dennoch dürfen wir uns von diesem unheilvollen Gedanken nicht beherrschen lassen, weil es einfach keine Option ist, am Wegesrand zu sitzen. Leistung ist das Motto, und um ehrlich zu sein, ohne sie wäre das Leben eine langweilige Angelegenheit. Deswegen glaube ich, das Geheimnis zur Erfüllung in dieser herausfordernden, unbekannten Reise von uns ist es, unseren persönlichen Ausgleich zu finden und jenen glücklichen Mittelweg zwischen Erreichen und Entspannen, Sprinten und Stolpern, Streben und Ruhen zu finden.

Es ist so einfach, sich von den täglichen Turbulenzen mitreißen zu lassen und schlaflose Nächte zu erleiden, um unseren Ehrgeiz zu befriedigen, aber der Gedanke an dieses kleine Boot, das segelt, bis es sinkt, kann ein wunderbarer innerer Weckruf sein, um uns zu beruhigen, wenn wir versuchen, uns selbst zu übertreffen.

Hier sind also drei Gedanken, die Sie im Kopf behalten sollten:

1. Vergleichen Sie nicht. Wenn andere für ihre Handlungen mehr Anerkennung erhalten, können Sie deren Handlungen als Motivator für Ihre eigenen betrachten, aber Sie sollten nie versuchen, genau das zu tun, was sie tun. Sie sind anders und ihr Boot auch.
2. Vergessen Sie nicht das große Ganze. Im größeren Zusammenhang sind Ihre Handlungen, obwohl wichtig, nur ein kleiner Teil des Mosaiks des Lebens. Überschätzen oder unterschätzen Sie sich nicht. Tun Sie, was Sie können, und tun Sie es gut, aber stellen Sie sicher, dass Sie Spaß dabei haben, und vernachlässigen Sie nicht Ihre Lieben, Ihre Gesundheit und Ihr Glück.
3. Behalten Sie Ihren MUT bei:

Choice: Es gibt mehrere Optionen für (fast) alles.
Offen bleiben: Schließen Sie unkonventionelle Möglichkeiten nicht aus.
Unglaublich nützlich: Feiern Sie alles, dem Sie begegnen. Es wird eines Tages nützlich sein.
Realität prüfen: Wissen Sie, dass das, was Sie sehen, nicht unbedingt das ist, was andere sehen.
Attitüde: Sehen Sie das Leben von der positiven Seite und bleiben Sie nicht lange unten.
Genius: Halten Sie diesen Funken unbändiger Intelligenz in Ihnen am Leben.
Ewige Bildung: Bleiben Sie offen für das Lernen.

Happy sailing!

Ein verlorener Tag

Verloren ist der Tag, an dem Sie in keinem Bereich Erfüllung gefunden haben:
in Arbeit, Privat- oder sozialem Leben.

Verloren ist der Tag, an dem Sie keinen Grund zum Lächeln hatten:
weder über andere, noch über sich selbst.

Verloren ist der Tag, an dem Sie für niemanden von Nutzen waren:
weder für andere, noch für sich selbst.

Verloren ist der Tag, an dem Sie keine Liebe
mit einem anderen lebenden Wesen geteilt haben.

Verloren ist der Tag, an dem Sie sich selbst
keinen positiven Gedanken gewidmet haben.

Verloren ist der Tag, an dem Ihre Trägheit
Sie daran gehindert hat, konstruktiv zu sein.

Verloren ist der Tag, an dem Sie zugelassen haben,
dass die Rückschläge und Fehlschläge der Welt Sie überwältigen.

Verloren ist der Tag, an dem Sie zugelassen haben,
dass Ihre Eifersucht Ihr Mitgefühl besiegt.

Verloren ist der Tag, an dem Sie eine Tat
mit hinterhältiger Absicht unternommen haben.

Verloren ist der Tag, an dem Ihr Verstand
Ihr Herz überwog.

Verloren ist der Tag, an dem Sie zugelassen haben,
dass materieller Gewinn Ihre Entscheidungen bestimmt.

Verloren ist der Tag, an dem Sie ein Opfer
unter den Verwundbaren suchten.

Verloren ist der Tag, an dem Sie
Mitgefühl verworfen haben.

Verloren ist der Tag, an dem Sie Ignoranz bevorzugten,
durch Diskriminierung jeglicher Art, unter Annahme der Gleichheit.

Verloren ist der Tag, an dem Sie sich in Hinterhältigkeit verloren haben
und jeder anderen Art von Gemeinheit, die sich gegen andere richtet.

Verloren ist der Tag, an dem Sie versäumten,
die Lehren in sogar den schrecklichsten Erfahrungen zu erkennen.

Verloren ist der Tag, an dem Sie die Stimme Ihrer Intuition ignorierten.
Verloren ist der Tag, an dem Sie nicht diejenigen,

die Sie lieben, über materiellen Gewinn setzen.
Verloren ist der Tag, an dem Sie sich selbst

zu Heuchelei erniedrigten.
Verloren ist der Tag, an dem Sie absichtlich

Schmerz auf ein anderes lebendes Wesen brachten.
Verloren ist der Tag, an dem Sie

die Hoffnung verloren haben.
Verloren ist der Tag, an dem Sie

vergessen haben, woher Sie kommen.
Verloren ist der Tag, an dem Sie

vergessen, wohin Sie gehen.
Verloren ist der Tag, an dem Sie eine Entfremdung

zwischen Ihrem Geist, Ihrem Körper und Ihrer Seele zugelassen haben.
Verloren ist der Tag, an dem Sie

nicht kreativ waren.
Verloren ist der Tag, an dem Sie

die Verbindung zur Quelle in Ihnen selbst verloren haben ...

~Joan Marques

GPSR Compliance

The European Union's (EU) General Product Safety Regulation (GPSR) is a set of rules that requires consumer products to be safe and our obligations to ensure this.

If you have any concerns about our products, you can contact us on ProductSafety@springernature.com

In case Publisher is established outside the EU, the EU authorized representative is:

Springer Nature Customer Service Center GmbH
Europaplatz 3
69115 Heidelberg, Germany

The manufacturer's authorised representative in the EU is Springer
Nature Customer Service Centre GmbH, Europaplatz 3, 69115 Heidelberg,
Germany. If you have any concerns regarding our products, please
contact ProductSafety@springernature.com

Printed and bound by CPI Group (UK) Ltd, Croydon, CR0 4YY
24/04/2026
02096365-0020